Ulrike Parnreiter

Was uns wahrhaftig nährt
oder
Ohne Liebe ist alles nichts

Von den Höhen und Tiefen
am spirituellen Weg

bayerverlag

Für Ernst Thomas

DEN Mann an meiner Seite
den besten Freund und Vertrauten
den Kameraden und Mitsucher
den weisen Lehrer und ewigen Schüler

den Geliebten

Sich einander spiegeln

Sei mir ein Spiegel
in den ich schaue
um zu erkennen
wer ich bin

Sei mir Vertrautheit
in die ich falle
wenn ich ganz nah
an deiner Seele bin

Sei mir Mutter
sei mir Vater
wie auch ich
dir Vater sein will
Mutter bin

Sei mir der Raum
sei mir die Zeit
wo nichts zu tun ist
und alles geschieht

Sei mir der Mann
der im Spiegel der Frau
die Größe
seines Herzens sieht

Inhalt

I.   Im Fluss des Lebens   19

II. „Ein paar Happen" Theorie 245

Spirituelle Wege 247

Ganzheitliche „Ernährung" 269

Liebe Leserinnen: Mir ist die Ebenbürtigkeit von Mann und Frau ein großes Anliegen. Auf die gendergerechte Formulierung habe ich aus Gründen der besseren Lesbarkeit weitgehend verzichtet.

Dank

Mein herzlicher Dank gilt all jenen, die mich auf meinem spirituellen Weg gefördert haben, ganz besonders meinen langjährigen Lehrern Sylvester Walch, Chuck und Lency Spezzano, Jeff und Sue Allen und Susanne Ernst.

Ohne den Film von P.A. Straubinger *„Am Anfang war das Licht"* hätte ich mich wohl nicht auf das große Experiment *„Lichtnahrung"* eingelassen. Herzlichen Dank auch ihm und allen AutorInnen, die mit ihren Büchern das Tabu brechen und ein Phänomen zur Sprache bringen, das es schon lange gibt, das es aber nicht geben darf. Auch danke ich Jenny Solaria Postatny für ihren 3-Tages-Prozess, der mir zwar nicht das erhoffte Ergebnis brachte, aber für meine Entwicklung wichtige Anstöße gab.

Helga Fürst danke ich für ihren wegweisenden Tipp, der mich zum Verlag Bayer führte. Martina und Samadhi danke ich für die Zeit, die sie sich nahmen, um mein Manuskript zu lesen und mir erste Rückmeldungen zu geben sowie für ihre geistige Unterstützung. Helga Ainz-Schaubmair danke ich für ihre wertvollen Lektorendienste und ihren liebevollen Beistand in der gesamten Schreibphase. Helga, du hast mich mit deinem Zutrauen und deinem Satz: *„Dein Manuskript gehört in die Welt gebracht"*, mehr als nur einmal aufgebaut, wenn ich an mir und meinem Werk zweifelte. Innigen Dank vor allem auch für unsere dreißigjährige Freundschaft!

Ich danke meinen Verlegern Karin und Bernhard Bayer für die gemeinsame Gestaltung des Buches, die ich sehr partnerschaftlich erlebt habe, sowie für das einfühlsame und sorgfältige Lektorat.

Es gibt viele Gründe, meinem Mann, „*dem ERNST meines Lebens*", dankbar zu sein. Zunächst war er ein Jahr lang mein geduldiger und ehrlicher Lektor. Sein feines Gespür, was von meinem Herzen kommt und was von meinem Verstand, hat mich viele „*verkopfte*" Passagen streichen lassen. Dankbar bin ich auch für unseren gemeinsamen spirituellen Weg und all die Auseinandersetzungen, alle Höhen und Tiefen unserer zwanzigjährigen Ehe. Danke für deine tatkräftige Unterstützung in allen Lebenslagen und für deinen Mut, es mit meinen „großen Gefühlen" aufzunehmen!

Für mein Geführt- und Getragensein - immer und überall - danke ich aus ganzem Herzen Gott, dem ALLEINEN.

Vorwort

Mit großer Freude habe ich die Einladung meiner Frau angenommen, zu ihrem neuen Buch einen kleinen Beitrag in Form eines Vorworts zu verfassen. Wie Sie als LeserIn miterleben werden, besteht die Geschichte dieses Buches, der rote Faden der Handlung, aus der Schilderung eines außergewöhnlichen Jahres als Paar, das vom Experiment „Lichtnahrung" stark und nachhaltig geprägt war.

Ich war also in zweifacher Hinsicht daran beteiligt. Einmal als der männliche Partner in dieser Beziehungsgeschichte und zum anderen als Zeuge, der die Entstehung des Buches miterleben und mitbegleiten durfte.

Als Paar haben wir manches Mal das Gefühl „von verschiedenen Sternen zu kommen", weil meine (männliche) Welt so anders aussieht als die (weibliche) meiner Frau. Bis wir entdecken, dass wir „dahinter" wieder genau gleich sind und auf das gleiche Ziel zusteuern. Das temperamentvolle Wechselspiel von „himmelhoch jauchzend" und „zu Tode betrübt" ist so ziemlich das Gegenteil von dem, wie ich dem Leben begegne. Wenn ich etwas „verstehe", brauche ich es nicht mehr „zu fühlen". Das führt aber leider dazu, dass ich viel mehr im Kopf bin als im Herzen oder bei meinen Gefühlen. Mittlerweile ist mir jedoch bewusst geworden, dass meine Frau die Gefühle umso mehr ausleben muss, je mehr ich sie zurückhalte. Wir sind beide überzeugt, dass es für unser Wohlbefinden total wichtig ist, alle Gefühle zuzulassen, die angenehmen genauso wie die unangenehmen.

Aus diesem Grunde finden wir es beide wichtig, dass der Leser oder die Leserin alle Höhen und Tiefen miterleben kann. Nur durch das Aufzeigen des gesamten Prozesses wird ersichtlich, in welchem Ausmaß wir eigentlich geführt und geleitet werden und wie sehr auch scheinbare Rückschläge und Schwierigkeiten wertvolle Bausteine am Lebensweg sind, die zur Erreichung der Lebensaufgaben wesentlich beitragen. So, wie auch in unseren Seminaren, sind wir bestrebt, die eigenen Erfahrungen in Ebenbürtigkeit mit unseren TeilnehmerInnen und WeggefährtInnen zu teilen und nicht abgehoben darüber zu stehen.

Der Prozess der Entstehung dieses Buches hat mich berührt und mir tiefere Zusammenhänge und gnadenvolle „Zufälle" vor Augen geführt. Besonders beeindruckend war auch, dass ich spüren konnte, wie sehr der Fluss der Geschichte von der Inspiration getragen war.

Ein weiterer Meilenstein war zu erleben und zu erkennen, dass die Lebenskraft nur zum Teil aus der stofflichen Nahrung bezogen wird, sondern auch aus der kosmischen Energie und dass das Verhältnis dieser Anteile zueinander durch uns selbst beeinflussbar ist. Die gesamte wissenschaftliche Welt mit ihren bisherigen Überzeugungen kann dadurch ins Wanken gebracht werden. Der Hauptzweck der Lichtnahrung ist meines Erachtens der, zu erkennen, „was uns wirklich nährt" - wie es der Titel dieses Buches beschreibt. Dafür lohnen sich alle Anstrengungen.

Möge das Buch viele Leser und Leserinnen im Herzen berühren und auf dem jeweils eigenen Weg begleiten!

Ernst Thomas Fingerl

Einführung

Ich kann nicht genau sagen, wie lang ich schon auf der Suche bin – vielleicht schon mein ganzes Leben lang. Schon als Kind verspüre ich eine große Sehnsucht danach. Doch, wonach eigentlich? All die Jahre suche ich, ohne dass ich weiß, wonach ich genau suche. Ich kenne nur die kleinen oder größeren Enttäuschungen, den fahlen Geschmack und die Wehmut nach dem Verblassen des oftmals kurzen Glücks. Weihnachten ist es so, zu den Geburts- und Feiertagen ist es so, selbst am Hochzeitstag und auf der Hochzeitsreise ist es so. Irgendetwas fehlt mir, irgendetwas, wovon ich nicht einmal weiß, was es ist und dass ich es vermisse. Dieses Unerfüllte in mir treibt mich schließlich an, den spirituellen Weg einzuschlagen.

Der Himmel hat mit Ernst einen Mann an meine Seite gestellt, der wie ich als Suchender unterwegs ist und so machen wir uns gemeinsam auf die Reise. Unser Weg führt von der Transpersonalen Psychotherapie[1] mit Fokus auf dem holotropen Atmen[1] zur Psychology of Vision (POV)[2]. Beide Ansätze sind eine wunderbare Vermählung von Psychologie und Spiritualität. Wir folgen Chuck und Lency Spezzano, den Begründern von POV, auf ihren Seminaren von Indien bis Kanada und Hawaii und das über zehn Jahre lang. Aus der Transpersonalen psychotherapeutischen Ausbildung entwickelt sich eine spirituelle Weggemeinschaft unter der Leitung von Dr. Sylvester Walch, einem großartigen Lehrer aus dem Allgäu. Über zehn Jahre ist auch er unser Begleiter und „Entwicklungshelfer". Der Oneness-Bewegung[3] folgen wir zuerst nach Italien, dann nach Indien in den gigantischen Oneness-Tempel aus purem Marmor und einer ebenso gigantischen Energie. Sri Amma Bhagavan, ein indisches Meister-

Paar und ihre jungen, herzensgebildeten und erwachten Schüler lehren mittlerweile Menschen aus der ganzen Welt, ihr Bewusstsein zu transformieren. Die Indienreise führt uns auch in die Ashrams von Sri Aurobindo[4] und Sri Ramana Maharshi[5] sowie zum Osho-Resort[6] in Puna. Wir meditieren, chanten, schweigen und essen unseren Reis mit den Fingern.

Eckhart Tolle[7] lebt quasi in unserem Wohnzimmer mit uns. Das Eckhart-Tolle-TV mit Mitschnitten aus seinen Retreats und Teachings ist ebenfalls der ganzen Welt zugänglich und wir sind mit dabei. Einmal erleben wir ihn auch live bei einem Retreat in Assisi. Schamanen wie Don Agustin Rivas Vasquez[8] oder Don Pedro Guerra Gonzales[9] entführen uns in ihre Anderswelt und Geistheiler wie Joao de Deus[10] und Stephen Turoff[11] lassen uns ahnen, dass es Größeres gibt, als mit unserem Verstand fassbar. Bei Chameli Ardagh[12], eine der führenden Pionierinnen zeitgemäßer weiblicher Spiritualität, tauche ich ein in den Frauentempel und in das Reich der Göttinnen. In den Paarseminaren „Deeper Love", die sie gemeinsam mit ihrem Mann Arjuna hält, versuchen wir unsere Ehe und unsere Liebe zu vertiefen. Auf unserer Suche, die etappenweise schon zum „großen Rennen" wird, sind wir natürlich auch beim Kalachakra[13] mit seiner Heiligkeit, dem Dalai Lama, in Graz volle neun Tage mitten in der großen Menschenmenge und verzaubert von den fremden Bräuchen und vor allem von der Ausstrahlung des Dalai Lama. In London laufen wir gemeinsam mit etwa 5000 Menschen über glühende Kohlen, angeführt von einem der weltbesten Persönlichkeitstrainer, Anthony Robbins[14].

Ernst fühlt sich von einem Qi Gong Meister nach China gerufen und lernt dort vier Wochen lang und acht Stunden am Tag sein Qi in Schwung zu bringen, was ihm auch gelingt. Ich breche für drei Wochen zur Visionsfindung[15] in den Sinai auf, was bislang meine eindrücklichste und nachhaltigste spirituelle Erfahrung ist. Wir reisen nach Südafrika, Brasilien, Indien und Nepal um charismatischen Missionaren, die großartige

Hilfsprojekte in die Welt setzten, zu befragen, was sie trägt - oftmals durch widrigste Umstände hindurch – und was ihre Kraftquellen sind[16].

Wir verschlingen spirituelle Bücher, sehen hauptsächlich spirituelle Filme oder Dokumentationen, wir meditieren, machen Yoga und Qi Gong, singen Mantren und Herzenslieder. Wir sind unterwegs, wir sind auf der Suche.

An der Stelle möchte ich jeden einzelnen Schritt unserer jahrelangen Reise würdigen und mich von Herzen bei allen Lehrern und Lehrerinnen für alle Hilfestellungen und Impulse bedanken. Auch bei Ron, *„dem vom Himmel gefallenen Engel"*, wie ich zu Beginn unserer Begegnung immer sage. Sechs Jahre bin ich Teil seiner kleinen spirituellen Gruppe und genieße vor allem die Seminare auf der Insel Formentera. In den letzten beiden Jahren kippt etwas, zunächst noch nicht wirklich fassbar und damit auch nicht benennbar. Das Thema *„Geld"* wird zentral, Fragen nach Manipulation und Missbrauch tun sich auf. Das Licht ist überschattet, die Gruppe zerfällt, der Meister taucht unter. Nach einer langen, schwierigen Ablösungsphase bin ich auf mich selbst zurück geworfen, was ich nach einiger Zeit als Segen erlebe. Ich habe keine Lust auf weitere Seminare, ich habe auch keine Lust auf weitere LehrerInnen und Lehren. Die Reise ist damit für mich beendet, zumindest im Außen. Mein Hunger und meine Sehnsucht sind nach wie vor nicht völlig gestillt. War der ganze jahrelange Weg umsonst? Stehe ich nicht da, wo ich auch schon zu Beginn meiner Reise stehe? Die ganze bisherige Aufbruchsstimmung, die ganze bisherige Begeisterung einer Suchenden erlischt, und ich lebe eine Zeit lang mein *„ganz normales, unerfülltes Leben"*.

Der Film *„Am Anfang war das Licht"* von P.A. Straubinger[17] elektrisiert mich wieder, ein Funke springt über. Ich fühle mich angezogen vom Thema *„Lichtnahrung"*, jedoch abgestoßen vom 21-Tageprozess von Jasmuheen[18]. Sieben Tage nichts zu essen und auch nichts zu trinken – das scheint mir zu radikal, das ist nicht mein Weg. Aufgrund meiner langjährigen Lebensmittel-Unverträglichkeiten und Candida-Pilze im Darm ist mir längeres Fasten vertraut. Ich kenne das Glücksgefühl und die angenehme Leere nach der Entgiftungsphase. Doch mehr noch als die physische und emotionale Ebene des Nichtessens zieht mich die geistige Ebene in ihren Bann. Wie kann es sein, dass Menschen ohne Nahrung ihren Alltag leben, zur Arbeit gehen, Kinder versorgen? Welche Kräfte wirken da? Was nährt uns wirklich?

Der Funke glimmt eine geraume Zeit still vor sich hin. Ernst und ich sind wieder total im Außen, dieses Mal im Bestreben, all unsere spirituellen Erkenntnisse und Erfahrungen selbst in Gruppen weiter zu geben. Wieder planen wir Reisen, wieder organisieren wir Termine, wieder besteigen wir den schmalen Grat des gerade noch Machbaren. Die heiligen Momente des ICH BIN geraten mehr und mehr in den Hintergrund. Das EGO tanzt Walzer mit uns, übernimmt vor allem in Fragen der Seminargestaltung die Führung. Wieder kleine und größere Enttäuschungen, wieder der fahle Geschmack und die Wehmut nach dem kurzen Glück gut gelaufener Seminare. Irgendetwas fehlt trotz langer Suche und langem Weg.

Ich kann nicht genau sagen, wie die Information über den ersten Lichtnahrungskongress im September 2014 am Starnberger See zu mir kommt. Jedenfalls wird der Funke geschürt und er wird stärker als meine Absicht, keine spirituellen Kongresse oder Seminare mehr zu besuchen. Die meisten ReferentInnen berichten aus eigenen Erfahrungen mit dem 21-Tage-Prozess nach Jasmuheen, den ich nach wie vor ablehne. Eine Referentin hat einen ganz anderen Ansatz. Sie berichtet über den von ihr entwickelten „Lichtnahrungsprozess in drei Tagen"[18] oder auch „Alleinheitsprozess" genannt. Hier darf und soll sogar Wasser getrunken werden, nur das Essen wird weggelassen. Das erscheint mir weniger gefährlich und machbarer für mich. Sie spricht von „Selbstermächtigung", was bedeutet, dass es an der Zeit ist, in die eigene Kraft zu gehen, sich von Gurus und

Heilsverkündern zu lösen und dem eigenen Herzen zu folgen. Bei ihren Worten „Du gehst absolut allein zurück in die Quelle, ohne weitere Verbindung zu anderen Wesenheiten, denn du bist selbst ein aufgestiegener Meister und ein Gottmensch", werde ich seltsam berührt. Mir wird ganz heiß und ich spüre eine pulsierende Energie im ganzen Körper. Die Worte treffen auf meinen Grund.

Mit der Entscheidung, den Weg der Lichtnahrung zu versuchen, trete ich in das größte Experiment, in die abenteuerlichste Reise meines Lebens ein. Der Weg führt mich radikal von außen nach innen und erschüttert alle Lebensbereiche. Im Zentrum der emotionalen Wogen taucht mehr und mehr die Frage auf:

„Wo ist eigentlich die Liebe geblieben
in meinem ganz normalen, alltäglichen Leben?"

Habe ich all die Jahre im Außen gesucht, was doch nur im eigenen Herzen zu finden ist? Die Sehnsucht nach Liebe und die Schwierigkeit sie zu leben, wird mir vor allem in meiner Partnerschaft Tag für Tag sehr deutlich vor Augen geführt. Wir leben äußerlich im Paradies, doch innerlich nährt es uns nicht. Wir verhungern beim voll gedeckten Tisch. Wie viele Programme sind in uns gespeichert, die allesamt nicht der Liebe dienen? Wie viele Programme sind in uns gespeichert, die das Ego nähren und somit das trennende Prinzip? Das Ego ist wie eine harte Nuss, die nicht leicht zu knacken ist. Es will leben und bei den alten, vertrauten Programmen bleiben, auch wenn diese lieblos sind und uns im Grunde nicht erfüllen. Die Liebe will ebenfalls leben, ihr Ruf wird immer stärker. So ist die eine Seite meines Weges gesäumt mit inneren und äußeren Kämpfen. Auf der anderen Seite tritt eine friedvolle Stille in mein Leben und das Eintauchen in eine allumfassende Verbundenheit. Jenseits meiner kleinen Person erlebe ich mich immer mehr eingebettet in das große Ganze – ALLEINS mit allem, was ist. Gott ist mir nahe, ich fühle ihn in mir, er und ich sind nicht mehr getrennt in jenen kostbaren Momenten. Bald bin ich auf der einen, bald bin ich auf der anderen Seite. Licht und Schatten, Höhen und Tiefen, Liebe und Ego wechseln einander ab wie Tag und Nacht, wie Ebbe und Flut. Mein Lichtnahrungsprozess wird zu einem tiefen Weg der Erkenntnis. Er führt mich radikal in die Polarität und er führt mich sanft in die Einheit. Im Verlaufe des Weges übernimmt das Leben selbst immer mehr die Führung. Die alltäglichen Begebenheiten sind der eigentliche Lehrer und ich lerne mich tragen zu lassen vom großen Strom, der mich oft ganz wo anders hinbringt, als meine Ziele und Pläne es vorhaben.

Alles, was ich in dieser Geschichte beschreibe, hat sich genau so zugetragen, nichts ist erfunden oder dazu gedichtet. Damit ist meine Reise auch ein Zeugnis des göttlichen Plans, der göttlichen Führung und des Verwobenseins von allem. Nichts ist ein Zufall. Alles ist ein Puzzleteil eines unendlichen und ewigen Bildes des Göttlichen, des ALLEINEN, des großen Geistes oder welche Namen auch immer dafür erfunden werden.

Je öfter ich in diesen Strom des Lebens springe, desto stärker wird mein Vertrauen. Das Wasser trägt tatsächlich, ich gehe nicht unter. Je öfter ich springe, desto stärker wird auch die Gewissheit, dass das Prinzip der Liebe jeden einzelnen Tropfen des Wassers füllt.

Während dieser Reise springt auch meine Kreativität wieder in mein Boot. Elf Jahre lang liegt sie als Schreibhemmung lahm und verkümmert in einer dunklen Ecke meines Wesens. Auf einmal schreibt ES aus mir, so schnell, dass meine Finger kaum mitkommen. Ich schreibe zunächst für mich, um meine Erfahrungen zu ordnen, um meine Erkenntnisse festzuhalten, um bei mir zu sein und mich selbst durch meine Prozesse zu begleiten. Doch das innere Feuer wird größer und größer – es will mit seinen Funken auch andere Menschen entflammen.

Es ist absolut NICHT meine Absicht, für den Lichtnahrungsprozess zu werben. Er ist nur ein kleiner Ausschnitt meiner langen Suche. Er ist ein Versuch, wie all die anderen davor, das Fehlende zu finden.

Was aber, wenn es gar nichts zu suchen gibt?
Was aber, wenn im Grunde alles vollkommen ist, so wie es ist?

Ich bin mir bewusst, dass mein Weg MEIN Weg ist, so wie dein Weg DEIN Weg ist. Die Wege sind mannigfach und verschieden. Dahinter aber ist das ALLEINE, das uns trägt, führt und nährt. Wenn ich meinen ganz persönlichen Weg mit dir teile, so aus dem Bedürfnis heraus, diese Erkenntnis weiter zu geben, in der Hoffnung, dass sie Halt und Trost gibt in den Zeiten des Umbruchs.

Doch DU gehe DEINEN ganz persönlichen Weg.
Doch DU finde DEINE Wahrheit.
Doch DU erlange Wissen aus DEINER eigenen Erfahrung.

Das ALLEINE ist an deiner Seite.
Das ALLEINE ist in dir.
Das ALLEINE bist du.

Ein gutes Ankommen wünscht Dir

Ulrike Parnreiter-Fingerl

Seekirchen, 23.9.2015

I. Im Fluss des Lebens

Das Wasser des Lebens hat viele Gesichter,
doch kommt es aus EINER Quelle

Kapitel 1

Die Angst vor dem nächsten Schritt

Das Thema Lichtnahrung interessiert mich schon seit vielen Jahren. Jasmuheens Buch „Lichtnahrung. Die Nahrungsquelle für das kommende Jahrtausend" klopft immer wieder an, bis ich es schließlich kaufe und lese. Ich bin fasziniert und abgestoßen zugleich. In ihrem 21-Tage-Prozess ist es vorgesehen, die ersten sieben Tage weder etwas zu essen noch etwas zu trinken. Allein bei dem Gedanken an diesen Grenzgang zwischen Leben und Tod schließen sich alle Tore für diese Möglichkeit automatisch. Der „gesunde Hausverstand" verriegelt mein ursprüngliches Interesse mit seinen vernünftigen Argumenten dagegen. Das ist entschieden nicht mein Weg! Die Angst vor diesem Schritt ist zu groß, was mir damals jedoch nicht bewusst ist. Ich glaube meinem Verstand und damit hat es sich. Der Ruf der Seele lässt sich jedoch nicht auf Dauer durch den Verstand auslöschen. Das Thema Lichtnahrung klopft erneut an meine Türe, dieses Mal durch den Film „Am Anfang war das Licht" von P.A. Straubinger. Alles wiederholt sich wie beim Buch seinerzeit und alles bleibt beim Alten. Das Risiko des Neuen ist zu hoch und zu groß, zu fremd und zu ungewiss. Also Türe zu und verriegeln.

Die Seele ruft immer wieder, solange, bis wir den Ruf hören und ihm folgen. Manchmal ruft sie uns auch durch Krisen, Krankheiten oder Unfälle, um uns auf eine neue Spur zu bringen. Mich ruft sie erneut durch den ersten Lichtnahrungskongress in Bayern. Die Zeit ist reif, das Tor öffnet sich. Ich folge endlich dem Ruf und melde mich verbindlich für den gemäßigteren dreitägigen Lichtnahrungsprozess an. Die Vorfreude auf das Neue in meinem Leben lässt mich energievoller als zuvor meine Tage bestreiten. Entgegen jeder Logik buche ich gleich alle drei möglichen und aufeinander aufbauenden Seminare, nicht wissend, was mich erwartet. Ohne lange nachzudenken, folge ich nun meinem Bauchgefühl. Die Angst vor dem nächsten Schritt scheint überwunden.

Zwei Wochen vor dem Seminar erhalte ich letzte Instruktionen. Während ich die Zeilen lese, überkommen mich erste Zweifel. Vieles erscheint mir übertrieben wie die Aufforderung, mit Beginn des Seminars nicht mehr die Zähne zu putzen, da Zahnpaste auch unter „Essen" fällt. Wie ein Pfau schlägt mein Verstand seine Räder und lockt mich vom prickelnd warmen Bauchgefühl fort in den Sog kühlender Urteile. Weiße oder helle Kleidung ist ab jetzt angesagt, sowie ausschließlich vegane Ernährung und Einläufe zur Darmentleerung ein bis zwei Tage vor Seminarbeginn. Immer wieder lese ich die Instruktionen durch und immer mehr regt sich in mir der Widerstand. Ernst und ich wollen über Weihnachten nach La Palma reisen, einerseits um die Weihnachtstage einmal völlig anders zu begehen und andererseits um auf der „Insel des ewigen Frühlings" ein geeignetes Zentrum für unser erstes geplantes Auslandsseminar zu suchen. Wie bauschige Wolken am dunkelblauen Himmel ziehen die Bilder der bisherigen Urlaubsgenüsse an mir vorbei. Ein gutes südländisches Essen in einem gemütlichen Restaurant am Meer, dazu ein Glas Wein oder auch zwei. Der Urlaub ist stets die Zeit der Großzügigkeit – zumindest bis jetzt. Unvorstellbar der Gedanke an einem lauschigen, lauen Abend bei einem Glas Wasser zu sitzen und sonst nichts. Viele Erinnerungen werden wach, viele gedeckte Tische reihen sich aneinander, werden zum einzig orgiastischen Büffet. Selbst Gerüche und Geschmäcker sind wiederbelebt.

Das alles sein zu lassen? Das, was das Leben erst lebenswert macht! Das, was das Leben zu einem Großteil ausfüllt? Was bleibt da noch, woran das Herz und der Gaumen sich erfreuen können? Nichts!
Nichts ist eindeutig zu wenig!

Meine Gedanken sind Jäger und Gejagte zugleich. Die eine Seite jagt die andere und umgekehrt. Alle sind in Bewegung, aufgescheucht, panisch und wirr herum irrend. Einige Tage dauert diese Treibjagd in meinem Kopf mit dem Ergebnis, dass ich meinen Darm nicht entleere, sondern den Termin des Lichtnahrungsseminars auf das neue Jahr verschiebe. Im Moment ist mir das Ganze zu groß und zu viel. Alles in mir schreit nach einer Veränderung, aber nicht so schnell, nicht so radikal und schon gar nicht so kurz vor unserem Urlaub! Damit ist die Jagd beendet, zumindest für diese Saison.

Die Angst vor dem nächsten Schritt und das Zurückweichen davor ist mir sehr vertraut. Ein Teil von mir will vorwärts gehen, den alten brüchigen Boden verlassen und hin zu neuen Ufern streben. Alles im Außen wird feinsäuberlich arrangiert, Seminare gebucht und Hotels, Flugtickets oder Zugkarten gekauft. Alles im Außen ist darauf ausgerichtet, den anstehenden nächsten Schritt zu tun. Und doch stehe ich auf der Stelle. Selbst wenn ich im Außen diesem Lauf folge, ist nicht garantiert, dass auch im Inneren dieser Schritt vollzogen wird. Im Inneren sitzt eine andere Kraft, die Kraft der alten Prägungen und Programme, die gespeicherten Glaubenssätze und Reaktionsmuster, das Konglomerat früherer Erfahrungen. „Das schaffe ich nie" oder „Dafür bin ich viel zu klein", sind unsichtbare Barrieren, die mich zurückhalten vor dem Wagnis des Neuen. Lieber sich bequem in der bisherigen „Komfortzone" einrichten, die zwar nicht wirklich erfüllt, aber zumindest vertraut ist und sicher scheint.

Und meine Träume vom erfüllten Urlaub zu zweit, vom gemütlichen Restaurant am Meer, vom voll gedeckten Tisch? „Meistens kommt es anders, als man denkt", sagt ein altes Sprichwort. La Palma ist noch ein kleines Paradies auf Erden und bis auf wenige Ausnahmen vom großen Tourismus verschont. Wir wohnen in der Nähe von Freunden im Westen der Insel, eine ziemlich einsame Gegend. Hier gibt es keine gemütlichen Restaurants am Meer. Aufgrund der Steilküste ist das Meer schwer erreichbar, die wenigen Naturstrände dieser Gegend sind naturbelassen. Und die wenigen Restaurants dieser Gegend liegen neben der Straße. Aus der Traum, zerplatzt wie eine Seifenblase. Zudem sind die Abende nicht lau, sondern kühl, sodass wir es vorziehen in unserem Häuschen und nicht im Freien zu essen. Ungehindert der Tatsache, dass uns das Essen vorrangig am Abend schwer im Bauch liegt und dass uns der Alkohol auf keinen Fall liebenswerter und achtsamer, sondern müde macht und somit die Lust am Miteinander einschläfert, genieße ich den Moment des Schmeckens, koste ihn aus, lasse Wein und Käse samt Feigen, Oliven und Kapern und dem herrlich duftenden Weißbrot auf meiner Zunge Bissen für Bissen zergehen. Der Moment ist erfüllend, vor allem angesichts des im nächsten Frühling auf mich zukommenden Lichtnahrungsseminars. Noch einmal und solange es geht, so richtig schlemmen, den Bauch und die Gedärme füllen, voll sein, prall sein – wie ein bunter Heißluftballon, der sich abhebt vom Boden der Realität und in die Welt der Illusionen entschwebt.

„Meistens kommt es so, wie man denkt", muss es eigentlich heißen im heutigen Quanten- und Informationsfeldzeitalter. Unsere Gedanken erschaffen unsere Realität. Kraft unserer Gedanken, Einstellungen, Glaubenssätze und daraus resultierender Gefühle schaffen wir uns die Wirklichkeit, in der wir leben.

Auf La Palma führen mich meine Wachträume in andere Leben und damit in andere Wirklichkeiten zurück. Ausgelöst durch eine schmerzvolle Entzündung im Genitalbereich tauche ich nachts in frühere Zeiten und Räume ein. Es ist eine Reise, die mich völlig unvorbereitet mitnimmt und ich weiß nicht, wie mir geschieht. Der Schmerz in meinem Körper ist wie ein Tropfen, der von unsichtbarer Hand ins unendliche Meer des Schmerzes geworfen wird. Mein ganzer Schoßraum brennt wie Feuer. Wir überlegen kurz, ins Krankenhaus zu fahren, aber es ist mitten in der Nacht und das Krankenhaus ist zirka eine Autostunde entfernt. „Aufwachen, bitte aufwachen", schreit alles in mir, nur weg von den Orten der Qual und der Entwürdigung! Ich fühle den Schmerz jener Frauen, die am Scheiterhaufen verbrennen, ich finde mich in Szenen, die ich nicht aussprechen möchte, so grauenhaft, so seelenlos ist die männliche Gewalt in ihnen. Es ist kaum zum Aushalten, der ganze Körper brennt und schmerzt. Ich bin der Schmerz! Ich bin all die Frauen! Ich bin in einem Horrortrip! Ernst ist ernstlich besorgt um mich und meine Gesundheit. Wie eine Hebamme begleitet er mich durch die dramatischen Wehen meines Alptraumes hindurch. Die Geburt lässt noch auf sich warten. Welch Abgründe in der menschlichen Seele! Er ermutigt mich, alles auszusprechen, was in mir auftaucht. Mutig stellt er sich als rationaler Mann dem Gefühlschaos der Frau. Die Dunkelheit der Bilder drückt uns beide nieder. Ernst zündet zwei Kerzen an, beide versuchen wir, uns mit dem Licht zu verbinden. Die Zeit hat aufgehört sich im Kreis zu drehen, steht einfach still und rührt sich nicht vom Fleck. Irgendwie und irgendwann ist die Nacht vorüber. Tagsüber mache ich Sitzbäder, nehme kolloidales Silber zu mir und stehe still wie die Zeit, irgendwo in einem Raum ohne Grenzen.

Unsere kanarische Freundin versucht unsere aufgescheuchten und verwirrten Gemüter zu beruhigen. Sie erklärt dieses Geschehen mit der vulkanischen Kraft der Insel und nachdem wir diese Kraft auch schon zu Beginn unserer Beziehung auf Lanzarote erleben, glauben wir daran.

In der nächsten Nacht derselbe grausame Spuk. Wo bin ich gelandet? Was hat das alles zu bedeuten? Ich kenne derartige Zeitfenster bereits vom holotropen Atmen. Gott sei Dank bin ich schon ein wenig vertraut mit dem unmöglich Erscheinenden, mit der Wirklichkeit hinter der Wirklichkeit. Doch niemals zuvor habe ich einen derartigen Einbruch mit solch einer Intensität der Gefühle und des körperlichen Schmerzes erlebt. Es ist, als würde alles JETZT geschehen. Der ganze Wahnsinn ist nicht Schnee von gestern – nein im Gegenteil, er ist so real, so wirklich, so gegenwärtig. Erst in der dritten Nacht, vielleicht auch durch Ernsts hingebungs- und kraftvolle Begleitung ausgelöst, träume ich einen anderen Traum, einen Heilungstraum, in dem der Mann der Frau nichts Böses will - im Gegenteil - sie sogar beschützt. Damit schließt sich das Zeitfenster wieder und auch die Entzündung samt dem Schmerz verebbt wie eine auslaufende Woge im Sand. Nichts ist mehr zu sehen, nichts zeugt mehr von dem Grauen, dem ich gerade noch rechtzeitig entkomme, getragen von der auslaufenden Welle und auf sicheren Boden gesetzt.

Auch Ernst bleibt nicht verschont von der Vergangenheit. In seinem Alptraum sieht er sich als Feigling, der damals am Feuer steht und zusieht, weder seine Stimme noch seine Hand erhebt um einzugreifen. Nun wimmert und weint er, nun wälzt er sich in Schuld- und Versagensgefühlen und ich bin seine Hebamme.

Erst jetzt beim Schreiben und neun Monate später bringe ich die Geschehnisse auf La Palma mit meiner Anmeldung zum Lichtnahrungs-seminar in Zusammenhang.

> *„Sowie man sich entschieden hat, die Nahrungsumstellung zu versuchen, bereitet sich auch die geistige Welt darauf vor. Das heißt, man bekommt weniger Appetit und der Körper beginnt sich zu reinigen.“*

So steht es in den vorbereitenden Instruktionen. Von weniger Appetit kann hier im Urlaub nicht die Rede sein. Ich lasse es mir noch einmal so richtig schmecken. Doch anscheinend beginnt der Körper sich bereits zu reinigen. Bin ich schon mitten im Lichtnahrungsprozess? Und ist Ernst, obwohl er nicht angemeldet ist, ebenso in einem Reinigungsprozess wie ich? Mit der Anmeldung setze ich bereits den nächsten Schritt ins Neuland und begebe mich in den Strom der Veränderung, ohne dies ursprünglich zu durchschauen.

Wir finden auf La Palma ein wunderbares Zentrum für unser erstes Auslandsseminar. Wir finden auch wieder näher zueinander. Die gemeinsam durchgestandenen Alpträume, das gegenseitige Mitgefühl, die wechselseitige Geburtshilfe führt uns auf einer tieferen Ebene zusammen als Mann und Frau. Wir fühlen uns miteinander verbunden, wie schon lange nicht mehr und erleben heilende, ja heilige Momente des Einsseins nach einer langen Durststrecke unter dem emotionalen Glassturz. Schon einige Male zuvor auf unserem Weg als Paar öffnet sich diese Tür des gemeinsamen Einsseins. Doch wie bei meiner Anmeldung zum Lichtnahrungsseminar haben wir Angst vor dem nächsten Schritt auf diese neue Ebene und verschieben ihn auf unbekannte Zeit.

„Das schaffen wir nicht!"
„Viel zu klein dafür!"

Lieber im alten Modus bleiben, lieber die vertrauten Programme von Schuld und Sühne leben, als den Sprung ins Neuland wagen.

Und dann kommt es genauso, wie man denkt.

Kapitel 2

Neuland

Am 28.3.2015 ist es soweit und ich betrete den Seminarraum, weiß gekleidet, mit entleertem Darm und ohne Gebrauch von Zahnpasta. Einige weiß gekleidete Personen sind schon anwesend, einige Stühle sind noch leer. Ich finde meinen Platz und richte mich „häuslich" ein. Da sitze ich nun im Kreis - ein weißer Schwan unter anderen weißen Schwänen - und recke den Hals und spitze die Ohren. Alles ist neu und unvertraut. Ich fremdle ein wenig. Gott sei Dank sitzt Gitta neben mir. Sie ist mir schon vertraut von der Herfahrt. Wir wohnen nicht weit von einander entfernt und so bietet es sich an, eine Fahrgemeinschaft zu bilden. Die Fahrt ist uns viel zu kurz, so angeregt unterhalten wir uns, so viele Parallelen zeigen sich im Verlauf des Gesprächs. Gitta neben mir gibt mir das Gefühl, nicht ganz allein in der Fremde zu sein. Befremdlich erscheinen mir aber all die Regeln und Vorschriften für die nächsten drei Tage, in die wir zu Beginn eingeführt werden. Keine Nahrung zu sich nehmen, auch keine Tees oder Säfte ist meinem Verstand noch sehr einleuchtend. Schwieriger für ihn ist es zu begreifen, dass auch keine Kosmetika und keine Zahnpasta erlaubt sind, da alles, was aufgenommen wird, auch über die Haut oder über Schleimhäute, zur Nahrung zählt. Dass auch alle Etiketten aus der Kleidung zu entfernen sind, lässt meinen inneren Kritiker unverständlich reagieren. Doch die nachfolgende Erklärung kann er wieder einreihen in bereits Vertrautes und seine ganze Aufruhr legt sich für eine Weile. Alle Etiketten sind Informationen, die wir am Körper tragen. Unser körpereigenes Wasser nimmt diese Informationen auf und sie werden Teil von uns.

Nach all diesen Vorbereitungen werden wir in das Thema „Lichtnahrung" eingeführt. Die Leiterin des Seminars erzählt uns auch aus ihrem Leben. Sie kommt schon als „Lichtköstlerin" auf die Welt, was ihre Eltern in Angst und Sorge versetzt, sodass sie ihr Essbares aufnötigen. Sie verträgt es nicht, erbricht vieles davon und verweigert die Nahrung, so gut es geht, als Kind. Sehr jung zieht sie von zu Hause aus, geht ihren eigenen Weg, nun ohne Nahrung. Sie bringt vier Kinder zur Welt, alle sind gesund und voller Lebensfreude. Mich fasziniert die Vorstellung, ohne Nahrung leben zu können. Schon seit der ersten Begegnung mit diesem Thema bin ich in einen Bann gezogen, der mich bis heute nicht mehr loslässt. Der Verstand bäumt sich auf mit all seiner Macht, doch die Neugierde, diesem Mysterium näher zu kommen, ist stärker.

In den Pausen stürmen wir alle das WC, bei dem vielen IWES Wasser, das wir trinken, kein Wunder. IWES Wasser ist ein speziell gereinigtes Urwasser, angeblich frei von jeder Prägung. Um den Körper und jede seiner Zellen zu reinigen, wird empfohlen täglich ein bis zwei Liter davon zu trinken.

Abends bei einem Klangschalenkonzert schwebe ich mit den Klängen zunächst in himmlischen Zonen. Doch nach einiger Zeit beginnen meine Lendenwirbel zu schmerzen, was mich rasant auf den Erdboden zurück holt. Ich fühle mich unwohl, meine Gedanken sind wieder auf der Jagd, aufgescheucht wie Rehe, die den Feind wittern.

Was tue ich eigentlich hier?
Will ich wirklich diesen Weg gehen?

Ich habe doch so ein schönes Leben, wozu dieser Schritt?

Drei Tage nichts essen, keine Kosmetika inklusive Zahnpasta, keine Etiketten in der Kleidung – das ist nicht das Problem. Aber immer, Tag für Tag, im Alltag und im Urlaub, in guten wie in schlechten Tagen – nichts essen, nur Wasser - wie soll das gehen? Das schaffe ich nie - vor allem will ich es schaffen?

Nachts liege ich lange wach. Bilder meines bisherigen Weges tauchen auf. Schon vor Ron mache ich eine Erfahrung mit einer spirituellen Lehrerin, die nach Abhängigkeit und Missbrauch schmeckt. Auch hier ist viel Geld im Spiel und nach dem anfänglichen Honeymoon wird der Ton rauer und dominanter, die Regeln einengender bis grausam. Alles im Dienste der Egotransformation, alles im Dienste des Lichtes – versteht sich! In Ron sind wir alle verliebt oder besser gesagt, ergreift uns in seiner Gegenwart die allumfassende Liebe, die wir an seine Person heften. Eine himmlische Zeit auf einer himmlischen Insel, sonnengetränkt und meerumspült. Nach dem Paradies erfolgt auch hier die Vertreibung. Wieder haben sich mit den Jahren sektenähnliche Zustände etabliert, wieder wende ich mich enttäuscht ab. Warum wiederholt sich diese Erfahrung? Was hat das mit mir zu tun? Bin ich dabei, eine dritte Runde zu drehen? Wird diese Runde ebenso enden wie die beiden vorherigen? Oder aber ist es meine dritte Chance? Wird mir noch einmal ein Tor zur geistigen Welt geöffnet, habe ich noch einmal die Gelegenheit mich zu entscheiden ganz und gar dort hin zu gehen, wohin meine Seele mich ruft?

In dieser Nacht habe ich einen Traum, der mir in den Wochen und Monaten danach wie ein Stern leuchtet und mir den Weg weist. Ich kann mich an die Szenen nicht mehr erinnern, doch die Botschaft, der eine, entscheidende Satz ist seither golden in mein Herz graviert:

„Du denkst du verlierst vieles, dabei gewinnst du alles."

Mit diesen Worten wache ich am zweiten Seminartag auf. Es geht mir gut, ein bisschen schwindlig, ein bisschen schwach auf den Beinen, aber kraftvoll und mutig im Herzen. Ich rufe meine Mutter an und sage ihr, dass ich beim nahenden Osterfestmahl nichts esse. Sie ist irritiert, verunsichert, unwillig im ersten Moment. Das ist für mich und auch für sie ein Riesenschritt aus unserer generationenübergreifenden weiblichen Anpassung heraus. Mit diesem Telefonat sitzt sie im selben Boot. Nichts ist mehr, wie es war, das gilt jetzt auch für sie. Der Schritt ins Neue und Unbekannte steht für alle an, die mit mir in Verbindung stehen – eine Erkenntnis, die mir zunächst Angst einflößt. Gehen sie mit mir, können sie meine Veränderung akzeptieren und sich ihrerseits verändern? Oder aber beharren sie auf alten Traditionen wie es zu sein hat, weil es immer schon so war und schließen mich aus als Verräterin an den bisherigen Werten?

„Du denkst du verlierst vieles, dabei gewinnst du alles", woher kommt der Satz, der Traum, die Stärkung gerade in dem Moment, wo alte Erfahrungen sich über das Jetzt legen und es zudecken mit dem Scheitern und der Enttäuschung von damals? Zum richtigen Zeitpunkt, am richtigen Ort, der richtige Mensch oder die richtige Botschaft – für mich ist es Gnade. Immer wieder aufs Neue wird sie mir gegeben, doch lange Zeit bemerke ich es nicht. Zu sehr bin ich beschäftigt mit dem äußeren Geschehen. Zu wenig vertraue ich dem Unsichtbaren. Gnade ist ein göttlicher Funke, ein goldener Strahl mitten vom Himmel auf die Erde gesandt, vom Formlosen in eine Gestalt gewandelt – neun Wörter zu einem Satz verbunden und ins Herz gelegt als unauslöschbare Wahrheit.

Wieder im Seminarraum im Kreis mit den anderen „Weißen", lausche ich den Ausführungen der Leiterin. Alles ist schon ein wenig vertrauter als am Vortag. Auch die Leere im Bauch, das viele IWES-Wasser und die kurzen Gespräche in der Pause beim Anstellen vor der Toilette. Wie schon am Lichtnahrungskongress spüre ich eine starke Energie in mir bei ihren Worten: „Jetzt und hier sind Zeit und Raum, um in die Selbstermächtigung zu gehen." Ich gestehe mir nur zögernd ein, dass ich meine eigene Macht und Kraft bisher nicht in dem Maße lebe, wie sie mir gegeben ist. „Zu klein, zu unbedeutend", schreit es aus jeder meiner Zellen. Ich vertraue mehr den Gurus und ihren Kräften, sehe sie als Mittler zu den himmlischen Sphären. In ihrem Strahl stehend ist es mir möglich, die geistige Welt tiefer zu erfahren, als ich das alleine kann. In ihrer Anbindung an die allumfassende Liebe überträgt sich diese auch auf mich - so zumindest sind meine Glaubenssätze. Mein fehlendes Selbstbewusstsein legt mir Steine in den Weg und das schon mein Leben lang. All meine Zellen sind gefüllt mit der Ohnmacht aus vergangenen Zeiten, sei es aus den Kindertagen, sei es aus früheren Leben. Ist das die Lektion, die ich zu lernen habe? Dienen die bisherigen Erfahrungen von Abhängigkeit und Machtmissbrauch einzig und allein diesem anstehenden nächsten Schritt, mir und meiner eigenen Stimme zu vertrauen, mir meiner Selbst bewusst zu werden und die Größe und Macht in mir anzuerkennen und anzunehmen als Gottes Geschenk? Nelson Mandelas Antrittsrede fällt mir ein. Auf rosa Papier gedruckt, liegt sie auf meinem Meditationsplatz:

> *„Unsere tiefgreifende Angst ist nicht, dass wir ungenügend sind. Unsere tiefgreifendste Angst ist, über das Messbare hinaus kraftvoll zu sein. Es ist unser Licht, nicht unsere Dunkelheit, was uns am meisten Angst macht.....* "[19]

Wie oft schon gelesen, gehört, gefühlt, auch verinnerlicht! Trotzdem schreit es aus allen Zellen „zu klein, zu unbedeutend" und immer wieder versinke ich in den Sümpfen der Ohnmacht. Kein Wunder angesichts der vergangenen traumatischen Erfahrungen. Die Träume auf La Palma führen mir deutlich all die Schrecken vor Augen. Wer wagt sich noch einmal in die eigene Größe, wenn schon Dutzende Male Verfolgung, Verrat und gewaltsamer Tod unausweichliche Folgen davon sind. Oder aber - wer wagt sich noch einmal in die Ebenen der Macht, wenn durch seinerzeitigen Machtmissbrauch der eigene Fall besiegelt ist? Alle Informationen aller Leben sind in jeder einzelnen Zelle gespeichert. Das Zellgedächtnis weiß alles. Und ebenfalls alles wird von uns eingesetzt, um nie wieder auf diesen dunklen Inhalte hinschauen, hinhören und hinfühlen zu müssen. Alles wird von uns eingesetzt, um Ähnliches nie wieder zu erleben.

„Jetzt und hier sind Zeit und Raum in die Selbstermächtigung zu gehen", kraftvoll in den Kreis gesagt, schwingen sich die Worte in das Zellgedächtnis, irritieren und verunsichern einerseits, andererseits fühlen sie sich gut an, stimmig und wahrhaftig. Jetzt und hier sind Zeit und Raum, die eigene Macht nicht mehr an andere abzugeben, die Zellen zu reinigen und sich in die Höhe zu schwingen.

An diesem ersten Seminartag lernen wir die „Alleinheitsatmung" oder auch „Prana-Atmung" kennen. Tiefes, bewusstes Atmen hilft uns, frische Energie in uns aufzunehmen und Abfallstoffe schneller abzutransportieren. „Prana" in Indien oder „Qi" in China sind verschiedene Namen für ein und dieselbe universelle Lebenskraft oder Lebensenergie, die alles, was ist, durchströmt, ja überhaupt erst jegliche Existenz ermöglicht. Wir stellen uns zwei Lichtkugeln oder auch Sonnen vor, eine über unserem Kopf, eine unter uns. Wir bilden einen Lichtkanal zwischen diesen beiden Polen. Von oben atmen wir LIEBE ein und lassen sie durch die oberen drei Chakren fließen. Von unten atmen wir DANKBARKEIT ein und lassen sie durch die unteren drei Chakren fließen. Im Herzchakra vereinigen sich die Liebe und die Dankbarkeit und wir verströmen beide um uns herum. Es ist zunächst gar nicht so einfach, gleichzeitig von unten und von oben zu atmen und dazu auch noch „Liebe" und „Dankbarkeit" gleichzeitig zu fühlen, doch nach einiger Zeit komme ich in einen guten Rhythmus. Liebe und Dankbarkeit machen das Herz weit und frei – ein beglückender Zustand.

Am zweiten Seminartag werden wir durch ein umfassendes Zellreinigungsprogramm, auch „Clearing" genannt, geführt. Dazu werden Absichten in das uns umgebende Informationsfeld gesprochen. Ich tauche ein in eine Welt, die mir zum Großteil unbekannt ist und suspekt. Negative Energien, die uns angeblich besetzen oder anhaften und mit denen uns dunkle Pakte, Gelübde, Schwüre und dergleichen verbinden – damit kann mein Verstand absolut nichts anfangen. „Graue" oder „Reptiloide" – wie eine schwarze Wolke legen sich diese Begriffe auf mich und obwohl wir sie ja bereinigen und auflösen, bleibt ein fahler Nachgeschmack zurück. „Kenne ich nicht – gibt es nicht", ist eine weit verbreitete Einstellung, die auch in mir gespeichert ist. Oberflächlich versucht mein Verstand darüber hinweg zu fegen. Doch in der Tiefe nistet sich trotz wärmender Decke eine Kälte in mir ein. Sie füllt die Leere in meinem Bauch und erfasst langsam, aber stetig, alle Körperregionen. In dieser Nacht kann ich kaum schlafen. Ich wälze mich von einer Seite auf die andere, der Rücken beginnt zu schmerzen, die Gedanken sind wieder auf der Jagd. Jäger und Gejagte wechseln die Rollen. Eine schier endlose Nacht, dunkel und kalt. Mir ist, als hätten wir die dunklen Kräfte durch unsere Reinigung erst recht gerufen. Nun sitzen sie da in meinem netten Hotelzimmer und lassen mich schaudern, zittern und frieren. Es ist nicht so, dass sie mir völlig fremd und neu sind. Auch Ron erzählt von ihnen und in Büchern lese ich davon. Doch will ich nichts von ihnen hören oder lesen, geschweige denn mehr über sie erfahren. Sie machen mir Angst, sie trüben meine heile Welt. Also grabe ich sie in dunkle Gräber ein, setze Blumen darauf und bete, dass sie nicht auferstehen. Doch jetzt und hier in der Endlosigkeit dieser Nacht scheinen sie mich aus jeder Ecke hämisch anzugrinsen, bereit gegen ein endgültiges Auslöschen anzukämpfen. Wie schon auf La Palma zünde ich meine Meditationskerze an. Das sanfte Flackern der Flamme beruhigt mein aufgehetztes Gemüt, der milde Schein bringt ein wenig Frieden.

Die Gesichter einiger TeilnehmerInnen sind weiß wie ihre Kleidung am dritten und letzten Seminartag. Einige sind geschwächt wie ich, anderen geht es gut bis sehr gut. Der „Transfer in den Alltag" ist heute das zentrale Thema. Im Grunde ist der Lichtnahrungsprozess mit den drei Tagen abgeschlossen, günstig ist es jedoch sieben Tage nichts zu essen, wer mag, auch einundzwanzig Tage. Bei starker Krise oder starkem Gewichtsverlust ist „dazunaschen" erlaubt. Eine Liste mit den „Grundlagen für den Alltag in der Alleinheit" ist im Skriptum und wir arbeiten sie gemeinsam durch. Sage und schreibe achtundzwanzig Punkte sind fein säuberlich aufgelistet und wollen in Zukunft befolgt sein. Immerhin, einige Punkte erfülle ich ja bereits, zumindest teilweise, wie täglich in den Wald, in die Natur gehen oder meditieren. Auf alle Genussmittel verzichten, da wird es schon schwieriger, denn Kaffee und ein Glas Wein sind in meinem Alltag fix verankert. Prinzipiell nur vegane Ernährung, keine Gewürze, keine Schokolade, keine Rohkost, weder Zwiebel noch Knoblauch, keine Pilze, keinen Essig. Ich liebe aber Gewürze, ich liebe Rohkost und Pilze und nicht zu vergessen, Balsamico im Salat! Reis, Kartoffeln, Nudeln und gekochtes Gemüse sind erlaubt, sogar Pommes frites, die ich mir jahrelang nicht gönne, weil ich sie mit dem Etikett „ungesund" versehe. Kokosfett, Toast und Fruchtmarmelade sind okay, wie auch eingelegte Früchte. Meine ganze bisherige Bio-gesund-Ernährungs-Welle wird von dieser neuen Lichtnahrungs-Vorschriften-Welle überstülpt und einverleibt. Nur essen, wenn wir wirklich Hunger haben, wenig essen und sofort aufhören, wenn es genug ist. Es wird empfohlen, immer wieder versuchsweise einen Tag nichts zu essen oder auch den dreitägigen Prozess in Abständen für sich zu wiederholen. Phasen mit Heißhunger werden kommen, oft auch zyklisch. In diesen Phasen will der emotionale Hintergrund, die Prägung in den Zellen geheilt werden. Es ist okay, wenn wir, sobald es uns möglich ist, wieder zurückkehren in das bewusste „Dazunaschen" oder auch Nichtessen. Nur stilles, energetisiertes Wasser trinken, zum Beispiel IWES-Wasser, täglich auch in diesem Wasser baden, Entsagung aller Medien, Ballast entfernen bzw. entrümpeln, helle Kleidung tragen, Kleidungsetiketten entfernen, täglich die Alleinheitsatmung durchführen und Absichten sprechen, Verzicht auf Chemikalien am und im Körper, ebenso im Haus, genau auf die Körperreaktionen achten, den eigenen Gefühlen vertrauen, etc. etc. Der Versuch eine freundliche Miene zu machen, scheitert schon bei den ersten Punkten. Ich spüre förmlich, wie mein Gesicht in die Länge wächst. Auch bei einigen anderen beobachte ich dieses Wachstum. In der Kloschlange ist es dieses Mal ziemlich ruhig, keine anregenden Kurzgespräche. Die Körper sprechen stattdessen. Die ganz Eifrigen lassen sich an den fest entschlossenen Gesichtern erkennen. Sie sind wohl in Gedanken schon im Alltag bei der täglichen Umsetzung. Die leise Zweifelnden treten unsicher von einem Bein auf das andere mit fragendem Blick. Die Rebellischen verschränken demonstrativ die Arme über der Brust und schütteln den Kopf. So verschieden reagieren wir Menschen auf ein und dieselbe Situation. Die Pause ist noch nicht vorbei und ich schlendere den Verkaufsstand entlang wie in allen Pausen. Da liegen allerlei energetisch aufbauende, energetisch harmonisierende oder auch energetisch schützende Dinge, von der Seminarleiterin aufbereitet, mit spezieller Energie versehen oder auf die Schwingung der KäuferInnen abgestimmt. Die Eifrigen kaufen wild ein, ungeachtet der Preise. Die Zweifelnden wägen ab, überlegen, wie viel Geld sie mit haben und was von den Dingen für den Anfang wirklich notwendig scheint. Die Rebellischen verweigern, brauchen von all dem nichts. Ich mutiere unmerklich von der Rebellin in die Zweiflerin, überprüfe den Inhalt meiner Geldtasche und entscheide mich für das IVES-Kristallwasser-System und zwei CDs, eine mit der Alleinheitsatmung, die andere mit den Clearings.

Gitta fährt nicht mit mir zurück, sie ist eine der Eifrigen und besucht gleich am Tag darauf das nächste Seminar. So fahre ich alleine von Oberösterreich, meiner ursprünglichen Heimat, durch den Kobernaußerwald nach Salzburg zurück. Wo wird meine Heimat in Zukunft sein? Der aufgewühlte Sand im durchgeschüttelten Wasser darf sich erst wieder setzen. Antworten gibt es noch keine.

„Du gehst ins Nichts, es ist ein Weg ohne Ziel", höre ich die Abschiedsworte noch nachhallen.

Kapitel 3

Sprung in eine neue, alte Geschichte

Da ich zu dieser Zeit noch nicht Tagebuch schreibe und somit über keine Momentaufnahmen verfüge, versuche ich mich in der Nacherzählung. Ich sitze JETZT am Schreibtisch vor dem leeren Blatt Papier bzw. der leeren PC Seite. Nichts ist noch so wirklich greifbar, beinahe ein halbes Jahr liegt alles zurück. An vieles kann ich mich gar nicht mehr erinnern. Eine Nacherzählung ist von Ungenauigkeiten bestimmt. Ich bin nicht mehr die, wie vor einem halben Jahr. Viele Erfahrungen liegen dazwischen. Ist es also wirklich möglich, Ereignisse von einst wahrheitsgetreu nachzuerzählen? Oder schummelt mein Unbewusstes? Die selektive Aufmerksamkeit tut ihren Teil dazu - was vom gesamten Pool greife ich heraus? Und dann gibt es auch noch die Lieblingsbrille, durch deren Sicht ich vorzugsweise interpretiere. So entstehen Geschichten, Opfer- und Tätergeschichten, Dramen und Komödien, Erfolgs- und Versagens-geschichten. Ich schreibe sie selbst. WIR schreiben sie selbst. Der Fluss des Lebens lässt uns Erfahrungen machen, freudvolle und schmerzhafte – entscheidend ist, was wir daraus machen, wie wir darauf reagieren und auf welche Geschichte wir uns im Erzählen festlegen. Denn je nachdem, welche Lebensgeschichte wir auf unserer Reise in den Koffer packen, so wird die Reise verlaufen, so wird die Reise enden, so gestalten wir die Realität, in der wir leben. Wir können sie umschreiben, doch dazu müssen wir den Koffer öffnen und auf seinen Inhalt prüfen.

Ich schreibe zunächst eine Erfolgsgeschichte. Ganze elf Tage lebe ich, ohne feste Nahrung zu mir zu nehmen. Da ich relativ unvorbereitet und auch sehr unbedarft zum ersten Lichtnahrungsseminar fahre, nicht wissend welche Auswirkungen zu tragen sind, habe ich sofort danach eine volle Arbeitswoche in der Praxis. Zu meinem Wortschatz gesellt sich seit dem Seminar die Bezeichnung „NO GO", was soviel heißt wie „Das geht auf gar keinen Fall!" Direkt nach dem Seminar, erscheint es mir unmöglich am darauf folgenden Tag die schmerzvollen Geschichten meiner KlientInnen zu hören. NO GO! Alles in mir schreit nach Stille, nach Leere und Schutz. Zu sehr ist meine Seele angerührt, zu viel Aufruhr und Aufstand sind in meinem Kopf. Auch fühle ich mich schwach und vom Kreislauf her sehr instabil. Ich sage alle Therapiestunden für diese Woche ab – bei meinem eingefleischten Helfersyndrom ein Jahrhundertereignis! Jetzt habe ich alle Zeit der Welt, um auf meinen Körper und meine Gefühle zu achten. Jetzt geht es einmal nicht um die anderen, jetzt geht es einmal um mich selbst! Wie herrlich ist es, im warmen Bett zu bleiben, denn das Frieren setzt sich fort und nur im Bett oder im heißen Wasser der Badewanne taut das Eis in mir auf. Wie herrlich ist es, endlich einmal Zeit zu haben und allen Grund, dass jetzt die tägliche TO DO – Liste ein absolutes NO GO ist. Ich übe mich in der Alleinheitsatmung und höre auch die Clearing CD immer wieder an.

Ernst ist wie meine Mutter „mitgehangen und mitgefangen." Vieles ist nicht mehr wie früher - Frühstück, Mittag- und Abendessen - was ist stattdessen? Manchmal setze ich mich zu Ernst an den Tisch und trinke mein Wasser, manchmal bleibe ich dem Essen fern und versuche durch die Prana-Atmung Energie zu gewinnen. Das tägliche Bad im IWES Wasser tut mir ausgesprochen gut und ist tatsächlich belebend. Zu Beginn lese ich mir noch öfter die Regelliste durch, versuche mir aber keinen Stress zu machen.

Eins nach dem anderen und in meinem Tempo! Schließlich geht es bei der Selbstermächtigung ja darum, den eigenen Weg zu finden – den eigenen und nicht den von jemand anderen!

Das Osteressen bei meinen Eltern ist eine aufregende Sache! Vor meinem Vater habe ich heute noch großen Respekt, als Kind fürchte ich mich manchmal vor ihm – zu fremd ist seine männliche Welt, zu verschieden sind unsere Wesen. Erst viel später auf meiner Reise wird mir bewusst, wie ähnlich in Wahrheit unsere Wesen sind und unsere Geschichten. Es ist nicht selten, dass die Geschichten, die schon die Eltern schreiben in den Kindern weiterleben. Es gibt viele Geschichten und es gibt ebenso viele Möglichkeiten mit diesen Geschichten zu leben.

Wir sitzen bei Tisch, die Stimmung ist angespannt. Meiner Mutter ist wie mir am Seminar ein langes Gesicht gewachsen – auch wir sind uns absolut ähnlich! Veränderungen sind nicht unsere Stärke. Wir sind beide beständige „Steinböcke" - ausdauernd im Alltag des Einerleis, willensstark im Bestreben Bestehendes zu erhalten und mit einer gewissen Sturheit versehen, wenn es darum geht, die eingefahrene Routine zu durchbrechen. „Da kommt man sich als Eltern schon komisch vor, wenn das eigene Kind nichts isst", sagt mein Vater mitten in die Spannung hinein oder aus seiner Anspannung heraus. Ich bin froh um diesen Satz. Nun kann ich antworten – mit einem Gespräch ist das Eis gebrochen, die Karten liegen offen am Tisch. „Das kann ich gut verstehen", sage ich, „Mir würde es nicht anders ergehen als dir." Wieder so ein Jahrhundertereignis! Er greift mich nicht an und ich verteidige mich nicht. Eine ganz neue Reaktion! Sind die Zellen schon gereinigt? Sind die Geschichten aus der Vergangenheit samt ihren dunklen Mächten und Kräften schon „gecleart", gelöscht oder gar neu programmiert? Springen wir in eine neue Geschichte, eine Geschichte der Offenheit und der Toleranz? Mein Vater nickt, meine Mutter versucht zu lächeln und Ernst macht sich in alter Manier über den Osterbraten her. Ich trinke mein mitgebrachtes IWES-Wasser und wundere mich, dass ich den anderen beim Essen zusehen kann ohne einen Mangel zu empfinden und ohne Verlangen. Ich erfreue mich an den Farben des grünen Salates und der gelben Kartoffeln. Ich erfreue mich auch am Duft und erfasse zum ersten Mal in meinem Leben das Wort „Augenschmaus". Es wird zur leibhaftigen Erfahrung.

Es ist Vollmond und noch am selben Abend findet unsere monatliche Vollmondmeditation statt. Wie wird die Gruppe auf mich reagieren? Der Tag ist schon lang, die Energie verbraucht sich mit jedem Kilometer auf der Autobahn von Linz nach Hause wie der Sprit im Tank. Heute ist der achte Tag ohne Nahrung, weder der Mund noch die Haut nehmen etwas anderes auf als Wasser. Ich habe bereits stark abgenommen, stelle mich aber bisher nicht auf die Waage. Mein Gesicht ist sehr unterschiedlich, je nach vorhandener Energie und entsprechender Stimmung. Im Moment bin ich müde und erschöpft – mein Gesicht ist alt. Ich bin mir fremd im Spiegel, sowohl der Körper als auch das Gesicht schrumpfen in sich zusammen. Die Knochen geben jetzt den Ton an, nicht mehr die Rundungen. Meine Kleidung ist mir bereits um einiges zu groß, was sich jedoch noch halbwegs kaschieren lässt. Doch nackt, wie Gott mich schuf, entkomme ich einem gewissen Schrecken nicht. Was bleibt von dem ICH übrig, für das ich mich bisher halte? Was vom Körper, was von der Seele, was vom Geist? Unmerklich wandelt sich meine Erfolgsgeschichte in eine Angstgeschichte.

Der Schrecken über meine körperliche Veränderung ist auch in der Meditationsrunde anwesend. Einige mir nahe stehende Personen haben Angst um mich. Diagnosen werden gefällt, die häufigste ist „Magersucht". Das stehe ich nun mit den zu großen Kleidern, denen ich die Etiketten aus dem Leib schneide und schon wird mir ein neues Etikett aufgeklebt: „Magersucht". Ja, ich bin mager und ja, ich bin auf der Suche, aber ich bin doch nicht magersüchtig! Oder habe ich etwas Gravierendes übersehen angesichts der ganzen Faszination rund um die Lichtnahrung? Die wenigsten nehmen sich die Mühe hinter die Oberfläche zu schauen, denn im Hintergrund gibt es den einen entscheidenden großen Unterschied und den sieht man nicht. Ich will nicht abnehmen, ich habe vor dem

Lichtnahrungsprozess bereits eine ideale Figur für mein Alter. Somit stellt sich die Angst vor dem Dickwerden für mich nicht. Ich möchte den Weg der Lichtnahrung gehen, mich spirituell weiter entwickeln, das Neue wagen und die begrenzenden Glaubenssätze und Programme überprüfen oder wenn möglich entfernen wie die Kleideretiketten. „Was nährt mich wahrhaftig", ist meine zentrale Frage und nicht, „Wie kann ich schlank bleiben oder werden." Ich bin es ja schon!

„Man sieht nur mit dem Herzen gut,
das Wesentliche bleibt den Augen verborgen, "

lässt Exupery seinen „Kleinen Prinzen" sagen. Die Diagnosen kommen aus dem Kopf und nicht aus dem Herzen. Und sie stülpen ein Etikett über die Person und dieses Etikett wird zur Geschichte, mitunter zur Lebensgeschichte. Das ist der Grund, warum ich als Psychotherapeutin keine Anträge mit Diagnosen mehr ausfüllen mag. Ich will keine Leidensgeschichten festschreiben, ich will den Menschen als Ganzes sehen und kein Etikett auf seine Stirn heften.

Heute treffe ich mich mit meiner langjährigen Freundin und Berufskollegin Anne. Sie ist auch so eine Schockierte. Es bleibt nicht bei der Diagnose allein. Im nächsten Schritt wird die Festplatte der gemeinsamen dreißig Jahre durchforstet nach Indizien, die bereits in früheren Zeiten auf die jetzige Diagnose hinweisen. Mit Sicherheit wird etwas gefunden, die selektive Aufmerksamkeit sorgt dafür. Ist erst einmal die Brille „Essstörung" aufgesetzt, fällt auch die Vorliebe für Rohkost und Salat darunter. Meine früheren Mayr-Diäten, um den Darm zu heilen, sind mit dieser Brille natürlich höchst verdächtig. Schon damals nichts gegessen! Schließlich befasse ich mich lange mit gesunder und biologischer Ernährung – auf dieser Welle kommen auch die grünen „Smoothies" in mein Leben. Selbst diese gesunde Vorliebe wird in das Krankheitsbild gereiht und bestätigt ebenfalls den Verdacht einer Essstörung. Somit ist die Diagnose besiegelt, wie auch die Person dahinter. Und so ergeht es vielen.

Trotz allem ist es für mich ein gutes Gespräch mit Anne. Ich erkenne die Sorge dahinter und ihre Diagnose verletzt mich jetzt nach einem halben Jahr nicht mehr. Damals, kurz nach dem ersten Lichtnahrungsseminar ist alles neu für mich - die Diagnose „Magersucht", mein neuer, fremder Körper, mein neues, altes Gesicht. All das Neue erschreckt mich und macht Angst. Doch gleichzeitig entsteht in mir auch eine neue Klarheit in dieser Zeit und ein neuer Mut, das auszudrücken, was ich erkenne. So weise ich Anne auf ihre eigenen zahlreichen Diäten hin. Ihr Körper wächst nach der Geburt ihrer Kinder beträchtlich und sie lehnt ihn lange Jahre ab, will schlanker sein und nimmt mit jeder neuen Diät weiterhin zu. Die Projektion ist damit entlarvt. „Wer es sagt, ist es selber", schreien wir uns als Kinder zu bei Beleidigungen wie „blöde Kuh" oder anderen Schimpfwörtern. „Wer es sagt, ist es selber" – so einfach und wahrhaftig ist die Kinderseele.

Während ich täglich abnehme, nimmt meine körperliche Schwäche täglich zu. Die Treppen in den ersten Stock schaffe ich nur mit kleinen Verschnaufpausen. Schnell geht mir die Luft aus und das Herz beginnt bei kleinsten Anstrengungen zu rasen. Die Angst kriecht langsam und beständig in mir hoch. An ihr Bein heftet sich der Zweifel. Alt aussehen und womöglich krank werden – ist der Preis nicht zu hoch? Ernsts Tochter nennt meinen Zustand „grenzwertig" und ich muss ihr eindeutig Recht geben. Meine Freundin Olga sagt verbal nichts, dazu ist sie zu vorsichtig, doch in ihren Augen spiegelt sich Betroffenheit, als ich bei einem gemeinsamen Spaziergang immer wieder stehen bleibe und nach Luft ringe, die Hände auf das Herz gepresst, als könne ich damit das Rasen eindämmen. Auch Ernst hält sich bisher zurück, wohl um mich in meinem Weg nicht zu beeinflussen. Doch selbst er als Positivist kann seine Bedenken nicht mehr verbergen.

Die wunderschönen Momente, wenn sich zum Beispiel die Liebe und die Dankbarkeit bei der Alleinheitsatmung im Herzen vereinen und das daraus entstehende Glücksgefühl sehen die anderen nicht, ebenso wenig die wachsende Klarheit und den wachsenden Mut oder das zarte Gefühl der Bescheidenheit und der Demut, gerade durch die körperliche Schwäche. Zu sehen sind auch nicht die kostbaren Momente des inneren Friedens und die innere Freiheit, viele Dinge nicht mehr zu brauchen. Die Materie steht immer im Vordergrund. Sie ist sichtbar, man kann sie greifen und formen. Die Ebene hinter den Formen, das Formlose, das Göttliche, das ALLEINE oder der „Große Geist in allen Dingen", wie die Indianer sagen, sieht man nur mit dem Herzen, nicht mit den Augen und schon gar nicht mit dem Verstand.

An meinem ersten Arbeitstag schrecken sich natürlich auch einige KlientInnen, manche überspielen es, andere sprechen es an. Abends spricht dann mein Körper ein erstes Wort mit mir. So geht es nicht weiter. Die Grenze ist erreicht. Zum ersten Mal nach langer Zeit stelle ich mich auf die Waage und sehe die Zahl 47 - Schock! Ich habe bereits acht Kilogramm verloren. Was bleibt von mir übrig, wenn ich immer weniger werde? Eigenartig, wir haben den fixen Glauben eine konstante Person zu sein. Auch so eine Geschichte. Dabei erneuern sich unsere Körperzellen angeblich alle sieben Jahre vollständig. Zellen sterben ab, Zellen kommen neu. Rein biologisch ist nach sieben Jahren nichts mehr von der ursprünglichen Person übrig. Nach sieben Jahren sind wir zellulär ein völlig neues Geschöpf! Mit meinen 56 Jahren bin ich also schon zum achten Male „rundum-erneuert". Wir merken es nicht. Etwas in uns ist konstant trotz ständigem Wechsel. Ist es dieses Prana, dieses Qi, die universelle Lebenskraft und Lebensenergie, die uns tatsächlich ausmacht, nämlich dauerhaft ohne Anfang und ohne Ende, immer schon und für alle Zeit?

Die Angstgeschichte wird still und heimlich zur Versagensgeschichte. Warum nährt mich die universelle Energie nicht ausreichend? Würde sie das tun, würde ich kein Gewicht verlieren. So aber läuft etwas falsch oder ich mache etwas falsch. Meine lebenslänglichen Barrieren „Das schaffe ich nicht" und „Dafür bin ich viel zu klein" stellen sich mir wieder einmal felsenhoch in den Weg. Oder ist es umgekehrt – verstecke ich mich kleinlaut dahinter? Wenn sich die Zellen alle sieben Jahre erneuern, wie kann es sein, dass sich im Zellgedächtnis alles speichert und noch dazu über alle Inkarnationen hinweg? Sterben mit den Zellen nicht auch die eingelagerten Erfahrungen? Offensichtlich nicht! Ist es vielleicht so, dass die alten Zellen den neuen Zellen, so wie Eltern ihren Kindern, die Muster und Programme weitergeben, sie quasi vererben? Heute spricht man von „Informationsfeldern", die wir mit unseren Erfahrungen aufbauen und in denen alles gespeichert ist. Ist viel Dunkles gespeichert, scheint der Sprung in eine neue, helle Geschichte oft aussichtslos.

So ergeht es mir in meiner neuen, alten Angst- und Versagensgeschichte. 47 kg ist ein NO GO, hier geht es nicht weiter! Ende der Lichtnahrung oder besser gesagt der Nichtnahrung! Ich beginne ein wenig „dazu zu naschen". Mandelmilch oder ein paar Löffel Reis mit etwas gekochtem Gemüse. Es ist, als ob jede Zelle die Nahrung gierig aufsaugen würde und sowohl die Atemnot als auch das Herzrasen gehen relativ schnell zurück. Das Gewicht erhöht sich allerdings nicht sonderlich damit. Die ersten Bissen, der erste Geschmack sind pure Wonne, obwohl nur ein wenig Reis mit ein wenig Gemüse. Das Salz - allein das wenige Salz - ist eine Herrlichkeit für sich. Langsam, als wäre jeder Bissen heilig und mit einem kleinen Teelöffel nehme ich die Kostbarkeiten zu mir, behalte sie lange im Mund, kaue sie bis zum Brei, bevor ich sie schlucke. Schnell bin ich satt.

Das Wenige hat eine viel intensivere Bedeutung, einen viel größeren Wert als das Viele. Das Wenige wird zum Überfluss in dem Moment, wo ich es bewusst und mit allen Sinnen auskoste. Umgekehrt kann sich hinter dem Vielen der größte Mangel verstecken. Wir können ihn „emotionale oder spirituelle Magersucht" nennen. Diese Diagnose kann ich annehmen und bejahen. Diese Krankheit ruft nach Heilung und hat mich auf meiner langen Reise bis genau da hin geführt, wo ich jetzt bin.

Kapitel 4

Himmel oder Hölle?

Wieder auf La Palma, der „Insel des ewigen Frühlings" - unser erstes Urlaubsseminar im Ausland! „Kurs auf Selbstliebe" ist der Titel und somit unsere Ausrichtung. Im gemeinsamen Boot sitzt eine kleine, feine Gruppe. Das Seminarzentrum, das wir im Dezember entdecken, ist ein Paradies für sich. Die Besitzer haben viel Liebe in all die kleinen Details und Juwele der Finca gesteckt. Man spürt sie auf Schritt und Tritt. Am 21.4.2015 heben wir in München ab und danach heben wir am Seminar volle vierzehn Tage ab. So viel Schönheit, so viel Liebe muss Mann oder Frau erst einmal aushalten! Die Finca liegt im grünen Westen der Insel in absoluter Alleinlage mit Blick auf den weiten, blauen Atlantik. Ernst hat im Seminarhaus „Vegetarisch mit Fisch" als Verköstigungswunsch angegeben mit der Bitte um eine „vegane Extrawurst" für mich. Wir sind mitten im Schlaraffenland, auch was unsere Verköstigung anbelangt. Frisch gepresste Säfte stehen den ganzen Tag bereit, der wunderschön geschnitzte Obstkorb ebenso. Er ist eine einzige Augenweide. Bananen, Papayas, Orangen, Avokados aus dem eigenen Garten – eine bunte Vielfalt, eine einzige Köstlichkeit. Das Frühstücksbüffet lädt bis am späteren Nachmittag ein zuzugreifen. Fein duftender Schinken hat sich ins vegetarische Büffet geschlichen. Daneben verschiedene Sorten Käse, Tomaten, Paprika, warmes Müsli, ein veganer Aufstrich und ebenso duftendes frisches Weißbrot. Abends werden wir mit einem dreigängigen Menü beglückt. Fülle auf allen Ebenen. Was für ein Kontrast zur bisherigen „Wasserversorgung"!

Wir beginnen den Tag mit Yoga, Meditation und Chanten oder auch „Singen aus dem Herzen" genannt. Die Lieder sind bunt gemischt, so wie der Obstkorb am Büffet. Schamanische Lieder, die Mutter Erde ehren, heilige Mantren und Gospels, Lieder aus aller Welt. In allen Ländern wird gesungen, die Heilkraft des Singens ist vielleicht nicht immer bewusst, weil allein die Freude am Singen anführt. Vielleicht liegt ja die Heilkraft auch genau in dieser Freude. Tun wir das, was uns Freude macht, steht die Zeit still, all die Bedürfnisse, die uns sonst auf Trab halten, sind wie ausgelöscht. Wir sind versunken in dem, was wir tun. Wir werden zu dem, was wir tun. Nach einiger Zeit, wenn das Denken durch die stetige Wiederholung der Melodie und des minimalen Textes eingeschläfert wird, ist der Raum frei für das Lachen und die Ekstase. Eine Heiligkeit füllt die Herzen, die nicht mehr MEIN und DEIN Herz sind, sondern EINES, eins mit allem, was ist. In diesem grenzenlosen Raum geschehen die Wunder.

„Lean on me and feel that you are safe and that you are loved
I am here at your side, I am here at your side."[20]

Bei diesem Lied kommt der verstorbene Ehemann einer Teilnehmerin in unsere Runde. Auf einmal ist er da, wie ein leiser Windhauch. Auf einmal spüren wir seine Energie, die uns allesamt berührt. In diesem Raum existieren Zeit und Vergänglichkeit nicht. Der Tod ist eine Illusion. Energie stirbt nicht. Bedingungslose, göttliche Liebe ist die höchste Form der Energie. Wir alle spüren es, sind ergriffen von dieser Liebe, die eben nie stirbt und die immer spürbar ist, vorausgesetzt unsere Kanäle sind geöffnet. Singen aus dem Herzen öffnet die Kanäle, auch Meditation, Yoga, die Natur mit ihrer Schönheit, die Weite des blauen Atlantiks, das immer wiederkehrende monotone Geräusch der Meereswellen. All das hebt unsere Schwingung, unsere Energie. Wir erheben uns damit über die alltägliche Dominanz des Denkens und des Verstandes hinaus. Jenseits dieser Grenze liegt das Grenzenlose. Wir heben ab. Die Person löst sich auf, das ICH springt über die Grenzen der Haut hinweg und verströmt sich, wie der Klang im Raum.

Das Frühstück bringt uns in den Leib und auf die Erde zurück. Wir landen wieder in der Materie und noch dazu im Schlaraffenland, wo alles da ist, was das Herz begehrt. Manchmal ist die Rückkehr aus dem ALLEINEN auch extrem schmerzhaft und wir erleben sie als „Fall" oder als „Vertreibung aus dem Paradies." Ich erkenne immer mehr, dass der Schmerz in meinem Leben viel mit meinem Widerstand zu tun hat. „Es ist nicht so, wie ich es will," schreit die trotzige Dreijährige in mir und stampft mit den Füßen. Wenn es aber so ist, wie es ist – wie sinnvoll ist dann das ganze Auflehnen dagegen? Manche Lebensgeschichten sind eine einzig große Rebellion gegen das, was ist oder auch gegen das, was man glaubt, dass ist.

Ernst rebelliert gegen meine schriftlichen Seminarvorbereitungen. Es spürt, dass mich die zugrundeliegende Angst dazu treibt. „Nicht gut genug sein" ist eine Magersucht des Selbstwertes. Nur nie wieder in diese Hölle steigen, lieber alles dafür tun, um auf Nummer sicher zu gehen. Wir geraten uns in die Haare, ein Machtkampf entsteht. SEIN Ansatz oder MEIN Ansatz? Ohne Konzept ein Seminar halten und sich dem spontanen Prozess hingeben, oder ein Seminarkonzept zum Anhalten, zum Orientieren im Hintergrund? Wer wird gewinnen? Das ist noch ungewiss. Gewiss ist aber, dass der/die VerliererIn in der nächsten Runde gewinnen will – das erfordern die Spielregeln des Egos oder besser gesagt, die Kampfregeln, denn spielerisch geht es bei uns in solchen Momenten nicht mehr zu.

Alles Helle hat seine Entsprechung im Dunklen. Akteur und Aktion werden auch im Dunklen Bereich EINES. Wie so oft fühle ich mich durch Ernsts

Rebellion gegen mein Tun und gegen mein Sein angegriffen und verletzt. Was liegt näher, als sich dagegen zu wehren! Meine Wutanfälle können derart ekstatisch sein, das Denken ist weitgehend ausgeschaltet und ich bin die Wut. Die Schwingung in diesem Zustand ist allerdings nicht erhebend, im Gegenteil – sie drückt nieder, macht mich dem Erdboden gleich, zumindest danach, wenn die Wogen verebben. Himmel oder Hölle! Schon als Kind spiele ich mit meinen Spielgefährten „Himmel oder Hölle". Ein Stück Papier, in einer bestimmten Weise gefaltet, lässt sich in die eine oder andere Richtung aufklappen. Die Hölle ist rot, der Himmel ist blau angemalt. Zusammengeklappt kann man die Farben nicht sehen. Man klappt das Ding zusammen und fragt: „Himmel oder Hölle?" Wer es errät und somit recht hat, gewinnt einen Punkt.

Als Erwachsene sehe ich „Himmel oder Hölle" leider nicht mehr als Spiel. Ich verbeiße mich in den Wunsch, nur den Himmel zu wollen und grolle der Tatsache, dass sich die Hölle ebenso auftut wie er. „Es ist nicht so, wie ich es will!" - Auflehnung, Wutanfall, Rebellion. Ich wähle damit selber die Hölle ohne es zu merken. Der Himmel liegt auf der anderen Seite, genau gegenüber, wie beim gefalteten Papierspiel: „Es ist, wie es ist" - Annahme, Friede, Freiheit! Es könnte so leicht sein, es könnte so schön sein!

Nach dem Frühstück erkunden wir bei der täglichen Befindlichkeits- und Bedürfnisrunde, an welchem Punkt jeder und jede von uns im Moment steht, sodass die nächsten Schritte an den laufenden Prozess angepasst werden können. Diese prozessorientierte Seminargestaltung erfordert viel Flexibilität und eine gewisse Übung im „Annehmen, was ist." Sie bringt aber auch ein lebendiges Miteinander, eine Stärkung von Eigen-verantwortung sowie Engagement und nicht zuletzt die Zufriedenheit, die mit dem sich Einbringen und dem Mitgestalten einher geht. Ernst und ich sitzen im selben Boot, teilen wie alle ebenso unser Innenleben mit. Unsere Art und Weise, wie wir Gruppen leiten, ist für viele neu - für manche befremdend, für manche erleichternd. Wir wollen damit zeigen, dass wir alle auf dem Weg sind, dass niemand weiter oder erwachter ist. Wir alle sind auf der Reise zurück nach Hause. Wir sind höchstens unterschiedlich lange unterwegs, doch wir haben einen Weg und ein Ziel. Das macht uns zur ebenbürtigen Weggemeinschaft. Wir alle sind LehrerInnen und SchülerInnen zugleich.

In der Gruppe ist diese Ausrichtung sehr viel leichter als in der Ehe. Wann nehmen wir uns als Paar schon die Zeit, eine Befindlichkeits- oder Bedürfnisrunde zu machen? Wann sind wir so achtsam und bewusst, um dem Prozess, dem Fluss des Lebens Vorrang zu geben und die TO DO - Liste, die Konzepte und Pläne hinten an zu stellen? Kaum! In der Regel rennen wir durch die Tage, eifrig bemüht den Anforderungen gerecht zu werden, oftmals schon jenseits einer gesunden Grenze. Am eigenen Rande angelangt stellen wir enttäuscht fest „Es ist nicht so, wie ich es will" und stampfen mit den Füßen. Doch wer hat sich für diesen Stil entschieden? Wer hat ihn bewusst oder unbewusst gewählt? Wer schreibt diese Geschichte?

Kein Licht ohne Schatten, kein BLAU ohne ROT!

Im Grunde spielt das Ego mit uns „Himmel oder Hölle". Es will recht haben, will gewinnen, will den Punkt für sich verbuchen. Wir meinen immer, WIR haben alles im Griff, dabei hat das EGO uns im Griff. Erst wenn wir die Augen und vor allem das Herz öffnen und hinfühlen, was sich hinter dem Vordergründigen abspielt, haben wir die Chance einer Wahl. So können wir aus all den Programmen und Illusionen erwachen. Das ist Himmel! Die Hölle ist Hölle, weil wir es so interpretieren, weil wir diesen Teil rot anstreichen und „Hölle" dazu sagen. Wir können auch anders wählen. Wir können diesen Teil ebenso blau anmalen und „Himmel" zur ursprünglichen Hölle sagen. Nicht aus Schönfärberei, sondern aus dem Vertrauen heraus, dass alles aus EINER Quelle kommt. Wir können aber auch die Farben rot und blau samt ihrer Bedeutung löschen. Was bleibt, ist ein leeres Blatt Papier. So oder so hebt sich die Polarität auf und es gibt weder gut noch böse. Es gibt auch keine Gewinner oder Verlierer mehr, das „Himmel oder Hölle Spiel" ist aus.

Immer wieder bin ich berührt über das Geführt- und Getragensein vom Fluss des Lebens und über die Liebe dahinter. Alle Zwistigkeiten zwischen Ernst und mir regeln sich von selbst durch die Befindlichkeits- und Bedürfnisrunden. Die Menschen wollen einfach beides – die Freiheit der Spontaneität und die Sicherheit der Struktur. BLAU ist nicht besser als ROT, wenn man das bedeutungsgebende Etikett „Himmel" und „Hölle" wegnimmt. Es ist einfach ein anderer Modus, eine andere Frequenz. Das ist alles!

So viele Kämpfe und Schlachtfelder sind überflüssig, wenn wir nicht mehr bewerten, urteilen und etikettieren.

Kapitel 5

Darf es ein bisschen mehr sein?

Die Zufriedenheit mit dem Wenigen schmeckt gut. Das Wenige im Mund achtsam zu zerkauen, bis es sich förmlich auflöst, ist eine Wonne. Und das besonders nach Tagen, wo nichts in den Mund gelangt außer Wasser. Nach dem Nichts außer Wasser wird das Wenige zum fünfgängigen Luxusmenü und entsprechend andächtig koste ich es aus bis zum letzten Bissen. Doch es wird mehr. Weißbrot mit Avocado zum Frühstück, Weißbrot mit Avocado zum Mittagessen und abends ein veganes Essen mit der Möglichkeit, vom Guten noch nachzubekommen. Die Versuchung bei Tisch trifft zuerst noch auf Scheu und Zurückhaltung. Das erste Weißbrot mit Avocado esse ich noch in der gewohnten Achtsamkeit, kaue langsam und bewusst, bis sich die feste Konsistenz auflöst zu Brei. Das Besondere des ersten Weißbrotes mit Avocado verliert am dritten Tage seine Besonderheit. Stattdessen sagt die innere Schlange: „Nimm doch noch eine Avocado vom Baum und lege sie auf noch ein Weißbrot." Gedacht – getan. Der Genuss geht weiter, der Geschmacksinn jubiliert, der Magen rebelliert. Doch nach drei Tagen gewöhnt er sich daran. Die Zufriedenheit mit dem immer mehr Werdenden ist nur ein kurzes Strohfeuer, das nach schnellem feurigen Höhepunkt ebenso schnell erlischt. „Darf es ein bisschen mehr sein?", ist in meiner Kindheit die Standardfrage der Metzgerin, wenn sie von der Wurst mehr als die bestellte Menge abschneidet. „Darf es ein bisschen mehr sein?", ist auch die Standardfrage der Obst- und Gemüseverkäuferin am Markt. Die meisten Menschen antworten reflexartig mit „Ja". Ein bisschen mehr darf es immer sein. Ein bisschen mehr ist gut. Ein bisschen mehr als ein bisschen mehr ist dann noch besser und das Spiel kann sich steigern bis zum Zerplatzen.

Die Zeit auf und nach La Palma wird zu diesem Spiel.
Das Essen ist ein wunderbarer Spiegel, auch für andere Bereiche des Lebens. Das Viele macht mit der Zeit unbescheiden, ein wenig ist bald ZU wenig – mehr ist besser.

Ich halte mich zwar an die vegane Regel, vom bewussten Essen aber bin ich weit entfernt. Ich esse morgens, mittags und abends, ob Hunger oder kein Hunger - meistens allerdings schon Hunger, da sich dieser mit dem Essen schnell wieder einstellt. Auch das Verlangen ist wieder da und die Tendenz „das Gute" stets ein wenig mehr zu übertreiben. Das Lichtnahrungsseminar und seine Inhalte treten in den Hintergrund. Auch mein Stern am Himmel „Du denkst, du verlierst vieles, dabei gewinnst du alles", kommt mir abhanden. Im Moment ist die Fülle ein Gewinn und die Vorstellung im allgegenwärtigen Schlaraffenland bei einem Glas Wasser zu sitzen, kommt mir nicht einmal in den Sinn. „Im Vergleich zu den anderen bist du mit deinem Essen immer noch äußerst bescheiden", flüstert mir mein Ego ins Ohr und es hat äußerlich gesehen recht. Innerlich jedoch weiche ich jeden Tag mehr von meinem eingeschlagenen Lichtnahrungsweg ab.

Ich übertrete immer mehr die NO GOs, trinke wieder Kaffee, gelegentlich ein Glas Wein. Ich nasche wieder verbotene Rohkost und koche mit Zwiebel und Knoblauch, weil Ernst das gerne hat und weil ich zu bequem bin, zweierlei Essen zu kochen. Die Gewürze werden mehr, der Gaumen gewöhnt sich daran. Wir besuchen sogar einen Ayurvedischen Kochkurs bei einer befreundeten Inderin. Danach sind wir beide wie aufgeblasene

Heißluftballons und fallen todesähnlich in einen Tiefschlaf. Die ayurvedischen Köstlichkeiten sind zudem nicht einmal vegan, was ich ergeben hinnehme, weil der Gusto größer ist als jede Regel. Der Verstand ist wieder einmal clever und überzeugt mich davon, dass all die NO GOs und Regeln ja auch nur ein Programm sind. Den Blick auf mein „Darf es ein bisschen mehr sein – Programm" hat der Nebel zugedeckt. Die Zeugin ist ebenfalls in einen Tiefschlaf gefallen. Manchmal wacht sie auf und registriert, meistens dann, wenn es zu viel des Guten ist und etwas im Körper aufschreit.

Das soziale Leben wird durch mein Essen eindeutig wieder leichter für beide Seiten. Ernst erlebe ich bezüglich Essen immer wieder als Animateur, als Verführer – zumindest am Beginn. Später führen mich die Dinge selbst in Versuchung. Das Paradies ist immer nur von kurzer Dauer, wie bei Adam und Eva. Nach der Übertretung und dem Genuss kommt der Fall. Woran ich mich aber strikt halte, ist der Verzicht auf Kosmetika. Ich schmiere nichts mehr auf meine Haut, weder am Körper noch im Gesicht. Am Beginn fühlt sich die Haut trocken und schuppig an, doch nach kurzer Zeit wird sie weich und samtig. Worauf ich noch nicht verzichten kann, ist mein biologisches Haarfärbemittel. Die Eitelkeit verlangt danach. Graue Haare sind für mich ein NO GO, ich möchte auf keinen Fall mein jugendliches Aussehen, das ohnehin schon durch die neuen Falten im Gesicht verblasst, auch noch durch graue Haare gefährden.

Mein Ego sonnt sich Tag für Tag, es blüht auf, es „leibt und lebt", es entpuppt und entfaltet sich mehr und mehr mit jedem „Darf es ein bisschen mehr sein." Auch zwischen Ernst und mir „darf es ein bisschen mehr sein". Aus der Sehnsucht und dem Wunsch schleichen sich Forderungen ein. Kein guter Nährboden für die Liebe. Nach dem lichtvollen La Palma treten wir wieder ein in das Schattenreich. Nach der kurzen Harmonie werden wieder die Waffen poliert und drohend einander gegenüber gestellt. Ich halte die Unordnung im Haus nicht mehr aus. Mir ist wieder einmal zum Davonlaufen. Ernst hält meine Jammerei nicht mehr aus. Ihm ist wohl auch zum Davonlaufen. Doch wir bleiben und wir verhalten uns der Standardfrage gemäß „Darf es ein bisschen mehr sein?" Mehr an Streit, mehr an beleidigtem Rückzug, mehr an Enttäuschung und mehr an Schmerz, alles in allem: Mehr an Getrenntsein.

Der Lichtnahrungsprozess lässt das Dunkle ans Licht kommen. Wie lange noch? Ich gehe diesen Weg schon dreißig Jahre! Wie viel Dunkles ist denn da noch zu be- oder erleuchten? Mit dem Lichtnahrungsprozess setze ich meine Hoffnung wieder auf ein Ziel in der Zukunft. Auch diesbezüglich kann es nie genug und darf es immer ein bisschen mehr sein.

Das zweite Lichtnahrungsseminar naht und damit die Chance, alles wieder in die andere Richtung zu lenken. Aber auch eine gewisse Rebellion ist in mir. Will ich das überhaupt? Will ich das weiterhin, wo es doch so viele Schwierigkeiten mit sich bringt? Das Glas meiner Brille ist dunkel angelaufen. Ein Ausspruch von Sri Aurobindo fällt mir ein:

„Man muss ausdauernder sein als die Schwierigkeiten.
Es gibt keinen anderen Ausweg."

Und so mache ich mich auf den Weg zum zweiten Lichtnahrungsseminar mit vielen neuen Erfahrungen im Gepäck - mit Hochphasen und Tiefschlägen, mit eifrigem Voranschreiten und niederschmetternden Rückfällen - und mit nichts im Darm.

Kapitel 6

Auflösung oder Das ganze Leben am Prüfstand

Am 20.7.2015 sitze ich wieder weiß gekleidet im Kreise der anderen „Weißen". Einige Gesichter kenne ich bereits vom ersten Lichtnahrungsseminar, andere sind mir fremd. Gitta ist dieses Mal gemeinsam mit ihrem Partner hier und so ergibt sich weniger Kontakt zu ihr als beim ersten Seminar. Doch sitzen wir wieder nebeneinander, was sich wie schon vor drei Monaten gut anfühlt und mir eine gewisse Sicherheit schenkt. Der erste Seminartag ist hauptsächlich der Reflexion der bisher gemachten Erfahrungen gewidmet.

„Elf Tage habe ich nach dem ersten Seminar nichts gegessen und viel Gewicht verloren, mich ganz schwach gefühlt. Ich habe kaum mehr die Treppe in den ersten Stock geschafft, keine Luft gekriegt und das Herz raste. Aus Angst habe ich wieder zu essen begonnen. Auch, weil ich uralt aussah und krank, was mein Umfeld erschreckte. Zuerst habe ich mich noch gut gehalten, dann habe ich aber auch „NO GOs" konsumiert, wie Rohkost, Kaffee und ein Glas Wein zum Essen. Alte Bilder, was früher einmal schön war, haben sich

in mir durchgesetzt. Am Beginn habe ich ein wenig gegessen, ein wenig die NO GOs übertreten, doch es ist mit der Zeit mehr geworden. Aber immerhin lebe ich großteils vegan und habe auch seit dem ersten Seminar keine Kosmetika mehr verwendet. Beruflich halte ich die Leidensgeschichten nicht mehr aus, fühle mich schon nach drei Therapiestunden energielos und muss lange im Wald spazieren gehen, um wieder aufzutanken. Noch weniger halte ich das Antragswesen der Krankenkasse aus, wo ich Diagnosen stellen und über Menschen mein fachliches Urteil fällen muss. Auch in der Ehe ist es schwieriger geworden. Die Unordentlichkeit und der Stress meines Mannes saugen ebenso meine Energie ab wie der Beruf. Zum Seminar bin ich mit etwas Widerstand gekommen."

So, jetzt ist alles ausgespuckt und halbwegs ehrlich noch dazu. Bei „Rohkost, Kaffee und Wein" merke ich, dass die Leiterin des Seminars zusammen zuckt, ebenso beim gegessenen Speck einer anderen Teilnehmerin. Wahrscheinlich sind allein diese Worte für sie schon geballte negative Energie, Messerstiche in ihrer lichtgenährten Seele. *„Durch das erste Lichtnahrungsseminar hat sich schon viel verändert. Vieles, was früher gepasst hat, passt nicht mehr. Wie erkennen mehr, wo wir manipuliert werden"*, gibt sie mir zur Antwort. Und dann noch den einen, für mich entscheidenden Satz:

„Du wirst schon deinen Weg finden."

Dieser Satz ist Balsam für meine verunsicherte Kinderseele. Positiv, wohlwollend wird mir zugetraut, dass ich trotz begangener Fehler den eingeschlagenen Weg weitergehe und mein Ziel erreichen werde. Das baut auf, das lässt den Widerstand schmelzen wie Eis in der Sonne. Im gespeicherten Programm sind Vorwürfe oder Schelte vorgesehen bei Übertretung von Regeln. Dementsprechend habe ich schon mein ganzes

Feedback formuliert, fällt mir eben beim Schreiben auf. Ich erzähle eine Angstgeschichte, um mein Verhalten zu begründen und zu rechtfertigen. Vom Genuss und von der Fülle auf La Palma erzähle ich nichts. Diese rosige Seite meines Rückfalls verschweige ich, wahrscheinlich um, wie als Kind, „mildernde Umstände" zu bewirken. „Du wirst schon deinen Weg finden", das ist mehr als „mildernde Umstände". Keine Strafe, kein finsteres Gesicht, kein Liebesentzug als Konsequenz. Das Kind hat ein paar Fehler gemacht, sonst nichts. Es ist willkommen wie eh und je, weil das Kind selbst den Wert hat und nicht das Programm, das man von ihm erwartet. Was für eine heilsame Erfahrung!

Wir tragen die Gründe zusammen, warum wir wieder zu essen beginnen und füllen damit unser gemeinsames Boot: Verführung, Gier, Zweifel, Angst, Stress und Langeweile einerseits und Belohnung, Lust am Essen, Entspannung, Genießen, Feiern, dazu gehören andererseits. Es wird deutlich, dass wir überwiegend aus Emotionen heraus und nicht aus Hunger essen. Unzählige alte Programme, die mit dem Essen gekoppelt sind, erwachen aus ihrem Dornröschenschlaf, wenn sie nicht mehr gefüttert werden. Ich erfahre, dass wir auch deshalb essen, weil wir in und durch Beziehungen „gegessen" werden. Viele Menschen saugen uns Energie ab, die wir uns mittels Nahrung wieder zuführen wollen. Und schließlich rufen auch die Mikroorganismen im Darm nach Futter. Essen ist für sie Energie, wodurch sie sich vermehren können. Ich erfahre auch, dass „Fressattacken" üblich sind, weil sich das Ego kräftig aufbäumt gegen die radikale Entprogrammierung.

Vieles vom ersten Seminartag spukt auch noch nachts in meinem Kopf herum, wie der Satz „Hunger ist der Mangel an und die Sehnsucht nach Liebe." Dieser Zusammenhang ist mir bisher nicht bewusst, doch nun gräbt er sich tief in mein Herz. Dort wartet geduldig mein in der Zwischenzeit versenkter Traum vom ersten Seminar mit seiner Botschaft: „Du denkst, du verlierst vieles, dabei gewinnst du alles." Wie wird es weitergehen, wenn ich es abermals wage, den Essprogrammen zu entsagen? Was werde ich verlieren, was werde ich gewinnen? Mir wird bewusst, dass ich mich bisher nur halbherzig auf den Lichtnahrungsprozess einlasse und dem entsprechend ist das Ergebnis ebenso halbherzig. Ein halbes Herz ist eben nur ein halbes. In dieser Nacht spüre ich ganz deutlich, dass mein ganzes Herz verlangt wird. Von wem? Von meiner Seele? Von Gott? Von der Alleinheit?

Der zweite Seminartag ist zur Gänze der Auflösung aller energetischen Verstrickungen und Besetzungen gewidmet. Wie schon auf La Palma tun sich während der Meditation in mir die Abgründe früherer Leben auf. Aus den dunklen Gängen des Vergessens tritt ein Mann aus dem Klerus ans Licht. Ich fühle, wie er mich leidenschaftlich begehrt. Doch das ist nicht erlaubt. Er ist ein Mann des Geistes und ich bin nur die fleischliche Verführung in Gestalt einer jungen, hübschen Frau. Seine Gedanken und Gefühle weilen bei mir. Er wird selbst ohne Tat ertappt und zur Rede gestellt. Als rechtschaffener Mönch sagt er die Wahrheit und gesteht seine Leidenschaft. Was er bei all seiner Rechenschaft nicht bedenkt, ist, dass er damit das Todesurteil für die „schuldige Frau" einleitet. Um ihn vor seiner eigenen Leidenschaft und somit vor der Sünde zu schützen, werde ich auf dem Scheiterhaufen verbrannt. Ich spüre förmlich, wie die Hitze aufsteigt um mich und in mir, wie mein Atem anhält im Schmerz und endlich nach Ewigkeiten sich alles aufhebt im erlösenden Nichts.

Wieder in so einen Abgrund geschaut! Woher kommen all diese Bilder und Szenen aus längst vergangener Zeit? Was haben sie heute hier und jetzt zu suchen in mir? *„Ehepaare haben sich über die Inkarnationen hinweg viel angetan"*, gibt mir die Seminarleiterin zur Antwort, als ich von meinen Bildern berichte. *„Eure Beziehung wird sich verändern."*

Das zweite Lichtnahrungsseminar schließt wie auch das erste mit der Regelliste für die Umstellung auf Lichtnahrung. Die NO GOs bezüglich Essen werden wiederholt und auch was es im Umfeld alles zu beachten und zu verändern gibt. Die zum Kauf angebotenen Waren stehen für mich im

Widerspruch zur Selbstermächtigung mittels direktem Draht zur Quelle. Wenn ich in meinem Grund selbst aufgestiegene Meisterin und Gottmensch bin, wie betont wird, wozu brauche ich dann noch Schutzanhänger, CDs oder spezielle Energiestäbe? Die Rebellin in mir ist immer wieder gegenwärtig, was auch gut ist, denn nie wieder möchte ich so blauäugig wie bei Ron einem Lehrer mein Vertrauen schenken. Verstand und Gefühl dürfen sich vereinen. Gefühl allein hat mich sehr schmerzhaft erwachen lassen von der Illusion, dass spirituelle Lehrer nur helle und nicht auch dunkle Seiten haben. Doch all das Erlebte in den drei Tagen, mein ganzer innerer Prozess ist weitaus stärker als meine Kritik. Was ich am eigenen Leib erlebe, ist meine Wahrheit. Ihr will ich folgen.

Unmittelbar nach dem Seminar setzen - wie vorausgesagt- die emotionalen Wehen bereits ein. Zum einen erlebe ich im Außen alles viel zu schnell und bedrohlich, zum anderen kommt die Bedrohung auch von innen. Im Moment ist es für mich sonnenklar, dass dies mein Weg ist. Die Halbherzigkeit ist einer Ganzherzigkeit gewichen. Die Radikalität der Regeln und NO GOs hat auch eine innere Radikalität bewirkt. In mir ist eine tiefe Entschlossenheit, diese Richtung einzuschlagen. Mit dieser Entscheidung werden aber auch schlafende Ängste wachgeküsst. Märchen haben immer ein Happy End und die bange Frage macht sich breit, ob das auch in meiner Geschichte so sein wird.

„There is always a happy end and if you are not happy, it is not the end",

hängt auf meiner weisen Spruchwand in der Praxis. Offensichtlich bin ich noch nicht am Ende meiner Geschichte, denn ich bin nicht wirklich glücklich. Meinem Leben fehlt es im Äußeren an nichts, doch innerlich erfüllt es mich nicht. Alleine diese Tatsache mir selbst einzugestehen und zu benennen, ist ein Sprung vom sicheren Boden in das Bodenlose. Mit der neuen Entschlossenheit scheint die Zeit vorbei, in der ich dies hinnehmen und schön färben kann. Bisher vergleiche ich mich immer mit anderen und stelle fest, dass ich ein schönes Leben habe. Das habe ich zweifellos und dafür bin ich auch dankbar. Doch wenn es trotz allem die Seele nicht erfüllt? Wenn das Entscheidende immer noch fehlt? Was dann? Mein ganzes Leben steht auf einmal auf dem Prüfstand. Die Säulen, die mich bisher tragen, mir Halt und den Großteil meiner Identität verleihen, fangen zu schwanken an. Schwindelerregend ist die Bilanz und zum Heulen traurig. Meine Ehe, mein Beruf, meine Freundschaften, meine eigene Art und Weise das Leben zu gestalten - was davon ist wirklich noch stimmig und was schreit schon längst nach Veränderung, weil es nicht mehr passt, so wie es ist? Mein Blick ist radikal. Er wendet sich vom Äußeren ab und dringt bis zu den Wurzeln vor. *„Es ist ein Weg ins Nichts"*, sagt die Leiterin beim ersten Seminar. Jetzt erst begreife ich die Tragweite dieser Worte.

Auf der Heimfahrt halte ich an, um meinen aufgescheuchten Gedanken und Gefühlen Raum und Zeit zu geben. Da beginnt es aus mir zu schreiben und ich eröffne damit feierlich das erste Kapitel meines Lichtnahrungstagebuches. Von nun an ist es mein Gegenüber, dem ich alles anvertraue und das mich begleitet, stets mit einem offenen Ohr für das, was ich zu sagen habe. Es ist überall mit dabei und ich schreibe und schreibe und schreibe. Nach elf Jahren Schreiblähmung schreibe ich wieder! Doch kommt mir vor, dass nicht ICH persönlich es bin, die schreibt, sondern ES schreibt aus mir – ES, was immer ES ist.

22.7.2015

Ich schmiege mich auf den warmen Waldboden. Die Bäume werfen einen angenehmen Schatten. Hier kann ich es aushalten bei der brütenden Sommerhitze. Hier kann ich hoffentlich auch wieder meine Ruhe finden. Die kurze Strecke mit dem Auto vom Seminarhaus hierher ist ein einziges Wagnis. Ich fahre wie am ersten Übungstag vor siebenunddreißig Jahren. Die Routine ist weg. Vor meinem Hirn liegt ein Schleier. Die entgegen kommenden Autos erschrecken mich zutiefst und auch die Geschwindigkeit. Also biege ich an einer passenden Stelle ab und gehe in den Wald. Alles in mir ist aufgewühlt, eine Auflösung findet statt. Was darf sich lösen? Was darf bleiben? Ich habe Angst, meine Sicherheiten zu verlieren. An erster Stelle meinen Ehemann. Zwanzig gemeinsame Jahre verbinden uns. Und glaubt man an vergangene Leben, so kennen wir uns schon seit Jahrhunderten. Aber jetzt geht es irgendwie nicht mehr weiter. Vor dem Seminar noch habe ich in meiner Verzweiflung ein Gedicht geschrieben und es ihm vorgelesen. Keine Reaktion.

Tote Zone

Was ist nur los
mit dir, mit mir, mit uns?
All unser Strahlen
hat die dunkle Nacht
geschluckt
Sie kaut und rülpst
verdaut und spuckt
zermalmt und presst
Sie wirft uns aus
als ein Stück Dreck
kleiner und nichtiger
als klein und nichtig
Und wir verrotten
langsam aber stetig
mitten im Paradies

Ja, wir leben mitten im Paradies, wir haben ein schönes Haus mit Garten und nette Nachbarn, wir haben einen entzückenden Kuschelkater und genug Geld zu reisen und Dinge zu tun, die uns Spaß machen. Wir sind auf einem gemeinsamen spirituellen Weg. Wir gehen essen, ins Kino, ins Theater oder fahren am See mit dem Tretboot. Seit einiger Zeit machen wir auch gemeinsam Seminare, die sehr gut bei den TeilnehmerInnen ankommen. Beide sind wir sozial engagiert und spenden für Menschen, Tiere und die Natur in Not. Alles in allem ein wunderbares Leben, besonders, wenn man es mit vielen aus dem Umfeld vergleicht. Und doch fehlt etwas. Trotz der vielen Seminare, trotz der ganzen spirituellen Ausrichtung fehlt etwas Entscheidendes. Mir zumindest.

Und dann ist da mein Beruf, der mir ein sicheres Einkommen bietet. Ich bin Psychotherapeutin und arbeite in eigener Praxis und das seit einem Vierteljahrhundert. Ich hänge am Krankenkassensystem, das mir zwar viele KlientInnen bringt, aber mir auch Diagnosen und mehrseitige Anträge abverlangt. Die Anträge sind großteils ein Ankreuzsystem mehrerer Varianten. Seit ich mich innerlich dagegen auflehne, kommen viele Anträge unerledigt wieder retour, weil ich irgendein Kreuz irgendwo wieder vergesse. Mein Unbewusstes setzt deutliche Signale, die ich aber nicht hören will, um meine Existenz nicht zu gefährden.

Der Waldboden duftet, ein kühler Wind bläst durch die Bäume. Sirenen heulen, als würde es in der Nähe wo brennen. Feueralarm. Ich liege da und weine. Wird alles zerbrechen, was mich all die Jahre trägt? Ich spüre eine tiefe Liebe zu meinem Mann, doch der Alltag gestaltet sich schwierig. Wir haben ähnliche Interessen, aber im Wesen sind wir sehr verschieden. Ich spüre auch eine tiefe Liebe zu meinen Beruf, aber ich kann all den Schmerz und die vielen Leidgeschichten einfach nicht mehr aushalten. Und am allerwenigsten kann ich jene aushalten, die kommen und gar nichts an sich verändern wollen. Ich bin erschöpft von all den Schauplätzen, wo es nicht mehr passt, ich aber weitermache.

Warum tue ich das?
Ich will niemanden enttäuschen.
Ich habe Angst vor Veränderung.
Ich brauche Sicherheit.

Und was verliere ich dabei?
Meine Lebendigkeit, meine Lebenslust, meine Energie, mein wahres Wesen.

Der Preis ist hoch. Der Preis ist eigentlich zu hoch!

Stimmen denn meine Freundschaften noch? Freundschaft ist in meinem Leben ein hoher Wert und so bin ich in der glücklichen Lage über zwanzig und sogar über dreißig Jahre einige wenige Freundschaften zu pflegen. Aber pflege ich sie aus ganzem Herzen? Oder sind sie auch schon Routine und Programm? In diesen vielen Jahren entwickeln sich die Wege oft in verschiedene Richtungen. Was bleibt übrig in einer Freundschaft, wenn die einen für Kinder sorgen und sich das ganze Leben darum dreht und die anderen keine Kinder haben und sich alles um den spirituellen Weg dreht? Wo ist da noch so etwas wie der „kleinste gemeinsame Nenner"? Kann trotz Unterschieden im Außen das innere Mögen, die Liebe zueinander aufrecht erhalten werden? Die Lichtnahrung macht die Unterschiede noch größer und ich merke, wie von einigen ein subtiler Rückzug stattfindet. Und dann ist da die Zeit. Wer hat noch Zeit, sich mit Freunden zu treffen? Wer hat noch Energie, eine Wegstrecke dafür in Kauf zu nehmen? Das Telefon, SMS, Mails, Skype sind die Alternativen für ein leibhaftiges Gespräch von Angesicht zu Angesicht. Doch ersetzen sie nicht die Erfahrung eines gemeinsamen Spaziergangs oder eines Ausfluges. Das Tor zur Seele öffnet sich über diese Medien kaum. Stimmen also diese Freundschaften noch, wo das Geburtstagsgeschenk vom Sommer gleichzeitig mit dem Weihnachts-geschenk im Dezember überreicht wird, aus Zeit- und Energiemangel in all den Wochen dazwischen? Oder ist es vielmehr ein Festhalten an alten verbindenden Ritualen um das Trennende nicht spüren zu müssen? Äußerst schmerzhaft diese Bilanz!

Ich liege im weichen Moos des Waldbodens, über mir die Baumkronen, die mir angenehmen Schatten spenden. Zwischen den Ästen und dem Laub strahlt der blaue Himmel durch. Irgendetwas hat sich in mir verändert.

Irgendetwas ist dringlicher geworden. Irgendetwas ist da und fordert sich ein. Nach einiger Zeit fühle ich, wie sich mein Nervensystem entspannt, mein Denken wieder klarer wird und Vertrauen Einzug hält. „Vertraue dem Prozess", ist bei meinen langjährigen Lehrern Sylvester Walch und Chuck Spezzano ein wesentlicher Grundsatz. Dem Prozess vertrauen heißt, sich dem hinzugeben, was kommt, im Vertrauen, dass wir von unsichtbarer Hand geleitet und geführt sind. Mit dieser Sicht entspannen sich auch die Zweifel im Herzen und verflüchtigen sich wie ein leiser Windhauch.

Jetzt und hier liege ich im weichen Moos unter einem herrlichen Blätterdach. Die Sonne ist schon mild um diese Tageszeit. Mein Körper ist zwar schwach, doch wohlauf. An diesem Ort fühle ich mich wohl und geborgen. Hier bin ich zu Hause und alles darf kommen, was aus mir heraus will. Hier im Wald haben die Programme ihre Kraft verloren, hier herrscht eine andere Kraft. Hier regiert die Natur – die zwar auch ihren Programmen folgt, die auch ihre Routine und ihren Rhythmus pflegt, doch in direkter Verbindung zu ihrem göttlichen Plan. Das ist der Unterschied. Hier in der Wildnis greift - im Gegensatz zu den gepflegten Gärten - der Mensch noch wenig ein und stülpt seinen Willen über. Hier wächst das Moos, wo und wie es will. Hier reifen und fallen die Blätter in ihrem Tempo. Hier findet die aufgewühlte und durchgeschüttelte Seele alles, was sie braucht.

Irgendetwas hat sich in mir verändert. Irgendetwas ist dringlicher geworden. Irgendetwas ist da und fordert sich ein. Dieses Irgendetwas trägt eine Gewissheit in sich, die sich nicht erschüttern lässt. Ich kann dieses Irgendetwas noch nicht beim Namen nennen. ES hat noch keine konkrete Gestalt. Doch ist ES da, zwar unsichtbar, aber deutlich spürbar. Es gibt mir Kraft, nach all dem inneren Aufruhr wieder aufzustehen, ganz selbstverständlich das Steuer wieder in die Hand zu nehmen und loszufahren. Langsam und in meinem Tempo, ohne Angst vor dem Entgegenkommenden und in Zuversicht auf ein gutes Ankommen, wo immer das ist.

Nicht so gelöst und entspannt ist der Himmel. Dunkle Wolken ziehen auf und der Donner grollt. Die Fahrt in meine vertraute Umgebung zurück ist von heftigen Blitzen gesäumt. Ich fahre direkt in das Gewitter hinein.

Welche Gewitter werden mich zu Hause erwarten?

Kapitel 7

Neue Klarheit

Die emotionale Reinigung nimmt drastisch ihren Lauf, was sich besonders in der Partnerschaft zeigt. In zwanzig Jahren Gemeinsamkeit spielen sich etliche der beiderseitigen Programme gut ein und verweben sich zu einer gemeinsamen Routine. Andere Programme reiben sich selbst nach zwei Jahrzehnten noch und führen bei mir zu periodischen Wutanfällen und zu einer Schweigemauer auf Ernsts Seite. Die neue Klarheit in mir erkennt die Muster auf beiden Seiten viel rascher und ebenso rasch sind sie ausgesprochen. Das ist neu für Ernst und fordert ihn sichtlich heraus, noch mehr die Gegenposition, das Schweigen, anzutreten. Andererseits öffnet sich auch etwas in ihm und zwischen uns. Für mich ist es ganz schön niederschmetternd, den eigenen Täteranteilen als gewohnheitsmäßiges Opfer ins Angesicht zu schauen. Da bleibt kein Stein auf dem anderen, da rollen sie den Berg hinunter, werden zu einer einzig großen Steinlawine, die donnernd ins Tal poltert. Da gibt es kein Entrinnen, ist die Lawine im Rollen, kann sie so leicht nicht mehr gestoppt werden. Die Gefahr besteht, dass sie alles zerstört, was bisher aufgebaut ist. Die Chance dabei ist, dass sie auch längst überholte Ego-Muster, die der gegenseitigen Manipulation und Kontrolle dienen, nieder wälzt. Die Muster sind sehr subtil. Ich erkenne zum Beispiel, dass ich mein Leben zum großen Teil hinter dem Leben von Ernst anstelle, freiwillig, einfach nur aus einem vermeintlichen Wir-Denken heraus. In Wahrheit kontrolliere und manipuliere ich auch damit, weil mein Ego natürlich dasselbe zurück haben will. Die „gute Masche" vom stets hilfsbereiten Ernst hat auch nicht nur Gutes. Dafür soll auch SEIN Wille geschehen und wenn nicht, werden Schuldgefühle gesät. Die Fäden des gemeinsamen Bildes sind komplex verwoben. Die Unterfäden sieht man an der Oberfläche nicht, doch sind sie der Grund, auf dem sich der Rest bewegt. „Nichts Schlechtes, was nicht auch sein Gutes hat", klingt meine Großmutter noch in meinen Ohren. Die gute Seite ist, dass wir uns neu entdecken, neu erfahren und so Gott will, neu beginnen können, sobald der ganze Müll ausgeräumt ist.

Die Abgrenzung zwischen MEINEM und SEINEM Leben, zwischen MEINER und SEINER Person eröffnet mir und auch ihm neue Freiräume. Was es nicht alles gibt an Beziehungsprogrammen! Von möglichst alles gemeinsam machen bis zum beziehungslosen Nebeneinander, die Palette an Möglichkeiten ist schier unbegrenzt. Was aber passt wirklich zu mir, zu Ernst, zu uns? Auch diese Paarmuster sind übernommen von den Eltern, von der Kultur, in der wir leben, vom traditionellen Männer- und Frauenbild. So findet es unser Umfeld wunderbar, wenn Ernst alleine einen Monat nach China reist, um Qi Gong zu lernen. Wenn ich als Frau für meine Schreibwoche in die Natur aufbreche, höre ich: „Der arme Mann!" Wenn ich als Frau zur Visionssuche in den Sinai reise, gelte ich als verrückt und egoistisch. Männer und leider auch Frauen stehen auf seiner Seite, verwundert, dass er sich das gefallen lässt. Von Ebenbürtigkeit sind wir selbst heute noch weit entfernt!

Spiegelt mir mein Umfeld wiederum nur meine eigenen Gedanken und Glaubenssätze? Bin ich es selbst, die in der Tiefe urteilt, dem Mann die Freiheit zugesteht, nicht aber mir als Frau? All diese Muster und Prägungen stecken wiederum in allen Zellen und lassen uns auf Knopfdruck reagieren.

Und so laufen wir - wie die Waschmaschine - automatisch alle Programm-
stufen durch bis zum Schleudergang zuletzt.

23.7.2015

Ja, mein Heimkommen ist ein Gewitter. In der ersten Phase donnern und
blitzen wir uns an und das wegen ganz kleiner Dinge. Dann tritt Ernst den
Rückzug an. Wir sind beide gut trainiert in dieser Strategie des Egos.
Normalerweise bin ich schnell die Gekränkte, weil ich auch die
Emotionalere bin. Dieses Mal ist es umgekehrt, dieses Mal ist er gekränkt
und geknickt. Gefühle tauchen bei ihm auf. Im Außen hat es keinen
wesentlichen Streit gegeben. Doch in mir ist diese neue Gewissheit. Sie ruft
- ja mehr noch, sie verpflichtet mich - MEINEN eigenen Weg zu gehen und
MICH zu leben, egal welche Konsequenzen das hat. Das spürt Ernst wohl
und das macht etwas mit ihm. Er geht in den Widerstand, rebelliert auf
seine programmierte Weise.

„Du denkst, du verlierst vieles, dabei gewinnst du alles!"

Bin ich dabei, mich selbst wieder zu gewinnen? Bin ich dabei, all meine
verloren gegangenen Anteile wie ein Puzzle wieder zusammen zu fügen zu
einem vollständigen und einzigartigen Bild von mir? Alte Sicherheiten
loszulassen ist wie Sterben, doch nach dem Sterben kommt das Werden.
Bin ich schon am Werden oder stehen die Tode noch an?

Ich liege in der Hängematte im Garten und beginne ein Buch von einem
andern "Pranier", wie man die Lichtköstler auch nennt, zu lesen. Nach
einigen Seiten höre ich ganz stark eine innere Stimme: „Fang wieder zu
schreiben an, schreib ein eigenes Buch!"

Ist es ein Auftrag?
Ist die Zeit gekommen, es wieder zu wagen?

Ist die Zeit gekommen, mich wieder zu zeigen?

Elf lange Jahre vergehen seit meinem letzten Buch. Das Ego will gleich danach ein weiteres schreiben, lässt mich in die Ehrgeiz-Falle tappen. Ich nehme mir einmal im Quartal eine Woche Urlaub von der Praxis und ziehe mich an einen Platz in der Natur zurück. Und dann beginnt das große Rennen. Ich MUSS meine Zeit nützen, ich habe nur diese eine Woche, denn danach im prallen Alltag hat das Schreiben wenig Raum. Eine Gier nach Schreiben befällt mich. Es muss schnell gehen, denn die Zeit ist knapp bemessen. Ich jage mich durch die Schreibtage, bin bemüht, das Optimum aus ihnen zu pressen. Bei hundertsechzig Seiten stürzt genau am Karfreitag der Computer ab. Das Gespeicherte geht nicht verloren, nur das aktuell Hineingeklopfte. Dennoch lässt mich der Vorfall aufhorchen. Sicherheitshalber drucke ich das Geschriebene aus und beginne Ernst daraus vorzulesen. Sein Gesicht spiegelt nicht gerade Begeisterung. Aber auch mein Gesicht wird lang und länger. Der Text ist schwach und uninspiriert, vom Kopf geschrieben, nicht vom Herzen. Passend zum Karfreitag sterbe ich einen der vielen kleinen Tode. So viel Arbeit, so viel Mühe und alles umsonst. Was für ein Absturz! Und danach elf Jahre Rückzug!

Jetzt in der Hängematte spüre ich ganz deutlich den Drang, meine Erfahrungen in diesem Lichtnahrungsprozess aufzuschreiben, in erster Linie für mich, um mich zu begleiten durch die Tage meines Nichtessens. Vielleicht kann es auch ein zweites Buch werden, wer weiß. Ich beginne zu schreiben und es fließt, ohne Arbeit, ohne Mühe. Das Blatt füllt sich im Nu mit Zeilen, ich überlege nicht, ES schreibt aus mir.

Ernst geht seine Wege, lässt mir den Raum dafür. Abends können wir wieder ganz friedlich miteinander reden. Ich liege noch lange in der Hängematte, die Sterne betrachtend. Was für ein Tag. Der Körper hält sich gut, die Seele und der Geist blühen auf. Ich bin aus ganzen Herzen dankbar.

24.7.2016

Ernst ist ebenfalls in einem tiefen Prozess. Sein Rückzugsthema ist beinahe so alt, wie er selbst. So schlimm ist es damals als kleiner blonder Junge, so sehr verdrängt die Dunkelheit sein Strahlen, dass er beschließt, sein Herz zu versiegeln. Da dringt nichts mehr durch. Ich empfinde großes Mitgefühl mit diesem Jungen, der im Körper eines siebzigjährigen Mannes lebt und ihn und sein Leben bestimmt. Bei mir ist es nicht viel anders. Wir sind doch nicht so verschieden in unserem Wesen. Er setzt sich in unseren Campingbus, braucht Zeit für sich in der Natur. Eine wunderbare Fügung, denn auch ich habe das dringende Bedürfnis mit mir allein zu sein, all die Erfahrungen zu ordnen, zu schreiben, unseren Garten zu betreuen, einfach das zu tun, was mir gerade Spaß macht. Mich treibt es im Moment nirgendwo hin, nicht an den See zum Baden, nicht zu den Salzburger Festspielen – ich will einfach nur bei mir bleiben. Ernst fährt los, auch diesen Tag ohne Essen, wie schon am Vortag. Mein Prozess ist auch sein Prozess! Ich fasse es kaum, selbst unser Kater frisst deutlich weniger. Sein Futternapf ist stets schnell geleert. Nun ist er zur Hälfte voll, den ganzen Tag über. Immer wieder tauchen die Fragen auf: Was geschieht mit mir, mit uns? Welche Kräfte wirken da?

Der Regen lässt Ernst vorzeitig zurück kehren. Sein Gesicht und seine Ausstrahlung zeigen deutlich an, es geht ihm nicht gut. Ohne Essen und sonstige Ablenkung kommt vieles hoch aus seiner Vergangenheit. Weinen kann er noch nicht. Männlich setzt er sich über diese eher weiblichen Seiten hinweg. So steckt es eben und es steckt schon seit Jahrzehnten. Das Abspalten der Gefühle bringt leider mit sich, dass stets eine gläserne, unsichtbare Wand uns trennt. Manchmal, in kostbaren Momenten ist sie weg, die Wand, doch meistens ist sie da. Ernst ist von seinem Kopf beherrscht, zumindest nach außen hin. Innen wohnt eine äußerst sensible Seele, wie das Gedicht zeigt, das er mir als Antwort auf meines schreibt.

Vertrauen

Es ist, wie es ist
und braucht blindes Vertrauen
um nicht aufzugeben
und zu heulen
Geh ihm nach und fühle
das, was sich auftut
unter der Haut und Oberfläche
Es reibt und schürft
es presst uns Tränen
aus dem wunden Leib
und doch
auch wenn es sinnlos scheint
und eine Qual
so schimmert manchmal, gleichsam heilig
die Botschaft von der Liebe durch
die alles hält und birgt

So lass uns
unseren Traum zu Ende bringen
der uns begleitet
schon so lange Leben
und im Vertrauen weiter
unser Bestes geben

Was für ein Zeugnis seiner Tiefe und seiner Liebe! Mein Herz ist berührt. Ein Tor tut sich auf zum Wesen, das er in Wahrheit ist, hinter der traurigen Geschichte des kleinen blonden Jungen mit seinem Herzensbruch. Sein Wesen ist mir plötzlich so vertraut, als sei es mein eigenes. Dieses kurze Erkennen, dieses Eintauchen in eine Dimension, die wiederum kaum zu benennen ist, erschüttert und beschämt mich. Wie kann ich es solange nicht sehen, wie kann ich mich nur derart ablenken lassen von seinem und meinem Ego? Vor zwanzig Jahren finden wir uns, von magischen Kräften angezogen. Da gibt es kein Entrinnen. Mit der großen Liebe kommt bald nach den strahlenden Tagen viel Dunkles über uns. Und das über viele Leben hinweg. Bisher geht es nie gut mit uns beiden. Ist dieses Leben eine weitere Chance, den Kreislauf zu beenden und aufzusteigen in eine neue Bahn?

25.07.2015

Immer mehr wird mir bewusst, in wie vielen Dingen ich mich ganz subtil an Ernst anpasse. Nach außen hin bin ich immer wieder in Rebellion, doch ganz tief drinnen, mache ich SEINES zu MEINEM. Ich lebe nach dem Vorbild meiner Mutter! Ich, die ehemalige Emanze in Studentenjahren mit roten Haaren und Parolen von Gleichberechtigung im Mund! Ernst ist ein Aktionist und liebt es, im Außen zu wirken. Ich bin Zeit meines Lebens viel alleine und mittlerweile, wo es kein Muss mehr ist, kann ich es sehr genießen. Mir wird nie langweilig mit mir. Im Gegenteil, meine Inspiration und meine Kreativität können sich erst in diesen leeren Phasen zeigen und tun sie es, bin ich zutiefst beglückt. Seit ich Ernst kenne, ist er unterwegs – zu Freunden, am besten drei Besuche an einem Tag oder er engagiert sich zu zweihundert Prozent - früher im Beruf, jetzt im Ehrenamt. Ein Suchender, ein Getriebener, ein Macher, ein Manager. Und ich bemühe mich all die Jahre immer wieder hinterher zu hecheln. Nach unserem erfolgreichen Selbstliebe-Seminar auf La Palma ist Ernst derart in Hochstimmung, dass er für das nächste Jahr gleich zwei Seminare plant, eines im Frühjahr und eines im Herbst. Bei der Recherche bezüglich einer zukünftigen Zusammenarbeit mit einem Reisebüro ist es für ihn klar, dass im Sommer ja noch nichts geplant ist und somit noch ein bis zwei weitere Seminare Platz haben. Dazu noch unsere monatlichen Meditationsabende, unsere Jahresgruppe „Kurs auf Liebe" und eine offene Gruppe, wo Leute einfach schnuppern können, bevor sie sich zu einer Jahresgruppe verpflichten. Ganz nebenbei habe ich noch eine psychotherapeutische Praxis, ein Haus und einen Garten, alternde Eltern, eine Schwiegermutter im Seniorenheim ganz in unserer Nähe, Freundinnen, die ich treffen möchte und eine tiefe Sehnsucht mein zweites Buch zu schreiben, was sich aber leider nicht mehr ausgeht. Allein wenn ich diese Zeilen nieder schreibe, spüre ich den Druck in meiner Brust, der Atem wird dünn und mir ist zum Davonlaufen. So fühle ich mich in den letzten Jahren auch großteils.

Ich bin unschlüssig, ob ich meine Entscheidung jetzt oder nach dem Urlaub mitteilen soll. Die Gefahr, dass die Nachricht eine dunkle Spur in unsere Ferien zieht ist da, doch will ich sie nicht länger in mir alleine tragen. Ich spreche meine Bedürfnisse klar und deutlich aus. All die geplanten Seminare sind mir viel zu viel und ich habe sie für mich gestrichen, mit Ausnahme des Herbstseminars auf La Palma. Ich brauche Zeit, um durch den Lichtnahrungsprozess zu gehen. Ich brauche Zeit, um Kraft zu tanken. Ich brauche Zeit, um mein Leben zu überdenken und zu verändern, was zu verändern ist. Auch will ich mehr Zeit und Raum haben, uns auf der Herzensebene wieder näher zu kommen, denn die Fülle im Außen hat uns einen Mangel im Inneren beschert.

Zu meinem Erstaunen gibt es kein Donnerwetter. Ernst nimmt meine Nachricht auf, zwar zunächst mit dunkler Miene, doch zunehmend sieht er Vorteile in dieser Entscheidung. So einfach ist es! Bei genauerem Hinsehen ist auch er mit den bereits vorhandenen Aufgaben völlig ausgelastet. Das Management eines mittlerweile riesigen Sozialprojektes lastet auf seinen Schultern, die Übergabe an eine jüngere Person ist in Planung, hat aber noch nicht stattgefunden. Auch für ihn ist nun die Chance gegeben, in Ruhe das Bestehende loszulassen, bevor Neues entstehen kann.

Ich freue mich auf die ZEIT.
Wie ein goldener Schatz liegt sie in meiner Zukunft und funkelt mich an.
Ich darf sie nehmen, in ihr sein und sie auskosten mit jedem Atemzug.
Was will ich mehr?

Kapitel 8

Verlangsamung oder Die Welt der kleinen Dinge

Durch die körperliche Schwäche aufgrund des nicht Essens und des Gewichtsverlustes verlangsamt sich mein Tempo drastisch. Es LÄUFT einfach nicht mehr wie früher. Es geht eher bedächtig und langsam voran mit zwischenzeitlichen Verschnaufpausen. Durch diese Verlangsamung und sicherlich auch durch den Entgiftungs- und Reinigungsprozess verfeinern sich die Sinne. Ich nehme vieles deutlicher und intensiver wahr als vorher. Das betrifft die äußeren Erscheinungen. Das betrifft aber auch das innere Wesen der äußeren Erscheinungen. Vieles geht mir nahe, berührt mich tief im Herzen, bringt mich aus Rührung zum Weinen. Ich zähle mich immer schon zu den hochsensiblen Menschen. Nun aber reagiere ich nicht nur hochsensibel auf diese Reize, es scheint, als löse sich zeitweilig auch die Grenze auf zwischen mir und den Dingen im Außen.

Immer wieder ist auch die Beobachterin, die Zeugin in mir zur Stelle. Sie registriert mit einer neuen Achtsamkeit und Wachheit die Geschehnisse, innen wie außen. Es ist herrlich, so auf dieser Welt zu sein und so in dieser Welt zu leben. Ein kleiner Spaziergang wird auf diese Weise zum großen Abenteuer.

26.7.2015

Ich gehe meine morgendliche Laufrunde, an Laufen ist nicht zu denken. Der Körper wird schwächer. Jeder Schritt fällt mir schwer, das Herz klopft wild bei der kleinsten Steigung und ich bekomme schwer Luft. Nur nicht in die Falle der Angst tappen. Ich bleibe immer wieder stehen um tief durchzuatmen. In dieser neuen Langsamkeit entdecke ich die Welt der kleinen Dinge. Zwei Schmetterlinge tanzen über die Wiese, eine Biene nascht Nektar. Das Blau der Kornblumen strahlt in den Morgen. Die Geräusche des Waldes haben ihre eigenen Harmonien. Die fleißigen Ameisen reihen sich hintereinander auf ihrer Straße. Viele phallischen Tannenzapfen liegen am Weg und scheinen zu warten. Der morgendliche frische Duft überströmt alles. Auf einer Bank am Waldrand raste ich und fühle mich ganz zu Hause in meiner eigenen Haut und das ohne stoffliche Nahrung. Wasser ist immer mit mir. Einen Schluck davon und diesen bewusst getrunken, ist ein Erlebnis für sich. Beim Scheiben fließen die Worte wieder, ohne mein Zutun, ohne viel Denken. Ich fühle, dass ein Kanal geöffnet ist, der mich verbindet. Womit? Mit Gott? Mit dem Universum? Mit Prana, der universellen Lebensenergie? Egal, wie auch die Namen sein mögen. Es fühlt sich gut an, es ist tiefgreifend beglückend.

Auf meinem Weg zurück nach Hause komme ich beim Kindergarten unseres Dorfes vorbei. Die Kindergartentante hat mit den Kindern ein Zelt aus Regenschirmen gebaut. Doch im Moment ist niemand da, außer ein kleiner blonder Junge. Er sieht mich mit großen Augen an, vielleicht, weil ich mich wie eine Schnecke vorwärts bewege. Sein Gesicht ist fein und eine Scheu liegt auf ihm. „Da habt ihr ein schönes Zelt gebaut", sage ich. Der Junge wird ein wenig unruhig, tritt von einem Bein auf das andere. Er ist wohl nicht gewohnt mit Fremden zu sprechen, auch wenn sie ihn freundlich anlächeln. Ich winke ihm zu und gehe weiter. Schüchtern blickt er mir nach, weiß offensichtlich nicht recht, wie er sich verhalten soll. Diese scheue und verwundbare Kinderseele zu fühlen, tief in meinem eigenen Inneren, berührt mich sehr. Nach wenigen Schritten drehe ich mich nochmals um. Er steht immer noch da, wie angewurzelt, als hätte er darauf gewartet. Ich winke ihm abermals freundlich zu. Und er? Er strahlt über das ganze Gesicht und winkt freudig zurück. Die Scheu ist gewichen und auch die Zurückhaltung. Was für ein Glücksgefühl in meinem Bauch! Tränen rinnen über meine Wangen.

Was passiert mit mir?
Ich werde immer dünnhäutiger.
Habe ich überhaupt noch eine Haut, die mich von anderen trennt?

Ist in mir nicht auch so ein zurückhaltendes und scheues Kind? Mein ganzes Leben lang ist dieses Kind in mir und duckt sich, macht sich klein und unsichtbar. Wie lange noch will ich dieses Programm bedienen, wie lange noch halte ich mich an dieser vermeintlichen Wirklichkeit fest, ungehindert meines Wachstums in all den Jahren? Wie lange noch schreibe ich die Geschichte von „viel zu klein" und „Das schaffe ich nicht"? Geht es nicht endlich darum, die Begrenzungen und Ängste, die Scheu und die Scham abzulegen, wie viel zu klein gewordene Kinderkleider? Und stattdessen die eigene Größe anzunehmen, nicht die im Außen, die das Ego frohlocken lässt, nicht diese Größe. Die Größe des eigenen Herzens! Darum geht es, diese Größe anzunehmen und in die Welt zu strahlen – wie der kleine Junge. Was für ein Zeichen im Vorübergehen. Wäre ich gelaufen, hätte ich es nicht gesehen.

Und ist der kleine scheue Junge nicht auch in Ernst? Die unbändige Lebensfreude ist geknebelt an tausend Gebote und Verbote, an Angst und Unsicherheit. Es braucht viel Zeit und Geduld, ihn aus seinem Schneckenhaus hervor zu locken. Doch dann, wenn er den tragenden Boden der Zuneigung spürt, kommen Humor und Witz hervor. Die unschuldige Kinderseele, das große gute Herz, das Staunen an den kleinen Dingen, Neugierde und Abenteuerlust – alles und noch viel mehr steckt in diesem blonden Jungen.

Schade, dass er sich immer wieder versteckt.

Und schade, dass ich aufgehört habe, ihn immer wieder zu suchen.

Im tragenden Boden der Zuneigung haben sich Sprünge eingegraben. Wie am Gletscher sind sie oft nicht sichtbar, doch ein falscher Schritt und das ewige Eis legt sich darüber. Abgestürzt und verschollen in der Lieblosigkeit eines gut funktionierenden Alltags erwachsener und vernünftiger Menschen.

27.7.2015

Wieder ein strahlender Tag im Garten allein mit mir. Nein, nicht allein, eine Amsel spielt mit mir. Ich sitze hinter einem Strauch auf einem Schemel und reiße das Gras aus, das alles überwuchert. Da kommt sie, zuerst bleibt sie hinter dem Strauch, mir gegenüber. Ich halte still, bewege mich nicht. Sie sieht mich an, durch die Blätter hindurch. Leicht bewegt sie den Kopf hin und her und dann läuft sie los in meine Richtung. Mein Atem stockt. Sieht sie mich nicht? Oder bin ich nicht mehr ihr Feind? Ganz nah kommt sie heran, stochert mit ihrem Schnabel in der Erde und im verdorrten Gras. Immer wieder schauen wir uns direkt in die Augen. Sie findet einen Leckerbissen und nimmt den Weg zurück. Doch sie kommt wieder nach kurzer Zeit. Ich halte nicht mehr still, reiße weiter das Gras aus, sie bleibt. Ich pfeife, sie horcht. Ganz versunken sitze ich da auf meinem Schemel in Kontakt mit der Amsel. „Ein schönes Wochenende", höre ich die Nachbarn sagen. Dann startet ein Motor, die Amsel wird unruhig bei dem Geräusch. Doch fliegt sie nicht davon. „Was wohl die Leute sagen?" Das ist auch so ein Programm aus Kindertagen. Es fühlt sich leicht und frei an, wenn es so wie eben völlig unwichtig wird, ob sie mich für verrückt halten oder nicht. Ich muss lachen bei dem Gedanken an den Blick von außen auf mich. Die Psychotherapeutin des Dorfes sitzt hinter dem Strauch auf einem Schemel und unterhält sich mit einer Amsel. Für solche Fälle haben meine Kolleginnen eine Notrufnummer. Die Vorstellung belustigt mich so, dass ich schallend zu lachen beginne und das allein, abgesehen von der Amsel. Passt genau zur Diagnose!

Der Kontakt mit der Amsel öffnet mein Herz und lässt den Bach der Liebe fließen. Wie wenig es doch in Wahrheit braucht, um glücklich zu sein. „Verbindung" ist das Zauberwort. In der Verbindung zur Amsel kann ich sie erst als das wahrnehmen, was sie wirklich ist. Ein Geschöpf Gottes, ein Wesen, das wie ich sieht und lauscht, Durst und Hunger stillt, Vertrauen hat und Angst. Zwischendurch hat sie Lust auf ein Bad in unserem Brunnen. Wahrscheinlich atmet sie heimlich auf, dass unser Kater Leon schon ein alter Herr ist, den das Jagen nicht mehr juckt. Tritt auch er mir der Amsel in Verbindung, wenn wir beide vom Wintergarten aus ihr Plantschen im Brunnen beobachten? Manchmal zuckt es um seinen Mund, so als würde das „Ich-fresse-dich-gleich-Programm" ablaufen angesichts des Leckerbissens vor seinen Augen. Doch er ist des Jagens müde. Gemütlich liegt er neben mir und schaut ihr zu. Und die Amsel? Ist sie innerlich immer noch auf der Hut? Oder weiß sie, dass nichts mehr zu befürchten ist? Der Feind ist alt, das macht ihn milde. Kein Jäger und keine Gejagte mehr. Stiller Friede liegt wie der Tau im Garten.

Nach dieser Rast jäte ich weiter – wie immer und doch ganz anders als früher - langsam und in kleinen Portionen, um meine Lendenwirbel zu schonen. Ich habe keinen Plan und kein inneres Konzept, was ich alles schaffen möchte. Wohl dadurch ist es auch keine Arbeit, eher eine Meditation. Ich bin im Jetzt. Ich spüre, höre, sehe, nehme wahr, was ist. Die üppigen Himbeersträucher – jedes Jahr wieder schenken sie uns großzügig ihre süßen Früchte. Ohne mein Zutun fällt ihr Same in die Erde und geht auf. Dazwischen Ringelblumen, Lavendel, Akelei. Auch sie vermehren sich mit jedem Jahr, strahlen mit ihren Farben um die Wette. Die Wasserperlen in den grünen Blättern des Frauenmantels, sind sie in Wahrheit Tränen? Wie fein und zart sie in der Sonne glitzern! Die Rosen versprühen ihren Duft. Alles blüht und gedeiht.

Und ich? Ich blühe und gedeihe mit dem Garten. Der Same ist gelegt, ohne mein Zutun geht er auf. Auf einmal habe ich Zeit, unendlich viel Zeit, eigentlich die ganze Ewigkeit. Daher wohl auch das Glücksgefühl, das mich begleitet und die Achtsamkeit mit allem. Ich möchte diesen Zustand festhalten und nie wieder hergeben müssen. So schön, so still, so ganz bei mir und verbunden mit allem. Doch ich weiß, dass das Schöne festhalten wollen sein jähes Ende bringt. Schon damals im Kindergarten wird es mir gezeigt. Ich fange den schönen Ball mit den leuchtenden Sonnenblumen eines anderen Kindes. Er gefällt mir so gut, dass ich ihn nicht mehr loslassen will. Das Spiel ist aus, das Drama nimmt seinen Lauf.

Und so verhält es mit allem, woran wir uns klammern.
Aus dem Spiel wird bitterer Ernst, aus der Freude eine Tragödie.

Halte ich auch Ernst fest wie seinerzeit den Ball?

Kapitel 9

Alte Muster, neue Muster
und jede Menge Prüfungen

Es ist die Zeit der Veränderung und ich erlebe zu meinem eigenen Erstaunen, wie selbstverständlich manche Erneuerungen ans Tageslicht treten. So geschieht der Verzicht auf Kaffee und Alkohol nach dem zweiten Seminar sang- und klanglos von selbst. Ich nehme mir das nicht extra vor, Kaffee und Alkohol sind auf einmal nicht mehr wichtig für mich. Auch die damit verbundenen Rituale fallen einfach weg, ohne dass mir irgendetwas abgeht.

Durch den Gewichtsverlust und die damit verbundene Schwäche rückt der Körper mehr ins Bewusstsein. Als Jugendliche lehne ich ihn ab, lange Zeit danach erlebe ich ihn gar nicht zu mir gehörig und behandle ihn wie Aschenputtel. Ich mute ihm viel zu, vor allem, dass er reibungslos funktioniert. Jetzt aber kann ich gar nicht mehr anders als ihn wahrzunehmen, auf ihn zu hören, mit ihm in Einklang zu leben. Mit 56 Jahren beginne ich eine Liebesbeziehung zu meinem eigenen Körper! So viel Neues hält Einzug in mein Leben. Es ist die spannendste Reise, die ich je erlebe. Jeder Tag ist ein Abenteuer, das Leben selbst wird zum Lehrmeister.

„Ich bin ein vollkommener Schüler, ich lerne von allem",

sagt Sri Aurobindo, ein großer indischer Meister. Ja, und auch ich bin bereit von allem zu lernen, was geschieht. Das Alte und das Neue gehen Hand in Hand. Wo immer der Weg auch hinführt, schon jetzt hat sich die Reise mehr als gelohnt. Mit wachen Sinnen, mit einem klaren Geist und mit einem Herzen, das sich zu öffnen bereit ist, kann ich auch immer mehr die Wunder am Wegesrand sehen, die so selbstverständlich gegeben werden.

Das soziale Umfeld ist die größte Herausforderung. Mit meiner Veränderung sind auch andere zur Veränderung aufgerufen. Manche gehen mit, andere gehen. Manches schmerzt, anderes erfreut. Mir nahe stehende Personen wie Ernst und meine Mutter durchlaufen ähnliche Prozesse, auch unser Kater Leon verliert Speck. Es ist kaum zu fassen, doch es geschieht. Mitten in diesen Umwälzungen, mitten im Alten und mitten im Neuen, stehe ICH mit meiner Frage „Wer bin ich?" Manchmal bin ich mir fremd, dann wieder komme ich heim ins Vertraute. Und wie ein luftiger Vogel schwebt über mir die Zeugin und beobachtet das Geschehen.

28.07.2015

Morgen kommen Gäste zum Frühstück. Schon seit Jahren treffen wir uns zum spirituellen Austausch, so alle zwei Monate, und zelebrieren einen ausgiebigen Brunch. Ich gehe einkaufen und betrachte all die bunten voll gefüllten Regale. Mir ist, als komme ich von einem anderen Planeten. So ein Überangebot. Allein neun verschiedene Toastbrotpackungen liegen neben einander. Neun verschiedene Firmen liefern in ein Geschäft Toastbrot. Die Frage ist, wer macht das Rennen? Der Obststand leuchtet besonders in Rot, Grün, Gelb. Alles sieht knackig und zum Anbeißen aus.

Keine Runzeln, keine Falten, keine Erde an den Karotten, alles wie aus dem Ei gepellt. Die Frage ist, was wird mit dem Obst und dem Gemüse gemacht, dass es derart glänzt?

Ganz gegen meine Einstellung kaufe ich Schinken für das morgige Frühstück. Ich will meine vegane Ernährung niemandem aufzwingen. Wenn sie gerne Schinken essen, sollen sie ihn bekommen. Natürlich will ich auch eine gute Gastgeberin sein. Bei der Pfandrückgabe mache ich die nächste spannende Erfahrung. Ich schiebe die Flaschen ein, da stockt das Gerät und am Display erscheint der Satz: „Sie geben die Flaschen zu schnell ein." Das ist ja ein Hammer! Ich, die Schnecke in Person, habe mich wieder in das Rennen begeben – „möglichst schnell, möglichst effizient". An der Kasse wartet die nächste Prüfung, da bin ich nie so schnell und effizient wie die Kassiererin. Als gehe es um Leben oder Tod, zieht sie die Waren über den Strichcodescanner. Ich komme mit dem Einpacken nicht nach, was mir Stress verursacht. Dann das Zahlen! Hinter mir reiht sich bereits eine Schlange, alle in Ungeduld, alle in Eile. Es soll schneller gehen als schnell. Die Kassiererin wird unruhig, als ich das Kleingeld in der Börse zusammensuche. Das kostet Zeit. Mein Gott, wo und wie leben wir denn eigentlich? Sind wir denn alle ganz von Sinnen? Wir kaufen die Lebensmittel in Eile, wir kochen in Eile, wir essen in Eile, wahrscheinlich entleeren wir uns sogar in Eile. Und wenn jemand nicht mehr mit kann, dann stirbt er in Eile, was soll's. Schnell ist er vergessen, denn es geht weiter, weiter, weiter.

Im Schreibwarengeschäft stehe ich in der Schlange und alles dreht sich um. Ich bemerke, wie ich unruhig werde, leichter Groll kommt auf. Eine Mutter mit zwei Kindern beim Einkauf einer Schultasche samt Zubehör ist vor mir an der Reihe. Ich kann die Freude des kleinen Mädchens über die schöne Schultasche, die schon auf seinen Schultern hängt, nicht einlassen in mich. Der Kanal ist verstopft. Stattdessen wächst der Ärger. So ein Hin und ein Her! Warum ist keine zweite Kasse besetzt? Der Chef des Geschäftes berät seelenruhig andere Kunden und hier staut es sich! Nun bin ich in Eile und

Ungeduld. Das Blatt wendet sich. Was für eine geniale Lektion! Der Fluss führt mich zuerst auf die eine und dann auf die entgegen gesetzte Seite. Insgesamt erlebe ich beide Seiten, wie es ist, gedrängt zu werden und wie es ist zu drängen. Ich erfahre auch, dass es immer beide Pole gibt. Beide zusammen sind ein Ganzes. Bin ich im siebten Himmel, rassele ich nach einiger Zeit wieder in die Hölle. Wähne ich mich in der Hölle, steige ich bald wieder in den Himmel auf. Diese Wechsel werden immer schneller und radikaler. Es spitzt sich zu, im Kleinen wie im Großen.

Auf der Heimfahrt duftet der Schinken im Auto. Ein Geruch, den ich schon lange nicht mehr rieche. Er lullt mich ein, er duftet mich zu und ich verspüre zum ersten Mal seit einigen Tagen Hunger. In der Zeit vor meinem spirituellen Weg bin ich begeisterte Fleischesserin. Schon als Kind frage ich meinen Großvater:

„Opa, frag mich, was ich will."
„Was willst du denn?"
Ich nehme meinen Opa an der Hand, führe ihn zum Kühlschrank und deute auf die Wurst. Opa gibt mir meine heißgeliebte Extrawurst und ich bin so was von glücklich!
Es wird deutlich, dass ich weder als Vegetarierin noch als Veganerin und schon gar nicht als Pranierin geboren werde.

Im Laufe meiner spirituellen Ausrichtung beschäftige ich mich intensiver mit Dingen, an die ich vorher nie denke. Ich bin eine große Tierfreundin, liebe unseren Kater über alles und fühle mich sehr vertraut im Umgang mit Tieren allgemein. Dass ich trotzdem Tiere esse, verdränge ich erfolgreich. Beim Anblick der Schlachtwägen, in denen Kühe oder Schweine eng aneinander gepfercht, schreiend und voller Angst dem Tod entgegen fahren, durchzucken mich immer schon Schmerz und Grauen. Doch ich handle nicht. So oft fährt kein Tiertransport an mir vorbei, schnell ist das gesehene und gehörte Leid auch wieder vergessen. Einige Schritte weiter auf meinem Weg stoße ich auf einen Informationsstand des Vereins gegen Tierfabriken.

Nun geht es nicht mehr, die Augen zu verschließen. Ich sehe die Bilder in ihren Broschüren und möchte laut aufschreien. Ich kaufe mir weitere Filme zu dem Thema[21]. Jetzt will ich es genau wissen. Ich werde mir diese Filme kein zweites Mal ansehen, denn sie reißen mein Herz entzwei. Die Urvölker sehen die Tiere und Pflanzen als ihre Brüder und Schwestern. Dem entsprechend behandeln sie beide mit Ehrfurcht und Respekt. Von welchen bösen Geistern werden wir beherrscht, dass wir fähig sind, Lebewesen derart zu malträtieren? Ich bin fassungslos und schockiert. Das Ausmaß des Grauens ist mir bisher nicht bewusst. Mit diesen neuen Bildern in mir ist es sowohl eine logische Konsequenz als auch eine Herzensangelegenheit ab jetzt und für alle Zeit auf den Genuss von Fleisch zu verzichten und den Verein gegen die Tierfabriken zu unterstützen.

Und jetzt kaufe ich diesen Schinken! Es geht mir nicht gut dabei. Ich bin in die Falle getappt, nicht bei mir geblieben und bei meinen Werten. Alles geht so schnell, ohne groß zu überlegen, kaufe ich einfach diesen Schinken. Nur, um es den anderen recht zu machen. Ich komme mir wie eine Verräterin vor - Verrat an meinen Tierfreunden. Und sie rächen sich mit dem Geruch, der mir in die Nase steigt, sich in meinem ganzen Körper auszubreiten scheint und meinen Magen zum Knurren bringt. Eine Lektion nach der anderen. Die Schule des Lebens lässt nicht locker, prüft mich täglich und ich lerne. Eben lerne ich, dass ich in Zukunft meine Werte klar und entschieden auch nach außen vertreten darf. So fühlt es sich an, sich selbst untreu zu sein – nicht gerade ein Hochgefühl!

30.7.2015

Das Essen rückt, abgesehen von Besuchen, in den Hintergrund. Ich stelle mich nicht mehr auf die Waage, um keinen Schock zu bekommen. Nach dem ersten Seminar wiege ich mich und bekomme Angst. 47 kg ist eindeutig zu wenig, sagt mein Kopf. Ich lasse mich dieses Mal von Zahlen nicht mehr verunsichern. Betrachte ich meinen Körper im Spiegel, so wird er mir fremd. Die Haut faltet sich wie eine Ziehharmonika um die Knochen, besonders bei den Oberarmen und Oberschenkeln. Beim Bauch ist es ebenso. Diese Prüfung bestehe ich beim ersten Durchgang nicht. Die Eitelkeit macht mir einen Strich durch die Rechnung. Ich habe für meine Jahre ein relativ jugendliches Aussehen und auch eine jugendliche Art. Bisher ist es mir wichtig, dies so zu erhalten. Nun aber ist ein neuer Gleichmut in mir. Ich färbe auch meine Haare nicht mehr, was mir bisher unvorstellbar ist. Graue Haare verweisen unbarmherzig auf die wahre Lebensepoche. Na und, wenn schon! Ich habe so ein dringliches Bedürfnis, endlich ganz und gar die zu sein, die ICH BIN. Ohne Henna, ohne Schminke, ohne Schuhe mit Absatz, um ein paar Zentimeter zu wachsen. Ich wachse innerlich über all diese Barrieren hinaus und erlebe dies als neue Freiheit.

Auf meinen Spaziergängen und besonders auf der Bank am Waldrand zelebriere ich die Alleinheitsatmung, die in mir mittlerweile jedes Mal ein wunderbares Gefühl der Verbundenheit hinterlässt. Sie stärkt mich auch körperlich. Ich beginne mit meinem Körper zu reden, erkläre ihm, dass er sich in einem Umstellungsprozess befindet und dass er nun von Prana, der freien Energie, genährt wird. Ich bitte ihn, mit jeder Pore, mit jeder Zelle diese Energie aufnehmen. Mein Körper und ich sind über Jahre nicht die besten Freunde. Als Jugendliche finde ich mich zu dick und meinen Körper abstoßend. Trotzdem verliebt sich jemand in mich, was ich zuerst kaum glauben kann. Er ist auch meine erste große Liebe – zwei Jahre lang. Mit dem Schrumpfen der Liebe schrumpft auch mein Gewicht. Ich bin zufrieden, mein Körper ist schlank und ansehnlich. Ich gelte als attraktiv und kümmere mich nicht sonderlich um ihn. Er funktioniert und ist begehrt, das reicht. Jetzt in seiner Zerbrechlichkeit berührt er mich immer wieder aufs Neue. Ich streichle zärtlich über meinen Bauch, dann nehme ich mein Gesicht in beide Hände. Schmal und feingliedrig fühlt es sich an. Ich danke meinem Körper, dass er mich immer trägt, meiner Seele zur Verfügung steht. Ich bitte ihn auch um Vergebung für die Missachtung von früher. Es ist nie zu spät, einen Neuanfang zu wagen!

2.8.2015

Heute sind meine Eltern zu Besuch. Was werden sie zu meinem abgemagerten Körper sagen? Wie werden sie es nehmen, dass ich wie schon zu Ostern wieder nichts esse? Und dann ein Wunder! Meine Mutter hat unerklärlicherweise in den letzten Wochen keinen Appetit mehr und ihrerseits auch etliche Kilos abgenommen. Sie ist stolz auf ihr neues „Sensationsgewicht". Nun sind ihr alle Kleidungsstücke zu groß und sie braucht neues Gewand, genau wie ich. Sie hat jetzt Kleidungsgröße 36, wie ich zuvor. Auch kann sie den Ehering nicht mehr tragen, weil er zu groß ist - so auch bei mir. Kann mir bitte jemand sagen, was hier läuft?

Ich frage meinen Vater, wie er nun mein Nichtessen sieht. Von „Lichtnahrung" spreche ich nie, das Wort scheint mir zu entfernt von seiner Welt. Und ich erlebe ein noch größeres Wunder als beim ersten Mal. ER, der schnell zu Kritik neigt, wenn jemand anders denkt oder handelt als er selbst, sagt doch tatsächlich: „Das ist dein Leben, da rede ich nicht drein." Ich kann und will die Tränen nicht zurückhalten über dieses Zeichen der Toleranz.

So viele Wunder säumen den Weg!

Die dritte Woche ohne feste Nahrung geht ihrem Ende zu. Trotz der schwindenden Kilos erlebe ich langsam, aber stetig ein Ansteigen meiner Energie. Während ich mich nach dem ersten Seminar in erster Linie schone und mich mehr der Schwäche hingebe, kommt nun langsam aber stetig ein neuer Tatendrang. Die Frage, was uns Energie gibt und was uns Energie nimmt, haben wir ausführlich in den Seminaren erörtert und ich versuche das Gelernte umzusetzen.

Ausmisten und Ordnung schaffen ist immer eine reinigende Sache für das Haus, aber auch für die Seele. Alles, was sich ansammelt über die Zeit, wird zum Zuviel und damit zum Ballast. Wie erleichternd ist es, sich von gewissen Sachen zu trennen! Das neue energetische Bewusstsein wirft nochmals ein anderes Licht auf all die Dinge. Jedes Ding hat seine Geschichte. Je nachdem, welche Gedanken und Gefühle damit verknüpft sind, kann es Energie geben oder auch nehmen. Das geschieht alles auf einer Ebene jenseits des rationalen Verstandes. Gleichzeitig ist es mir wichtig, nicht alles, was vom Seminar kommt, einfach zu übernehmen. Ich will meinen eigenen Weg finden und gehen. Ich gestalte also neu, entrümple, mache Ordnung. Es macht Spaß! Selbst Ernst, der in Punkto Ordnung häufig hilflos wie ein kleiner Junge vor seinen Chaos steht, schlichtet vier Tage lang seine Ordner. Es ist wirklich nicht zu fassen. In zwanzig Jahren hat es das nie gegeben!

Mit jedem Tag kommt mehr Energie in mich und in mein Leben. Ich brauche eindeutig weniger Schaf. Ich, der ehemalige Morgenmuffel, stehe freiwillig um sechs Uhr, manchmal auch schon um fünf Uhr früh, auf. Ich bin einfach ausgeschlafen und bereit für den Tag. Vor mir liegen fünf Wochen Sommerpause von der Praxis mit unserem einwöchigen Seminar „Einfach leben" dazwischen. Ich habe also alle Zeit der Welt, um weiterhin neue Kräfte zu tanken und mich dem Lichtnahrungsprozess voll und ganz zu widmen.

Jeden Abend bade ich im IWES Wasser. Es ist deutlich spürbar, dass dieses Bad nährt und Energie bringt. Die Haut, an die ich seit Beginn des Prozesses keine Cremen mehr heran lasse, wird dadurch weich und samtig. Alles, was wir auf unsere Haut schmieren, verstopft die Poren, die unsere Antennen zum Licht sind. Und das Licht ist Nahrung. Nie hätte ich mir träumen lassen, dass ich ohne Gesichtscreme, Bodylotion, Haarshampoo, etc. auskommen kann. „Zahlreich sind die Dinge, derer ich nicht bedarf", sagt schon Sokrates. All das nicht zu brauchen befreit mich von weiteren Programmen, die ablaufen müssen, „weil es immer schon so ist" und „weil alle es tun."

Was ich sonst noch alles nicht brauche, sind auf jeden Fall die zahlreichen Newsletter, die meine Mailbox füllen und mir täglich die Löscharbeit sichern. Ich gehe systematisch vor und melde mich von den meisten ab. Früher sauge ich all das von anderen Menschen Geschriebene ein, damit ich informiert bin. Das große Rennen fängt schon morgens an. Der Anspruch, all das zu lesen, die Unzufriedenheit, wenn die Zeit dazu nicht reicht. Aus und vorbei. Ich will auch keine spirituellen Nachrichten mehr. Alles, was von außen kommt, will ich nicht mehr in diesem Ausmaß. Ich habe keine Lust, mich überwuchern zu lassen wie das Haus vom Efeu und langsam, aber sicher keine Luft mehr zu kriegen. Es ist so viel da im Inneren. Aus mir selbst schöpfen, meine eigene Kreativität leben, meine eigene Spiritualität entdecken, die Verbundenheit spüren, vom Herzen her entscheiden und handeln– das ist mir wichtig. Und an der Spitze steht das Leben selbst, mit all der Fülle, die es mir bietet, Moment für Moment, wenn ich mich darauf besinne und nicht mehr der äußeren Ablenkung auf den Leim gehe.

3.8.2016

Morgen fahren wir mit unserem Campingbus für einige Tage in die „Wildnis". Wir wollen nicht allzu weit weg, nur hinaus in die Natur, wo es nichts zu tun gibt, außer „einfach leben".

Ich freu mich darauf!

Kapitel 10

Renaturierung oder Zurück zur eigenen Natur

In der Natur werde ich genährt auf allen Ebenen. Die Sinne fließen über vor so viel Schönheit ringsherum. Ebenso das Herz, das sich mit jedem Tag mehr öffnet, um all das einzulassen, was das Leben bietet. „Mutter Natur schenkt dir ihre Medizin", sagen die Indianer und ich nehme reichlich davon, um auf allen Ebenen meines Seins zu gesunden. Mutter Natur IST Medizin. In ihr fühle ich mich aufgehoben, sie bringt meine Seele zum Schwingen, in ihr erlebe ich mich stets eingebettet in das große Ganze, als ein kleiner aber dennoch unverzichtbar wichtiger Anteil. Soviel Liebe hat Gott in seine Schöpfung gelegt in all die kleinen Details und auch in die großen Giganten. Es ist, als ob mit jedem Atemzug, mit jedem Blick, mit jedem Geräusch, mit jedem Duft und mit jeder Berührung diese Liebe über all meine Poren einfließt in mich. In der Natur komme ich meiner eigenen Natur wieder näher. Ich begreife immer mehr, wie wenig ich in Wahrheit brauche, um glücklich zu sein. Die Natur weist mir den Weg. Sie wächst und gedeiht aus einem inneren Programm heraus, wenn der übereifrige Mensch nicht eingreift. Sie entfaltet sich und bringt alle Formen in dem ihr innewohnenden Rhythmus hervor. Wie weit habe ich mich von dieser Art in der Welt zu sein entfernt! Uns Menschen bestimmen auch innere

Programme, die aber mit unserem wahren Wesen wenig bis gar nichts zu tun haben. Unsere Programme hat man uns eingeimpft und schon mit der Muttermilch übertragen. Unsere Programme reichen über dieses Leben hinaus, bestimmen uns in einem Rhythmus, der nicht unserer ist und lassen uns Dinge tun, die nicht wirklich unserer Entfaltung dienen. Viele von uns verwelken dabei, anstatt aufzublühen und ihre Schönheit zu verschenken.

Die Natur nährt mich, denn obwohl ich kaum etwas esse, habe ich eine Kraft, die sich täglich vermehrt und die mich einen Gipfel nach dem anderen besteigen lässt. Ich bin im Paradies und kann gar nicht genug kriegen von all dem neuen Leben.

7.8.2015

Wir fahren nicht weit, wir leben ja bereits im Paradies. Um den Massen auf den großen Seen zu entkommen, entscheiden wir uns für den kleinen Seewaldsee im Tennengau. Ich kenne ihn, doch ist es lange Zeit her und die Bilder davon sind verblasst. Abends führt uns eine Panoramastraße hinauf auf den etwa 1700 Meter hohen Trattberg, an dessen Fuße der Seewaldsee ruht. Hier wollen wir unsere erste Nacht verbringen. Ein Naturwunder bietet sich uns dar. Die Worte fehlen, können nicht beschreiben, wie es ist, hoch oben zu stehen, umrundet von Berggiganten und dem Himmel nahe.

8.8.2015

So ist es, wenn man Zeit hat. Ich liege auf einer Bank des Aussichts-rastplatzes am Trattberg und betrachte die Steinchen, die zusammen den kleinen Rundweg ergeben. Keiner gleicht dem anderen, eine nicht zu erfassende Vielfalt. Dazwischen einzelne Grasbüschel, wie grüne Inseln im steinernen Meer. Trotz Walze, welche die Steinchen zum Weg presst, lässt der Same sich nicht aufhalten zu wachsen und sich zu entfalten, um das zu werden, was er ist. Mir gegenüber das Tennengebirge, Gipfel an Gipfel zu einer Kette gereiht. Eine Schautafel verrät die Namen der einzelnen Riesen. Ich muss sie nicht wissen. Es gibt so vieles, das ich einfach nicht mehr wissen muss. Mein Kopf ist ohnehin schon übervoll! Mein Kopf ist ohnehin all die Jahre der Herrscher in meinem Haus. Nun darf er ruhen. Das Herz will endlich im Zentrum sein!

Ernst bleibt am Parkplatz in der Senke, sein Knie schmerzt wieder ziemlich, er will es schonen. Also mache ich mich allein auf den Weg. Um etwa sechs Uhr früh schiebt sich die Sonne hinter einem noch finsteren Bergrücken hervor und bestrahlt sein Gegenüber. Ein Gefühl von Ehrfurcht erfasst mich. Mehr und mehr beginne ich die Sonne als eigenes Wesen zu begreifen, fange mit ihr zu reden an wie mit einem Menschen, baue zu ihre eine Beziehung auf. Wie so vieles durch die Routine untergeht, wird auch ihr Strahlen für mich selbstverständlich. Ich würdige es nicht mehr. Ich klage höchstens an, wenn es durch Regen und dicke Wolken erlischt, doch das Strahlen selbst ist kaum der Rede wert. Jetzt, in der Fülle meiner Zeit und in meiner neuen Beziehung zu ihr, habe ich mit einem Male das dringliche Bedürfnis die Sonne um Vergebung zu bitten für meine Achtlosigkeit ihr gegenüber. Das Ausmaß ihrer Großartigkeit und ihrer Dienste für die gesamte Schöpfung will ich ab nun würdigen und, so oft es geht, meine Zeit mit ihr verbringen.

So ist es, wenn auf einmal Zeit in Hülle und Fülle da ist. Ich nehme intensiver wahr und tue Dinge, die ich vorher niemals tue. Immer wieder tauchen aus dem Untergrund Gedanken auf. Irgend etwas drängt mich zur Rückkehr, obwohl ich eigentlich noch bleiben möchte. Ernst ist allein, sollte ich nicht wieder zu ihm? Müsste ich mich nicht eigentlich mehr um sein schmerzendes Knie kümmern? Ständig MUSS ich mich um andere kümmern. Ständig vergesse ich dabei auf mein eigenes Wohl. AUFOPFERUNG ist eine schwere Last auf den Schultern und vor allem im Herzen. MÜSSEN und SOLLEN machen das Leben eng. In vielen Kreisen gilt dies jedoch als höchste Tugend. In der Psychologie nennt man es

„Helfersyndrom". Da spiele ich nicht mehr mit! Höchste Zeit, mich auch hierin zu wenden! Ich bleibe bei mir, meditiere, atme, lege mich auf eine Bank und BIN. Eckhart Tolle fällt mir ein, der zwei Jahre auf einer Parkbank verbringt nach seinem Erwachen. Hier und jetzt könnte ich auch liegen bleiben bis ans Ende der Welt.

Den Rückweg trete ich barfuss an. Das Gras ist noch feucht und schmiegt sich an meine Sohlen. Ich nehme Kontakt mit Mutter Erde auf, spüre bewusst, wie sie mich trägt. Ihr danke ich schon seit Jugend an für die Zuflucht, die sie mir in schweren Stunden immer wieder gewährt. An einen Baum gelehnt oder in einer Wiese liegend schenkt sie mir aus ihrem Schoße stets die Kraft, neu aufzustehen und weiter zu gehen.

Zwischendurch muss ich immer wieder auf den Asphalt wechseln, weil der schmale Wiesenrand neben der Straße steil abfällt. Was für ein Kontrast für die Sohlen! Mit einem Male ist das Wort „Renaturierung" in mir und mit dem Wort das Bild des Baches im Wenger Moor. Man nimmt ihm zunächst seinen ursprünglichen Lauf und presst ihn in eine künstliche Stein-Beton-Form. Vorbei mit der herrlichen Wildheit seiner früheren Tage, den Büschen und Farnen, die ihre Wurzeln in sein Ufer graben. Vorbei mit den eigenwilligen Windungen und Kanten, den Steinen im Wasser, auf denen Kinder hüpfend ihren Spaß haben können. Vorbei mit dem morastigen Schlamm, der sich herrlich in den Händen anfühlt und mit dem man wunderbare Dinge formen kann. Vorbei mit der höchsten Wonne, barfuss durch den Matsch zu stampfen und zuzusehen, wie er durch die kleinen weißen Zehen quillt. Vorbei! Geradlinig und langweilig fließt der regulierte Bach, nicht zu unterscheiden von anderen Bächen, die der Bachregulierung zum Oper fallen. Was für ein Verlust!

Während ich wieder ein Stück auf dem Asphalt gehe, trifft mich ein Gedanke wie der Blitz: „Mein Gott, der Bach, das bin ja ich! Der Bach, das sind wir alle – oder zumindest die meisten von uns."

Der Bach im Wenger Moor wird tatsächlich vor einigen Jahren renaturiert. Ihm wird seine wahre Natur wieder zurück gegeben und damit auch das ursprüngliche Leben und alles Leben, das sich von ihm nährt. Sogar Biber tummeln sich nun in seinem Wasser - das nächste Problem für die Menschen, weil die Tiere mit ihren Nagezähnen Bäume fällen. Werden auch sie eingesperrt, wie der Bach zuvor? Oder findet man eine Lösung, bei der keiner verliert?

„Renaturierung" – ich bin dabei, mein Leben wieder zu renaturieren, die Stein- und Betonwände übernommener Regeln und Verbote, die von anderen für mich entworfenen Glaubenssätze und Programme zu erkennen als einzig großen und tragischen Irrtum. Nein, es geht nicht darum, jemanden schuldig zu sprechen. Auch die Dammbauer meiner Kindheit sind Opfer des Irrtums und deren Dammbauer ebenso. Generationen über Generationen. Es geht darum, die eigene Natur wieder zu entdecken als kostbaren Schatz, von Gott gegeben. Es geht darum, der individuelle Ton zu sein, der die Sinfonie vollendet.

Am späten Vormittag brechen Ernst und ich auf zur nahe gelegenen Christlalm. Wir trinken wie gestern unser Hollunderwasser und riechen den Duft aus der Küche. Ein Buch über Salzburger Almen und deren „Gschmankerl" (Köstlichkeiten) liegt für die Touristen parat. Wir blättern darin und stoßen auf appetitanregende Bilder allerlei typischer Speisen. Kasnocken, Pofesen, Heidelbeertaschen, Hasenöhrl strahlen uns auf leuchtendem Fotopapier entgegen. Seite für Seite, begleitet mit einem „Ahh" oder „Ohh" bestaunen wir die Köstlichkeiten. Dreimal fragt uns die Wirtin: „Ist bei euch alles in Ordnung?" Ja, bei uns ist alles in Ordnung! Ich mag diese deftigen, vor Fett triefenden Speisen sowieso nicht, ob mit oder ohne Lichtnahrung. Ernst bleibt standhaft und isst ebenfalls nichts. Mir ist, als lerne ich einen neuen Mann kennen. Auch er ist von seinen Dammbauern in ein enges Korsett gepresst. Oberflächlich ein Rebell, der sich dagegen stemmt, nistet sich doch in seiner Tiefe das Gift „Anpassung" ein. In vielen Fällen bin ich die Angepasste, was ich gar nicht leiden kann an mir. Ernst ist mir wie so oft ein Spiegel, der mir meine ungeliebten Seiten vor Augen führt.

Kurz nachdem Ernst und ich uns kennen lernen, machen wir uns auf einen gemeinsamen spirituellen Weg. Auslöser ist der Tod seiner ersten Frau, die sich das Leben nimmt, nachdem es uns wie Magneten zusammen zieht. Zwanzig lange Jahre, die wahrlich nicht einfach sind, liegt das zurück. Zwei Angepasste passen sich einmal nicht an, folgen dem Ruf des Herzens und was für ein Ende! Die Schuld ist wie eine Zwangsjacke, die an der freien Bewegung hindert. Beide lassen wir uns drastisch einschränken von ihr, auch wenn der Kopf tausendmal die Verantwortung für diese Tat abweist. Schnell begeben wir uns wieder zurück in die künstliche Lebenslauf-regulierung und sind wie der Bach in seinem steinernen Bett trotz wechselnder Kulissen außerhalb, innerlich stets ein wenig tot.

Im Moment trennen sich unsere Wege für den Nachmittag. Angeregt durch die verführerischen Fotos beschließt Ernst, sein Fenchelrisotto aus der Kühlbox jetzt schon und nicht erst abends zu verzehren. Mich aber zieht es hinauf zum Bergsattel. In vielen Dingen geht zwischen uns seit der Veränderung der Essgewohnheiten auch eine Veränderung unseres Miteinanders einher. So wie wir das Essen und damit verbundenen Rituale mehr und mehr los lassen, so lassen wir uns auch gegenseitig mehr und mehr los. Manchmal kommt in mir ein wenig Angst hoch, wohin dieses Mehr-bei-sich-Sein und Mehr-dem-eigenen-Weg-folgen führt. Doch es fühlt sich gut an.

Rund drei Wochen lebe ich jetzt ohne Essen und steige in der Mittagshitze den Berg hinan. Mein Mantra „Ich werde von Prana genährt" begleitet mich. Langsam und in meinem Rhythmus komme ich gut voran ohne Atemnot, ohne Herzrasen. Von oben sehe ich Ernst am großen steinernen Parkplatz, wie er sein Essen bereitet. Immer mehr wird er zum Punkt in der Ferne. Im Schatten einer Kiefer mache ich Rast. Der gestaute Schreibfluss ist in Bewegung gekommen. Die Ideen und Gedanken fließen aus mir heraus. Auch meine üppig vorhandene Kreativität sperre ich jahrelang ein hinter den Gittern von „müssen" und „sollen".

Was mache ich nur mit mir?
Und was machen wir mit uns als Paar?

Wir setzen die Renaturierung unseres Wesens fort, um uralte und längst überholte Bilder, Vorstellungen und Erwartungen an Partnerschaft und Ehe zu erfüllen. Wir mauern zu der regulierenden Stein-Beton-Wand noch eine Schicht Schuld-Steine dazu und fragen uns betroffen, warum wir ständig kämpfen miteinander oder uns resigniert zurückziehen. Mit 73 und 56 Jahren sind wir auch ohne Mauern keine Wildbäche mehr – aber wer weiß, vielleicht ja doch!

Barfuß gehe ich nach meiner Rast querfeldein weiter nach oben zur herrlichen Hochebene. Hier gibt es keine Bäume mehr, nur Almwiesen durchzogen von den Pfaden der Kühe, samt den Löchern, die sie mit ihren Hufen in die Erde graben, kleinere und größere Urintümpel, gesäumt von Kuhfladen, mehr oder weniger getrocknet. Die zahlreichen Silberdisteln zeigen sich erst, wenn man vor ihnen steht, so eng schmiegen sie sich an den Boden. Wie kleine Sonnenblumen strahlen sie mir entgegen, daneben Gräser und kleinwüchsige Glockenblumen. Seit meiner Visionssuche in den Bergen des Sinai vor sieben Jahren fühle ich mich nicht mehr so im tiefen Frieden mit mir und der Schöpfung wie eben jetzt. Was sind ein paar Kilos weniger und ein paar Falten mehr schon dagegen? Langsam steige ich den Sattel hinauf und erklimme den höchsten Berg dieses Areals. Von hier oben habe ich einen 360 Grad – Panoramablick. Ich lasse mich nieder, um zu rasten und die Aussicht zu genießen. Mein Blick fällt auf den Weg zurück, der mich hier her führt. So muss es auch beim Sterben sein, wenn der Mensch in Frieden bei sich ankommt. Über allem liegt ein mildes Lächeln und alles ist gut, wie es ist, auch der letzte unausweichliche Schritt aus dem Körper. Vor sieben Jahren am Sinai erlebe ich dieses Gefühl schon einmal – das Gefühl, jetzt könnte ich sterben und es ist alles gut, wie es ist. Die

Angst vor dem Tod gibt es in diesem Moment nicht mehr, was bleibt, ist eine zutiefst befreiende Hingabe an das Leben.

Die Zeit verrinnt. Wie schon am Morgen kommt Unruhe in mir auf und ich mache mich auf den Rückweg, vorbei an Kühen und Pferden, ohne Umwege den steilen Hang hinab. Unser Campingbus und Ernst wachsen, Details werden wieder wahrnehmbar. Bereits seine Haltung verrät, dass er mich nicht freudig empfangen wird. So ist es auch. Es ist 18.30 Uhr - sechs Stunden hört und sieht er nichts von mir. Er macht sich Sorgen. Dieses Programm kenne ich nur zu gut. Mit diesem Programm bin ich groß geworden. „Was nicht alles passieren kann!" Der ursprüngliche Lauf des Kindes wird schon früh eingedämmt, seine Natur beschnitten durch die Angst der Erwachsenen. Schnell lernt es, dass, wenn es seiner Natur gemäß auf Entdeckungsreise geht, etwas Schlimmes geschehen kann. Die Angst der Eltern ist nun im Kind. Auch die Angst vor Schimpfe und Schelte, wenn es sich nicht brav nach den Regeln verhält. Angst und Schuld statt eines natürlichen Flusses – eine Regulierung, die schon früh beginnt und selten so gut endet wie die Renaturierung des Wenger Baches. Ich bin am besten Wege, es diesem Vorbild nachzumachen. Ich verstehe Ernsts Sorgen, doch ich fühle mich absolut unschuldig. Es ist nicht aus böser Absicht geschehen, sondern aus der unbändigen Sehnsucht heraus, endlich wieder meine wahre Natur zu leben, wild und unreguliert zu fließen in meinem Tempo und nach meinem Rhythmus.

Die Zeit hat sich einfach aufgelöst dabei.

Kapitel 11

Der Schatz im eigenen Haus

Die Suche nach dem Eigentlichen, dem Wahren und Großen treibt Ernst und mich zwanzig Jahre an, hält uns in Bewegung, lässt uns nicht ruhen und führt uns in die Welt hinaus. Ebenso das Schuldgefühl und die tiefen Verwundungen, die nach Heilung streben. Wir sind Suchende und Weggefährten. Doch hinter der Suche versteckt sich wieder ganz subtil das Ego mit seinen Mangelprogrammen. Wer sucht, dem fehlt etwas. Wer sucht, der will etwas finden. Das zu Findende soll irgendeinen Mangel ausgleichen. Das zu Findende soll irgendetwas gut machen. Das zu Findende soll uns dort hin führen, wo wir nicht mehr suchen müssen. So sind wir alle unterwegs – ein Leben lang. Die Suche bringt viel Gutes, führt zu neuen Erkenntnissen, erhöht die Bewusstheit. Die Suche lässt uns die Komfortzone verlassen und uns auf abenteuerliche neue Wege wagen. Die Suche hält uns lebendig und auf Trab. Und doch ist sie auch eine Falle des Egos. Die Suche ist auf ein Ziel in der Zukunft gerichtet, das Leben aber ist JETZT. Die Suche ist auch mit Erwartung verknüpft und diese wiederum mit Enttäuschung. Wenn wir nicht zum richtigen Zeitpunkt innehalten und selbst die Suche nach Heilung und Glück, die Suche nach dem Eigentlichen, dem Wahren und Großen aufgeben, werden wir nie den

Finderlohn erhalten. Die Suche ist ein wesentlicher Teil des Weges, doch an einem bestimmten Punkt der Entwicklung ist selbst sie loszulassen.

Immer mehr darf ich erkennen, wie viele Gesichter die Suche hat. Die Suche nach dem richtigen Partner und der Liebe, die Suche nach Heilung und Glück, die Suche nach der ewigen Jugend, die Suche nach Gott und dem Paradies, das sich in kurzen Momenten zeigt und dann scheinbar wieder verloren geht.

11.8.2015

Heute Morgen schaue ich mich nach einigen Tagen in den Spiegel und eine alte, faltige Frau sieht mich an. Das Gesicht ist ganz fein und zart, die Augen klarer und heller, doch die Haut ist deutlich zu groß geworden. Hier kennt mich außer Ernst niemand, also kann keiner einen Unterschied bemerken. Wie wird es zu Hause sein?

„Furchtbar, dieser Alterungsprozess, wie schnell der doch einsetzt," sagt eine Teilnehmerin unserer Meditationsgruppe, als sie mich nach dem ersten Lichtnahrungsseminar sieht. Zusammen mit der häufig diagnostizierten „Magersucht" und der angeblichen „Asozialität der Nichtesser" ein giftiger Cocktail, den ich mir einverleibe und wieder zu essen beginne nach dem ersten größeren Gewichtsverlust. Ich will nicht alt, magersüchtig und asozial gelten oder sein. Jetzt, nach dem zweiten Seminar kenne ich die Fallstricke der Eitelkeit. Es geht mir gut, auch wenn ich alt aussehe. Die Haut der ewig Jugendlichen passt mir nicht mehr. In etwas mehr als drei Jahren bin ich sechzig! Meine körperliche Attraktivität faltet sich zusammen. Na und? Darf ich nicht in Würde altern? Ich will mich endlich annehmen, wie ich bin! Ich will zu mir stehen in guten wie in schlechten Tagen, mit glattem Gesicht und ebenso mit Falten! Es ist, als würde ich mir ein heiliges Versprechen geben.

Damit endet die Suche nach neuen Anti-Aging-Mitteln. Meine langjährige Frauenärztin verlasse ich schon vor ein paar Jahren, als sie mir erzählt, dass sie ihre Stirnfalte mit Botox glätten lässt und mir eine Hormoncreme zur Hautstraffung empfiehlt. Dieser extreme Jugendwahn ist mir damals schon zu viel. Ich halte mich zwar mehr an natürliche Mittel, doch Motivation und Ziel sind ähnlich. Hier und jetzt gebe ich diesen Wettlauf gegen die Zeit auf. Es ist, wie es ist. Die Jugend ist lange schon vorbei. Das Alter klopft an und bittet um Einlass. Ich öffne die Tür, zuerst noch ein wenig zaghaft. Es tritt gemächlich ein und ich fühle mich unerwartet wohl in seiner Gesellschaft. Ich nehme es an und als Dank zaubert es ein neues Strahlen in meine Augen und in mein Gesicht.

„Du denkst, du verlierst einiges, dabei gewinnst du alles" – immer vielfältiger verwebt sich dieser Traum in meinem Leben.

Ernst schafft es seit einiger Zeit seine ständige Suche nach Süßem aufzugeben. Er isst seinen Teller Reis mit Gemüse am Abend, sonst nichts. Angesichts seines üblichen Heißhungers nach Kuchen und Marmelade, oder auch nach Deftigem, ist diese Wandlung schier nicht zu fassen. In unseren gemeinsamen zwanzig Jahren hat er sicherlich zehn Kilogramm oder sogar mehr zugenommen.

Wonach hat er wirklich Hunger in all den Jahren?
Was fehlt ihm und was sucht er in Wahrheit?

Durch unsere Gespräche, die wir seit dem Urlaub in völlig neuer Form führen können, beginnen wir zu begreifen. Wir haben ein schönes, abwechslungsreiches, auch spannendes Leben miteinander. Wir entwickeln uns am spirituellen Weg und geben unsere Erfahrungen und Erkenntnisse an andere weiter. Doch unser Herz füreinander ist noch äußerst scheu und zurück haltend.

Wir brechen auf, zu guter letzt noch Meister Trattberg selbst zu erklimmen und nehmen den steilen, ausgesetzten Weg nach oben. Angesichts der Höhe kriecht meine Angst aus ihren Nischen. Steil geht es bergauf, ein schmaler Pfad nur, zuerst noch gesäumt von niederen Latschen, dann Felsen. Ein falscher Tritt und.....

Die Angst ist so mannigfaltig wie die Kieselsteine des Weges. Oft versteckt sie sich und ich glaube, sie ist überwunden. Doch dann, aus dem Hinterhalt greift sie mich an wie eben jetzt beim Aufstieg. Früher lese ich Wanderroutenbeschreibungen sehr genau und vermeide Touren, wo Trittsicherheit und Schwindelfreiheit gefordert sind. „Nur für Geübte" kommt für mich nicht in Frage. Höhenangst ist ein grauenhafter Zustand. Sie befällt den ganzen Körper, macht ihn zittrig und schwach. FRÜHER, DAMALS, EINST. Hat das für HEUTE, JETZT und HIER noch wirklich Bedeutung? Alles ist gespeichert - ein Knopfdruck und das Programm läuft ab. Routinemäßig. Zuerst ist der Gedanke, das Gefühl folgt ihm. Der Körper ist in Alarm versetzt und trägt das Seinige dazu bei. PANIK!

Step by step, stone by stone klettere ich den Steig hinan und indem ich meine Achtsamkeit völlig auf den jeweiligen Schritt lege, haben die unheilsvollen Gedanken keinen Raum mehr. Die Angst schrumpft in sich zusammen. Nach der felsigen Etappe breiten sich wieder feine Almwiesen vor uns aus. Die Gefahr ist vorüber und alles ist wieder einmal gut.

Ich erkenne, dass die Sicherheit, die ich in vielfältiger Form im Außen suche, einzig und allein in mir selbst zu finden ist. Es sind meine Gedanken und Gefühle, es ist meine Ausrichtung. Wohin lege ich den Schwerpunkt? Lasse ich mich in die Angst fallen oder in das Vertrauen? Ich habe im Grunde die Wahl. Die Programme können wie auch bei der Waschmaschine angehalten werden. Die Achtsamkeit und damit verbunden das völlige Eintauchen in den gegenwärtigen Moment sind der Schlüssel.

11.8.2015

Direkt beim Gipfelkreuz ist ein kleiner See, wohl eine Wassertränke für die Kühe. Es sind Mutterkühe mit ihren Kälbern, vor denen am Beginn des Aufstiegs auf einer Tafel gewarnt wird. Die Leitkuh mit der Glocke geht voran. Alle anderen folgen ihr, Mütter samt Kälber – brav, gehorsam, selbstverständlich. Es gibt Wasser zum Frühstück – ein friedliches Bild. Wir lassen uns in ihrer Nähe nieder, der Boden ist noch feucht, der Wind kühlend.

Wie vielen „Leitkühen" folgen wir auf unserem Weg?

Unser Hunger nach Spiritualität ist nicht zu stillen. Eine tief verwurzelte Sehnsucht, aber auch eine gewisse spirituelle Gier führt uns in die Welt hinaus und lässt uns suchen - Kanada, Hawaii, Indien, Nepal, Südafrika, Brasilien. Was suchen wir und was erhoffen wir zu finden? Dem freudigen Aufbruch folgt oft eine bittere Ernüchterung. Nirgends habe ich so viel aufgeblasenes Ego erlebt wie in vielen spirituellen Gruppierungen. Das Streben nach Erwachen, die Gier nach Erleuchtung, das viele geistige Tun, um ein höheres Ziel zu erreichen machen nicht unbedingt sympathischer, herzlicher, liebenswerter. Und dann der spirituelle Hochmut! Sich weiter, besser, fortgeschrittener, erwachter, egofreier oder gar erleuchteter als andere zu empfinden und das auch auszuleben – was für ein Irrweg! Ich sehe es, weil ich selbst ein Teil davon bin. Ja, ich bin eine von ihnen: Unruhig, vergleichend, bewertend, stets auf der Suche, unter Druck, brav meditierend oder die Flucht in das „normale" Leben antretend, in den täglichen Konsum, in diverse Vergnügungen. Step by step, stone by stone, ganz hinauf, um tief zu fallen. Erst wenn das spirituelle Ego aufklatscht und die harte Nuss zersplittert, können wir das größte Geheimnis erkennen:

Es gibt gar nichts zu suchen.
Es ist alles schon da!
Der Schatz ist in uns.

Wir sind bereits angekommen.

Doch wo wäre ich ohne diese Suche samt ihren Erfahrungen? Jeder einzelne Schritt birgt sein Geheimnis und ist eine Lektion des Lebens. Das Helle und das Dunkle gehen Hand in Hand. So lerne ich neben dem Hochmut auch die Demut kennen, neben harten Ego-Nüssen auch weiche, überfließende Herzen und neben der spirituellen Konkurrenz auch das Verschmelzen verschiedenster Personen im formlosen Raum. Step by step, stone by stone geht es nach dem Fallen auch wieder hinauf in höchste Höhen.

Die Glocke der Leitkuh bimmelt aus immer weiterer Entfernung. Wir liegen am Gipfel des Trattberges und ruhen uns vom Aufstieg aus. Die Sonne ist mittlerweile schon kräftiger und wärmt den Boden. Ich segle mit meinem Bewusstsein an der schmalen Grenze zwischen Schlafen und Wachen. Ich höre den Wind und spüre ihn, wie er sanft meine Haut berührt, einige meiner Haare in mein Gesicht schwingt, sodass es kitzelt. Das Geräusch der Schwingen zweier Vögel über uns. Meine Augen sind geschlossen, ich lausche meinem Atem, nehme meinen Herzschlag wahr. Dann verliert sich alles in einer grenzenlosen Weite, die pulsiert, als würde sie atmen. Der Körper dehnt sich aus, verliert seine Form, ist Energie, grenzenlos weite, pulsierende Energie, ununterscheidbar verwoben mit der Weite oder auch mit der Leere, die alles füllt. Jetzt und ewig jetzt.

Immer wieder wird mir für kurze Zeit der Einblick geschenkt, was sich hinter der Welt der Formen befindet. Mein Versuch, dieses Fenster offen halten zu wollen, hat stets das Gegenteil bewirkt. Mein Versuch, dieses Fenster mit unterschiedlichen Mitteln und Methoden zu finden und willentlich zu öffnen, hat auch nicht viel mehr Erfolg gebracht. Die Gnade, das Wunder, der göttliche Funke ist einfach da, immer und überall, unabhängig von meinem Wollen oder meinem Tun. Es geht einzig allein um die Hingabe an das, was ist, um ein offenes Herz für den Schatz im eigenen Haus.

Die Zeit steht wieder still. Irgendwann nach Ewigkeiten ruft uns der Abstieg und wir brechen auf. Mein Körper ist mit prickelnder Energie gefüllt, besonders am Scheitel und an den Fußsohlen. Ich bin genährt, gestärkt mit neuer Kraft, aufgetankt. Wie ein Wunder hält auch Ernsts Knie den Strapazen stand. Der Abstieg geht schneller als der Aufstieg. Mittlerweile habe ich schon einiges Geschick entwickelt, durch die Urin getränkten Trampelpfade der Kühe einen relativ trockenen Weg zu finden und es macht Spaß, von Grasbüschel zu Grasbüschel zu balancieren, Kuhfladen und Rossknödel entlang.

Angesichts des nahenden Abschieds nehme ich all die Schönheit dieses Ortes noch viel bewusster wahr, um sie mir einzuprägen. Die saftigen Almwiesen, die weidenden Kühe, das Glockengeläute, das dunkle Blau des Himmels, die kleinen weißen Wolkenbauschen, das Wiegen der Gräser und Äste im Wind, vereinzelte Wanderer. Zum tiefen Gefühl des Friedens gesellt sich ein stilles, allumfassendes Liebesgefühl im Herzen. Auf dieser Ebene des Bewusstseins geschehen die Wunder. So wundert es mich, dass die Fußsohlen ohne jegliche Schrammen oder Blessuren sind nach drei großen Wanderungen ohne Schuhe. Es gibt große Wunder und die ganz kleinen. Nichts drängt zum Aufbruch. Wenn es passt, machen wir uns ganz einfach auf den Weg nach Hause.

Wir verabschieden uns vom Seewaldsee und genießen noch ein letztes Bad. Direkt vor mir spiegeln sich die umliegenden Bäume im Wasser, auch der Himmel und die kleinen Wölkchen. Ich schwimme im See und im Himmel zugleich. Durch die Wellen meiner Schwimmbewegungen geht ein leises Zittern durch das Bild, bis das Wasser seine Ruhe findet und wieder klar seine Umgebung spiegelt.

Der Schatz ist nie und nimmer in der Ferne zu finden.
Der Schatz ist in meinem Herzen – jetzt und hier in dem, was ist.

Kapitel 12

Wehen ohne Geburt

Die erste Urlaubswoche ist vorbei und damit auch die wundervolle gemeinsame Zeit in der einsamen Natur. Das Heimkommen in den Alltag ist für mich schwierig. Vieles kommt mir sinnlos vor, vieles überfordert mich. Das Einkaufen im überfüllten Supermarkt, die Geschwindigkeit auf der Autobahn, die Lautstärke insgesamt – alles ist wieder einmal viel zu viel. Und das, obwohl ich ja Urlaub habe und die Praxis geschlossen ist. Ich erlebe wieder, wie so oft in meinem Leben, einen Fall aus dem Paradies. Nicht nur die Umstellung von Natur pur und einfachstem Leben auf die Zivilisation mit ihrer Komplexität, auch ein körperlicher Schmerz trägt zu meinem Abstieg bei. Etwas in meinem Darm steckt fest und mein Körper setzt alles daran, es loswerden. Doch das Steckende steckt fest. Durch diesen Schmerz im Unterleib kommt ein sehr schmerzlicher Teil meiner Lebensgeschichte ans Licht. Mich wundert es immer wieder, wie viele Durchgänge es denn noch gibt. Ich bearbeite dieses Thema bereits in meiner eigenen Psychotherapie, in meinen Ausbildungen und spirituellen Seminaren, durch das Holotrope Atmen[22] auch auf der Körperebene. Ich beweine es, schreie es aus mir heraus, winde mich, fühle die aufkommenden Gefühle und bin schließlich zur Versöhnung und zum

Frieden bereit. Über dreißig Jahre bin ich am Weg der Heilung und denke, es ist bereits geheilt. Und nun dieser Schmerz!

Was steckt immer noch in mir?
Was ist immer noch nicht erlöst?
Was kann noch im Dunkeln sein nach über dreißig Jahren Belichtung?
Ist denn nie ein Ende?!

Offensichtlich ist es noch nicht das Ende. Der Schmerz fühlt sich an wie Wehen. Ich habe leider nie ein Kind geboren. Diese Tatsache ist, sooft ich daran denke, auch mit Schmerz verbunden. Ich kann mir also nur vorstellen, wie Wehen sich anfühlen - eine mächtige Druckwelle im Inneren, darauf ausgerichtet, das in die Welt Zubringende anzustoßen und voran zu treiben, damit es seinen Weg nach draußen nimmt. Am Höhepunkt des Schmerzes wird das Kind geboren. Es ringt sich durch den engen Kanal hinaus in die Welt. Der Schmerz ist schnell vergessen angesichts des neuen Lebens. Bei mir fehlt der erleichternde helle Teil. Das neue Leben lässt auf sich warten, Geburt ist noch keine in Sicht.

12.8.2015

Heute erlebe ich zum ersten Mal nach dreiundzwanzig Lichtnahrungstagen meinen Darm in Aktion und zwar ziemlich schmerzhaft. Ich verspüre großen Drang, ihn zu entleeren, aber er gibt nichts her. Es fühlt sich wie ein harter Klumpen an, der steckt. Ich presse und presse, der Bauch verkrampft sich. Ich versuche es mit tiefer Bauchatmung. Wer oder was in mir will neu geboren werden? Vorher müssen sich wohl noch die alten Krusten lösen. Vorher gilt es loszulassen, was alles sich mein Leben lang an Schlacken, sonstigen Ablagerungen und giftigen Energien in mir sammelt. Mir geht es mies und wie meistens in dieser Stimmungslage, regen sich wieder die Zweifel, wozu das alles gut sein soll. Kann ich nicht einfach mit der Masse schwimmen? Nein, kann ich nicht! Ich bin Zeit meines Lebens anders, fühle mich dem breiten Strom nie zugehörig.

Der Einkauf im Supermarkt ist ein Abstieg für sich. Ich fühle mich arm und verwaist. Was liegt näher, als sich eine kleine Belohnung zu gönnen. Die Laugenbrezeln duften backofenfrisch. Sie sind im Moment die größte Versuchung. Heldenhaft lasse ich sie links liegen und kaufe stattdessen süße Mandelmilch für mich und für Ernst Reis und Gemüse. Ich gehe die Regale mehrmals ab und finde den Reis einfach nicht. Verloren, wie ein kleines Kind in der Menge ohne Hand der Mutter, stehe ich irgendwo neben mir und finde mich nicht zurecht in den Gängen zwischen den Regalen. Es braucht meine ganze Konzentration, die wenigen Dinge, die ich brauche, zu finden und dann auch noch das Tempo der Kassiererin zu überstehen. Es ist brütend heiß, alles in mir will sich verkriechen, zunächst in der Hängematte, dann im kühlen Badezimmer. Vielleicht hilft mir ein Bad im IWES Wasser.

13.8.2015

Energie fließt nach den Gedanken, Energie fließt nach der Ausrichtung. Den ganzen Tag fühle ich mich gestern verwaist und arm. Der wiederholte Gang zur Toilette, der Druck im Bauch, die Krämpfe und das Wundsein – ich will das alles nicht haben! Der Widerstand bäumt sich auf. Am Morgen überlege ich, ob ich eine Darmspülung bei meiner Heilpraktikerin machen soll. Ich lasse es sein und versuche mich gedanklich neu auszurichten.

„Vertraue dem Prozess. Alles dient deinem Besten, auch wenn es in manchen Momenten so gar nicht danach aussieht, vertraue dem Prozess.“

Also versuche ich, dem Prozess zu vertrauen und die Angst, was alles sein könnte, von Darmsteinen bis zum Darmverschluss, loszulassen.

Um mich ein wenig aufzuheitern, schlägt Ernst vor, zum Hintersee zu fahren, zirka eine halbe Autostunde von zu Hause entfernt. Morgens ist die Welt noch in Ordnung. Klarheit und Frische ziehen durch das Tal, vereinzelt noch leichter Morgendunst. Auch dieser See ist ein Kleinod, umrundet von Bergen, nicht ganz so verträumt wie der Seewaldsee, jedoch auch wunderschön und ohne Massen. Das Wasser ist viel kälter als das des Moorsees, doch wie dieses sauber und klar. Nackt an einem einsamen Ufer liegend, umrundet von den Bergen, kommt mir mein Körper unsagbar klein und verletzlich vor. Ich streichle sanft über seine Ecken und Kurven. Mittlerweile mag ich ihn schon sehr. Gerade diese neue Liebe zu ihm fördert auch das Alte zu Tage. Wie viel mute ich ihm zu, ohne auf ihn zu horchen, ohne ihn in seiner Großartigkeit zu sehen. Tag für Tag, Jahr um Jahr, ein halbes Jahrhundert lang. Was für eine achtlose Selbstverständlichkeit in mir, stets davon auszugehen, dass er funktioniert, mich durch das Leben trägt und tut, was ich von ihm verlange. Einige Male schreit er bitterlich auf – Gebärmutterhalskrebs mit achtundzwanzig Jahren! Erschöpfungsphasen immer wieder bis hin zum klassischen Burnout. Vielen Menschen stehe ich in solchen Fällen als Psychotherapeutin bei. Um alle anderen kümmere ich mich in vielerlei Hinsicht vorbildlich. Nur mich selbst reihe ich hinten an oder ich vergesse mich vollends. Wie kann das geschehen? Wie kann das auf einem zwanzig jährigen spirituellen Weg geschehen? Dabei habe ich auf meinem Weg auch Chameli Ardagh[23] kennen gelernt, die in mir den Zugang zur weiblichen Spiritualität öffnet. Der Körper ist unser Tempel, so ihre Ausrichtung. Sie lehrt uns Frauen sinnliche Erfahrungen als verkörperte Spiritualität zu begreifen, die Kunst der achtsamen Berührung, Präsenz selbst in der kleinsten Bewegung, Tanz als Ausdruck der eigenen Göttlichkeit. Warum steige ich nach kurzer Zeit aus der freudvollen, körpernahen weiblichen Spiritualität wieder aus? Es ist wohl noch nicht der richtige Zeitpunkt. Ich bin noch nicht in Liebe mit meinem Körper verbunden und damit auch nicht mit meinem Frausein.

Sexueller Missbrauch als Kind ist eine schlimme Erfahrung, kann zu einer lebenslänglichen Opfergeschichte mutieren. Der Körper wird scheinbar von der Seele getrennt. Frau will mit ihm nichts mehr zu tun haben, vor allem nicht mit dem Schmerz, der ihm zugefügt wird und auch nicht mit der verlorenen Würde. Kein Wunder, dass er aufschreit und genau dort erkrankt, wo er seinerzeit verwundet wird. Auch der Bauch rebelliert Zeit meines Lebens, kann schwer verdauen, was in ihn gesteckt wird. Mitten im äußeren Paradies tut sich eine innere Hölle auf. Immer noch oder wieder einmal und das nach dreißig Jahren intensiver Auseinandersetzung!

14.8.2015

Mein Körper zeigt weiterhin die quälenden Symptome. Etliche Male am Tage und auch während der Nacht gehe ich durch heftige Druckwellen, Pressen, tiefes Atmen, Schmerz hindurch, aber es kommt nichts heraus. Etwas in mir steckt fest, will nicht ans Tageslicht, bleibt weiter in den dunklen Gängen verborgen. Ich bitte alle himmlischen Wesen und Begleiter inständigst um Hilfe. Allein der Geburtsprozess geht weiter, jedoch ohne erlösende Geburt. So gut es mir gelingt, versuche ich meine Lage anzunehmen, wie sie ist. Alles in mir ringt um eine Erklärung, alles in mir ringt um ein Verstehen. Mein Wurzelchakra ist der Ort des Geschehens. Hier sitzt die Urkraft, das Animalische, das Wilde, das Vitale, das Urvertrauen. Mein Körper verschließt sich, öffnet sich nicht. Er verkrampft und kontrahiert. Kommt das Trauma des sexuellen Missbrauches noch einmal hoch? Muss ich noch einmal durch all den Wahnsinn durch? „Ich vertraue dem Prozess, ich vertraue der göttlichen Führung, alles dient meinem Besten", sage ich wie ein Mantra vor mich hin. Um das erwachte, kleine und ganz arme Kind in mir zu trösten, trinke ich schon morgens ein Glas warme Mandelmilch. Das schmeckt der Kleinen, der Großen auch.

Ziemlich erschöpft verstecke ich mich in der Kühle des Hause wie ein verwundetes Tier in einer Höhle. Die Wehen werden häufiger, der Schmerz treibt mir Tränen in die Augen. Dazu kommen die Tränen der Verzweiflung. In zwei Tagen findet unsere Wanderwoche statt, wie soll das gehen? Tausend Ängste befallen wiederum die bange Seele und dann der Rat von Ernst: „Ruf doch deine Heilpraktikerin an!" Das wird nichts bringen, denke ich mir, es ist August, es ist Urlaubszeit und außerdem ist es nicht so leicht, einen Termin zu bekommen. Ich wähle trotzdem ihre Nummer. Zu meinem Erstaunen ist sie selbst am Apparat und nicht das Telefonband. Wir beide mögen uns sehr, uns verbindet eine gemeinsame „Wellenlänge".

„Hallo, wie geht es Ihnen?", fragt sie freudig.
„Ich bin in einer Notlage", fange ich an und berichte von meiner Misere.
„Am besten, Sie kommen sofort".

Manche nennen es einen „glücklichen Zufall", für mich ist es eines der vielen Wunder am Wegesrand. Oft schon in weit größeren Notlagen steht auf einmal - scheinbar aus dem Nichts - der richtige Mensch zum richtigen Zeitpunkt an meiner Seite. Die Not ist immer nur die eine Seite. Die andere Seite ist die Hilfe in der Not, sei es von realen Personen, sei es von Wesen aus dem geistigen Reich. Viele sehen nur die Not und klagen. Ihnen fehlt der Blick auf das Ganze, mir übrigens auch immer wieder.

Leider rebelliert der Darm auch nach der Behandlung in alter Weise. Die Heilpraktikerin empfiehlt schleimigen Brei zu essen, damit der Darm für sein Programm einen Inhalt bekommt. Abends esse ich also brav Chia-Brei und hoffe, dass damit alles gut wird. Es wirkt, die Nacht ist relativ harmlos, die Krämpfe mildern sich. Den feuchten Bauchwickel erneuere ich morgens noch einmal und danach scheint wirklich alles gut zu sein. Jetzt steht unserer Wanderwoche „Einfach leben" nichts mehr im Wege. In letzter Minute die Kurve genommen! Mein Vertrauen in den Prozess wird offensichtlich auf Herz und Nieren geprüft!

Der Tag ist gefüllt mit Packen und anderen Vorkehrungen, das Seminar betreffend. Wie fast immer vor einem Seminar kommt ein Programm zwischen Ernst und mir ins Rollen und läuft autonom ab, wie das

Darmprogramm. Die alten Schlacken sitzen überall, nicht nur im Darm. Und wie die Koliken im Darm schmerzt auch dieses Programm. Es heißt: „Mein Wille geschehe". Die Inhalte sind null und nichtig, das Programm läuft autonom ab, auch ohne Inhalte. Wir drücken uns gegenseitig den eigenen Willen auf, im vermeintlichen Wissen, was gut und wichtig für andere ist. Und das soll natürlich geschehen. Wir reiben uns an unseren Unterschieden und erpressen uns mit Drohungen des Rückzugs.

Immer wieder dieselben Wehen.
Eine neue Geburt ist nicht in Aussicht.

Kapitel 13

Einfach leben ist so einfach nicht

Die nächste große Herausforderung auf meinem Lichtnahrungsweg ist unsere Seminarwoche:

„Einfach leben"
Meditatives Wandern und Erleben
Singen aus dem Herzen
Gemeinsam Sein

Unsere bisherige Stammgruppe hat sich ziemlich ausgedünnt dieses Jahr und wir beide sind gespannt auf die völlig neue Gruppenzusammensetzung. Heuer sind wir in Forstau im Salzburger Pongau und ein altes ehemaliges Gästehaus, das heute auf Selbstversorgungsbasis zur Verfügung steht, ist für sieben Tage unser Zuhause. Alles ist anders. Der Großteil der Gruppe ist neu, hat noch nie bei einer Veranstaltung von uns mitgemacht. Die Vertrautheit darf erst entstehen, zu Beginn fremdeln wir noch alle. Neu ist auch der Widerstand, der uns von einigen in den ersten zwei, drei Tagen entgegen kommt. Die bisher strahlende Sonne ist großteils hinter grauen Wolken verschwunden, auch regnet es wieder kräftig. Alles ist ganz anders als bisher. Die schlimmsten Befürchtungen werden wahr – die Koliken kommen zurück, scheren sich einen Dreck um das Seminar, dem ich eigentlich meine volle Kraft und Aufmerksamkeit geben will. Der Schmerz treibt mich immer wieder tief in eigene Prozesse, was so gar nicht zur Aufgabe einer Seminarleitung passt. Auch so eine schlimme Befürchtung, die sich erfüllt. Die Energie fließt mit der Ausrichtung! Gedanken formen die Realität! Es kommt tatsächlich so, wie ich befürchte. „Einfach leben" wird zu einem Hindernislauf für mich. Das ist aber nur die eine Seite. Auf der anderen Seite lerne ich, diese Hindernisse zu überwinden. Das weitet mein Herz und meinen Blick.

Hindernisse und Abgründe dienen dem Leben - wie das Dunkle dem Licht dient. Wie stark ist eine Pflanze, die wohlbehütet im Glassturz steht und nie Regen, Sturm und Hitze am eigenen Leib erlebt? Wie sehr kann sie ihre eigenen Kräfte im Ringen mit den Elementen entwickeln und entfalten, wenn sie durch eine Glaswand mit nichts von dem in Berührung kommt? Ich würde mir gerne oft manch Schwierigkeiten ersparen. Was für eine paradoxe Vorstellung! Das würde ja auch bedeuten, ich will mit dem Leben sparen und es auf irgendeiner dubiosen Bank schließfachsicher anlegen. Was kann dabei schon heraus kommen, außer dass die Scheinsicherheit eine Blase ist, die früher oder später zerplatzt!

15.8.2015

Heute beginnt unser Seminar und das Thema „Gruppenbildung" ist wie immer zu Beginn im Zentrum. Wie wird es mir bezüglich Essen und nicht Essen in der Gruppe gehen – eine Woche lang, dreimal am Tag? Im Vorfeld haben wir vereinbart, dass jeder von uns für eine warme Gruppenmahlzeit einkauft, kochen wollen wir gemeinsam. Was wir sonst noch brauchen für Frühstück und Abendessen, wird zusammengelegt. Alle nehmen etwas mit und wir machen ein gemeinsames Büffet daraus. Ich backe noch am Vorabend drei Apfelstrudel – erstaunlicherweise fällt es mir leicht. Allein den Duft der Speisen koste ich aus bis zur Neige. Es freut mich, dass der Apfelstrudel in der Runde beim ersten gemeinsamen Kaffee gut ankommt und sich alle noch ein weiteres Stück vergönnen. Vorher wird noch eine kräftige Jause einverleibt. Der Geruch von Speck ist ziemlich dominant und obwohl er tierischen Ursprungs ist, genieße ich ihn. Wie lange ist es her, dass ich ihn zuletzt rieche? Und wie lange ist es her, dass ich ihn mit Genuss esse? Jahrzehnte! Als Kind bekomme ich immer Speck- oder Schmalzbrote als Jause mit in die Schule. Das Geld ist nicht so üppig vorhanden und überall wird gespart, auch beim Essen. Eine Möglichkeit, sich billig zu verpflegen ist der Kauf einer halben Sau direkt beim Bauern. Das ist immer eine Aufregung, bis all das rote Fleisch fein säuberlich in Plastik verpackt und beschriftet in der Kühltruhe verstaut ist. Der Geruch des Specks lässt diese Zeit in mir auferstehen, wo Schnitzel und Schweinsbraten mit Knödel und allen voran gefülltes Hühnchen auch meine Lieblingsspeisen sind, nicht zu vergessen meine heiß geliebte Extrawurst. Jetzt beschränke ich mich auf das Riechen und trinke mein Wasser. Ich habe kein Verlangen nach etwas Essbarem vom Tisch. Wie soll ich es den anderen erklären? Ich verschiebe es auf abends. Jetzt geht es zunächst einmal darum, eine Gruppe zu werden und hier im Haus und an diesem Ort anzukommen. Die Stimmung ist noch ziemlich angespannt.

Das Eröffnungsritual, wo sich alle einen individuellen Kraftplatz in der näheren Umgebung des Hauses suchen und zu IHREM Platz machen, ist bei allen Seminaren bisher ein guter Eisbrecher. Gemeinsam wandern wir dann die einzelnen Plätze ab und singen für die jeweilige Person ein Willkommenslied. Insgesamt ziehen wir damit auch einen Kreis um das Haus und bitten nach indianischem Brauch um Schutz und gute Energien. Von dieser ersten Erkundung der Gegend bringen wir alle etwas aus der Natur mit und gestalten gemeinsam die sogenannte „Mitte", um die wir uns im Seminarraum zusammenfinden. Die Mitte ist so etwas wie ein Naturaltar, Symbol für den heiligen Raum oder die Quelle, aus der alles kommt. Der Anfang ist ganz gut geglückt, wir sind uns schon ein wenig näher gerückt.

Abends esse ich meine paar Löffel Chia-Brei, wie von meiner Heilpraktikerin empfohlen. Die heftigen Koliken sind bisher nicht wieder gekommen, nur leicht machen sie darauf aufmerksam, dass noch nicht alles vorbei ist. Die anderen verdrücken eine herrliche Gemüselasagne und Götterspeise als Nachtisch. Nun ist es an der Reihe, mich zu outen. Ich erkläre meine Lage und zwar wahrheitsgemäß und nicht geflunkert. Ursprünglich will ich eine Darmsanierungsmaßnahme vorschieben, weil mir das Thema „Lichtnahrung" zu unverständlich erscheint. Doch will ich mich nicht in Ausreden oder sogar Lügen verstricken, also bekenne ich Farbe und sage: „Ich bin mitten in einem Lichtnahrungsprozess." Einige fragen interessiert nach, andere glauben, ich sei arm, weil ich zusehen muss. Eine Teilnehmerin erzählt von einer Bekannten, die auch schon längere Zeit gar nichts isst. Und dann ist die ganze Geschichte nicht mehr der Rede wert. Alles in allem, ein guter Seminarbeginn. Mal sehen, wie es weiter geht. Morgen steht die erste Wanderung am Programm. Ernsts Knie ist halbwegs wieder in Ordnung und auch ich habe genügend Kräfte.

„Es wird schon alles gut gehen!"

16.08.2015

Das Eis ist aufgetaut, die Ansprüche, Erwartungen und individuellen Programme zeigen sich rasch und ungeschminkt. Unser sehr demokratischer und ebenbürtiger Führungsstil stößt nicht bei allen auf Gegenliebe. Einige sind sehr getrieben, wollen ihr alltägliches Rennen auch hier rennen und bemerken dieses Gehetze nicht einmal. Für mich ist es heute schwierig in der Gruppe. Ich finde meinen Platz nicht, fühle mich nicht besonders wohl. Vieles erlebe ich als unachtsam und grob. Das viele Gerede nervt mich. Ich vermisse die Stille und die Geborgenheit, die ich stets in ihr erlebe. Verändert sich mein Wesen derart, dass ich nicht mehr gesellschaftsfähig bin? Oder bin ich einfach ehrlicher zu mir selbst und spiele nicht mehr mit einem freundlichen Lächeln über mein Befinden hinweg?

Gedanken und Gefühle – wie ein Bumerang kehren sie wieder, auch wenn ich mich um Präsenz bemühe beim steilen Aufstieg unserer ersten großen Wanderung. Schritt für Schritt in einer Landschaft voller Magie. Augentrost ganz fein und zart, daneben wuchtige Farne. Ein hohler gewundener Baumstamm, der dennoch grünes Blattlaub trägt. Der Bach, der sich in zahlreichen Kurven in die Erde gräbt und sein klares Wasser – ständig in Bewegung, fortwährend plätschernd, dann wieder wild rauschend. Das Alleingehen tut mir gut. Ich spüre, wie mein Körper an seine Grenzen kommt. Ein Großteil der Gruppe rennt zum Zielpunkt ohne Innehalten, ohne Rast.

Da komme ich nicht mehr mit!
Das ist nicht mehr meine Welt!
Werde ich vereinsamen auf meinem Weg?

17.8.2015

Nachts habe ich schlimme Träume. Ein Mann verfolgt mich, ich bin ständig auf der Flucht vor der Bedrohung, ständig auf der Hut und im Sinnen nach neuen Verstecken. Der Traum setzt sich sogar nach wiederholtem Erwachen immer wieder fort. Eine Fortsetzungstragödie in vielen Etappen - heute Nacht und wie ich mittlerweile aus Rückführungen weiß, über viele Leben hinweg. Bahnen sich die nächsten Wehen an?

Beim Erwachen legt sich das Gefühl der Enttäuschung über mich. Eine Enttäuschung die größer ist, als ich es bin, eine Enttäuschung so groß, wie das Universum. Da bin ich mit all meinen Gaben. Da bin ich, Kind Gottes,

Kind der allumfassenden Liebe. Doch die Welt ist so rau, so unachtsam mit dem kleinen Körper, der zudem völlig abhängig ist von seiner Umgebung. Keiner sieht, wer ich wirklich bin. Keiner nimmt meine Geschenke wahr, die ich durch mein Dasein bringe. Da bin ich, sieht mich denn keiner? Das Leben ist hart und rau, grell und laut. Die Enttäuschung an der irdischen Welt samt seinen irdischen Menschen ist unendlich. Nein, in dieser Welt will ich gar nicht sein! Alles in mir sträubt sich dagegen. Schon vor meiner Geburt bin ich im Widerstand und kämpfe. Ich versuche mich im Bauch meiner Mutter festzukrallen, bis mich die Wehen unsanft hinaus katapultieren, sechs Tage nach dem errechneten Geburtstermin.

Draußen ist es grau und regnet. Ich bin dankbar dafür. Der Körper bekommt seine verdiente Pause und die Seele bekommt Zeit, sich wieder in Balance zu bringen. Meine Energie fällt ziemlich zusammen. Meine eigenen tiefen Prozesse und die Leitung einer Gruppe – wie kann sich das zusammen fügen? Ehrlich gesagt, ich habe keine Ahnung. Ich weiß es nicht. Ich habe auch keine Kontrolle über das Geschehen – im Inneren ist etwas im Gange, das sich meinem Einfluss entzieht. Auch im Außen ist etwas im Gange, das sich meinem Einfluss entzieht. Je mehr ich mich dagegen wehre, desto auswegloser erscheint die Lage.

„Du wirst deinen Weg schon finden", sagt die Leiterin beim letzten Seminar zu mir. Ich formuliere daraus eine Bitte und lege sie beim morgendlichen Singen in die Mitte, den heiligen Raum.

Das Schlechtwetter lässt in der Gruppe ein wahres Kochfieber ausbrechen. „Einfach leben" hat eine Doppelbedeutung. Ich sehe es mehr als Reduktion auf das Einfache. Es kann aber auch ein Leben in Hülle und Fülle bedeuten. Die Gruppe schwingt sich auf Letzteres ein. Beim Frühstück biegt sich der Tisch, mittags werden die selbstgepflückten Herrenpilze verarbeitet und mit Nudeln samt Salat und Nachspeise verzehrt. Abends gibt es Gemüseauflauf mit Sardellen. Während er im Rohr schmort, putzen einige bereits die neuerlich gefundenen Pilze für den nächsten Tag. Ich ziehe mich ins

Zimmer zurück, um ein wenig allein zu sein. Leicht ist das alles nicht für mich. Nach dem Essen habe ich kein Verlangen. Nach wie vor genieße ich den Duft und die Farben. Ich sitze am Tisch mit den anderen und löffle meine Milch. Ich helfe auch bei den Vorbereitungen und dem Abwasch. Aber wenn ich tief in mir nachspüre, passt es für mich nicht wirklich, so viel Zeit in der Küche zu verbringen. Die anderen jedoch sind mit Begeisterung dabei. Es ist neu für mich, diese Begeisterung nicht mehr zu teilen.

Doch lieber passe ich mich an als ausgeschlossen zu sein. Diese uralte Angst taucht immer wieder aus dem Untergrund auf, lebenslänglich wie mir scheint. Wo überall habe ich mich angepasst, nur um dazu zu gehören, Teil dieser oder jener Gemeinschaft zu sein. Bis zur Selbstverleugnung, bis zum Selbstverrat hat mich die Angst vor dem Ausgeschlossensein oder gar Verstoßenwerden getrieben. Alte Szenen kommen hoch, aufgekocht und neu serviert.

20.08.2015

Die Schlechtwettertage reihen sich aneinander und damit stehen Kochen und Essen immer mehr im Zentrum der Aufmerksamkeit. Von Backhuhn bis gebackene Pilze, von Aufläufen bis zu Heidelbeertaschen – zweimal am Tag der Aufwand der Vorbereitung, das kurze Vergnügen, der Aufwand des Aufräumens. Das gemeinsame Kochen ist andererseits auch ein freudvolles Miteinander. Mir hebt es beim Geruch von Bratfett eher den Magen und gar erst bei den panierten Hühnerteilen am Teller. Ich merke, wie meine Motivation immer mehr in den Keller sinkt. Ich beginne darum zu kämpfen, dass meine Vorstellungen vom Seminar wie indianische Rituale und Achtsamkeitsübungen ihren Platz finden. Jetzt kämpfe ich gerade um den Medizintag[24], eine stark reduzierte Form der indianischen Visionssuche. Das Wetter bestimmt in erster Linie. In zweiter Instanz kommt dann schon das Ess- und Kochbedürfnis. Mir wird bewusst, dass ich um mehr Tiefe kämpfe. Kampf ist nie ein gewinnversprechendes Unterfangen. Ernst fällt mir vor der ganzen Gruppe in den Rücken – jetzt kämpfe ich auch mit ihm. Der Kampf zieht seine Kreise. Die Liebe duckt sich im Gebüsch. Meine Erwartungen und Ansprüche loslassen ist wohl jetzt gefordert. Aber was bleibt dann noch übrig von mir und meinen Werten? Sind meine Tage als Seminarleiterin gemeinsam mit Ernst gezählt? Er verbündet sich mit der Gruppe. Er steht auf ihrer Seite – ich bin nicht dabei. Äußerlich sitze ich am selben Tisch, helfe auch in der Küche mit, doch MEIN Weg ist das nicht. Zudem hat auch mein Darm wieder angefangen, heftiger zu rebellieren. Mit jedem Tag wird es ärger und ich verbringe viel Zeit am WC und zur Entspannung in der Badewanne.

Die Gruppe wächst im Großen und Ganzen gut zusammen. Der anfängliche Widerstand legt sich, wir versuchen einen Weg der Mitte zu finden. Einen wesentlichen Betrag dafür liefert wie immer das gemeinsame Singen. Chanten ist eine Form von Singen, in der einfache Texte, oft nur eine oder zwei Zeilen, stets auf das Neue wiederholt werden. Nach längerer Zeit kann dies in eine gehobene Stimmung, ja sogar in eine Art Ekstase führen. Die gewohnheitsmäßigen Grenzen und Programme werden für kurze Zeit durchbrochen. Was dann passiert, kommt aus sich selbst heraus, ohne Plan, ohne Willen. Scheu und Zurückhaltung weichen und machen einem ansteckenden Lachen Platz, das Verhalten wird übermütig und wagt Dinge wie schon lange nicht mehr und über allem stehen der Spaß und die Freude an der Sache. Die Herzen öffnen sich, das innere Kind darf leben und sich zeigen.

Einige der geplanten Naturrituale fallen buchstäblich ins Wasser. Zum Medizintag, der auf drei Stunden geschrumpft ist, zeigt sich, wie ein Wunder, die Sonne. Am Medizintag formuliert man für sich eine Frage und setzt sich normalerweise von Sonnenaufgang bis Sonnenuntergang der Natur aus, ohne Kontakt zu Menschen und ohne Ablenkung generell. Es geht nicht darum, möglichst weit zu gehen, es geht darum, mit offenen Sinnen und mit einem offenen Herzen zu gehen, denn alles, was sich an diesem Tag zeigt oder passiert, ist Antwort auf die Frage. Für die Indianer sind diese Antworten die „Medizin der Natur".

Schon drei Tage zuvor ziehen wir zur Vorbereitung Karten, die uns in die Tiefe führen und eine Richtung für die Fragestellung am Medizintag weisen sollen.

Ich ziehe die Karte „Ausdehnung".

Sie bedeutet:
Grenzen überwinden und sich in andere Ebenen ausdehnen,
seinen Platz einnehmen, Einklang mit dem Schöpferplan.

Die Frage dazu lautet:
„Von welcher Seinsebene fühle ich mich abgeschnitten?"

Die Karten passen immer. Es gibt keine Zufälle! Die Frage ist ein Volltreffer! Es ist nicht leicht, mir dies einzugestehen, aber nach und nach setzt sich die traurige Wahrheit durch. Ich schneide mich von meiner weiblichen Urkraft, von der wilden Frau in mir, von meiner Sinnlichkeit und Sexualität ab. Stattdessen schlage ich die akademische Laufbahn ein und füttere jahrelang meinen Kopf. Stattdessen schlage ich auch einen intensiven spirituellen Weg ein und fühle mich in der feinstofflichen Welt zu Hause. Stattdessen verstecke ich mich hinter einem Helfersyndrom und bin stets um das Wohl der anderen bemüht.

Der glänzende Lack bekommt Sprünge und blättert ab.
Ist denn alles nur ein Ausgleich, eine Kompensation, ein Trostpflaster für die große Wunde dahinter?

20.8.2016

Wir treten über die Schwelle in die „Anderswelt", wie die Indianer das Bewusstsein jenseits des begrenzenden Verstandes nennen. Eine Holzlatte ist diese Schwelle, Ernst steht auf der einen Seite, ich auf der anderen Seite. Wir sind das Tor zur mystisch, magischen Welt und einzeln schreiten die TeilnehmerInnen über diese Schwelle hinweg, hinaus in die Natur. Mich zieht es danach zu meinem Kraftplatz am Bach in der Nähe des Hauses. Ich stelle mich auf einen wasserumspülten Stein und warte eine Weile, bis sich eine Frage für den Medizintag in mir formt.

„Wenn ich mich ausdehne und meine Grenzen überwinde, was ist dann?"

Mit dieser Frage mache ich mich auf den Weg, um zu sehen, welche Antworten für mich bereit stehen. Zunächst gehe ich den Bach entlang. Es dauert nicht lange und ich stehe an. Hier geht es nicht mehr weiter, dichtes Gebüsch, eine Sackgasse. Na super! Zudem wieder eine Darmkolik mit massivem Schmerz. Ich kauere mich auf den Boden, die Tränen rauschen mit dem Bach - armes, kleines, verloren gegangenes Kind. Die Zeit steht still. Irgendwann lassen die Wehen wieder nach und auch die Tränen. Ich sehe wieder ein wenig klarer. Ich bin in einer Sackgasse gelandet. Hier geht es nicht weiter. Wo geht es weiter? Wieder zurück? Nein, zurück auf keinen Fall. Ich muss den Bach überqueren, eine andere Wahl habe ich nicht. Durch den vielen Regen hat er eine starke Strömung. Ich suche mir zunächst einen Stock und dann eine Stelle des Baches, die nicht so tief und reißend wirkt. Meine Schuhe binde ich zusammen und schon stehe ich mitten im Abenteuer. Die Strömung zerrt kraftvoll an meinen Beinen, die bis über das Knie im Wasser waten. Doch ich komme gut voran, step by step. Und schon bin ich drüben, überrascht wie einfach und wie schnell ich es geschafft habe. Zuerst das Bangen, die Angst, das fehlende Selbstvertrauen, dann ein Moment der Klarheit und der Ausrichtung: „Tue es einfach!" Mit der Ausrichtung fließt die Energie. Ich erreiche das andere Ufer, ohne dass etwas Schlimmes passiert, im Gegenteil, ein Funke

Triumph bahnt sich wie die Sonne den Weg durch die Wolken. Während ich meine Beine trocknen lasse, schaue ich zurück auf das andere Ufer.

Die Angst ist immer im Vorfeld am größten. Im Tun weicht sie dem Mut.

Mein Weg führt mich weiter, eine Anhöhe hinauf zu einem markanten Baum. Ich lehne mich an ihn, blicke hinunter zum Bach und traue meinen Augen kaum. Unten geht Ernst, nicht weit entfernt von der Stelle meiner Bachüberquerung. Wie gut ich ihn kenne, seine Haltung, seinen Gang. Wie sehr ich ihn in Wahrheit liebe! Drüben die Sackgasse wo es nicht mehr weiter geht. Hier die Liebe, das Verbundensein, die Vertrautheit. Eben sieht er in meine Richtung und spontan verstecke ich mich hinter dem Baum.

Wie lange noch will ich mich verstecken und mein Frausein dazu?

All das Schlimme, das ich fürchte, ist Vergangenheit, längst schon geschehen, längst schon vorbei! Warum mich also verstecken wie das kleine Mädchen von einst? Es ist längst eine erwachsene Frau geworden! Eine Frau, die will, dass ihr Mann sie sieht und findet. Zögernd trete ich hervor aus meinem Versteck. Ernst erkennt mich und winkt mir freudig. Und ich winke freudig zurück.

Das nächste Hindernis auf meinem Weg ist ein Stacheldraht. Diese Grenze überwinde ich mit spielerischer Leichtigkeit. Ich nehme nicht den angelegten Weg zurück zum Haus, sondern bin bereit, weitere Hindernisse zu überwinden. Erst einmal in Fahrt gekommen, dehne ich mich weiter aus! Ein Trampelpfad der Kühe führt mich den steilen Wald hinab. Unten angekommen erlebe ich noch eine weitere freudige Überraschung. Drei Kinder auf ihren Ponys reiten um die Wette, jauchzend vor Vergnügen. Die unschuldige, vor Freude beinahe berstende Kinderseele erwartet mich am Ende meiner Reise. Was für ein Bild!

Abends wird das vormittags Geschnipselte zu einer Kartoffelpizza verarbeitet. Dazu gibt es ein Glas Wein und eine Runde Schnaps. Mir tut das Herz weh – am Medizintag Alkohol, das Gegenteil von Medizin! Alle Sinne scheinen wieder auf Essen und Trinken fixiert zu sein. Nur jetzt nicht wieder einsteigen in den eigenen Sumpf, in die Sackgasse negativer Gedanken und Urteile! Das nächste Wunder wartet bereits! Beim Erfahrungsaustausch am Abend kann ich es kaum fassen, welch tiefe Spuren der Medizintag bei den meisten anderen hinterlässt. Was in drei Stunden alles Platz hat an Erfahrungen und Erkenntnissen, an Angst und Mut, an Aufruhr und Befriedung!

Die Natur hat uns allen großzügig ihre „Medizin" geschenkt!

21.8.2015

Die Symptomatik in meinem Bauch steigert sich. Eine Krampfwelle jagt wieder die andere. Nur mühsam halte ich das ganze äußere Programm durch, stets begleitet vom Schmerz. Das alte Muster „Augen zu und durch" wird auch mit zusammen gebissenen Zähnen immer schwieriger. Ernst besorgt mir ein homöopathisches Mittel zur Krampflösung aus der Apotheke. Die Erstverschlimmerung bindet mich noch mehr Zeit an das WC, an eine Wanderung ist für mich nicht zu denken. Also hüte ich alleine das Haus, während die anderen zu einem weniger meditativen, dafür umso sportlich anspruchsvolleren Gipfelsturm aufbrechen. Vormittags schlafe, lese und meditiere ich, nehme ein ausgiebiges Bad, unterbrochen von unzähligen Druckwellen. Ich flehe zu Gott und den geistigen Helfern, finde aber keine Hilfe. Alles presst wieder in mir, eine Wehe folgt der andern, ich drücke und drücke, doch die Geburt lässt weiterhin auf sich warten.

Was sagt mir diese schwere Geburt?
Was darf ich lernen?

22.8.2015

Ende gut, alles gut. Am letzten Tag lösen wir unseren Schutz- und Energiekreis, den wir anfangs mit unseren individuellen Plätzen um das Haus ziehen, wieder auf. Was für ein Unterschied zum Beginn des Seminars! Nun sprechen die Herzen und die Herzen hören zu.

„Wir sind wie eine Schale
und müssen überfließen,
dass uns das Leben immer neu erfüllt"[25],

singen wir zum Abschied. In diesen Momenten bin ich die Schale, vor Rührung über die Prozesse der Einzelnen überfließend, auch über meinen eigenen Prozess. Die Herausforderungen sind Teil des Weges. Genau wie das Wasser des Baches die Hindernisse überwindet - ganz einfach im Fließen ohne Groll und ohne Urteile - so kann es gehen.

Die Geburt hat immer noch nicht statt gefunden und trotzdem bin ich zum Überfließen glücklich. Die strahlenden Gesichter der Menschen im Kreis, das Zusammenfließen einzelner zu einem Ganzen, ich selbst als Teil davon auch ohne Essen, der Gnadenstrom, von dem alles getragen ist – angesichts der Fülle alles Guten ist der Schmerz eine Nebensache. Der Kreis von Menschen löst sich wieder auf. Alle fahren in die eigene Richtung, alle fahren nach Hause.

Mich zieht es noch einmal zu meinen Kraftplatz am Bach. Dankbar sitze ich an seinem Ufer und höre seinen Geräuschen zu, verfolge seinen Lauf. Mit dem Regen ist die Kraft des Wassers gewachsen. Ich lasse ein Stück Holz schwimmen. Der Strom des Wassers trägt es, nimmt es mit sich. Es stürzt den kleinen Wasserfall hinab, treibt gelassen in einem der ruhigen Wasserbecken, bis die nächste Strömung es erfasst und weiter und immer weiter fort trägt. Ich sehe ihm nach mit dem stummen Einverständnis, dass Loslassen und sich dem Lauf anzuvertrauen letztendlich die einzige Wahl ist, die mir bleibt.

Noch weiß ich es nicht – morgen ist endlich die Geburt!

Es zerreißt mich fast – es ist wie Sterben, doch das Steckende bahnt sich Millimeter für Millimeter durch die Windungen meines Darms. Ich presse und presse, ich atme tief in den Bauch, ich bitte und bete und vor allem – ich lasse los. Schließlich - nach Ewigkeiten - verlässt ein phallischer Bolzen, hart wie Stein meinen Körper. Es ist geschafft.

Die Geburt vollzieht sich im Stillen und im Verborgenen, keiner im Außen merkt etwas davon. Im Inneren wandelt sich der alles umfassende Schmerz in eine alles umfassende Dankbarkeit. Ist der Alptraum damit für immer vorbei?

Kapitel 14

Liebe und ihr Gegenteil

Nach unserem Seminar sind wir kurz zu Hause, um dann abermals mit unserem fahrbaren „Minihotel" aufzubrechen. Vor uns liegen noch einige Urlaubstage, die wir wie schon vor der Wanderwoche mit einer spontanen Tour in die nahe Umgebung verbringen wollen.

Innerlich führt mich die Reise in die Bereiche des vom Lebensfluss Abgeschnittenen. Der Medizintag der Indianer ist nicht bloß eine Wanderung mit Fragestellung. Er ist ein heiliges Ritual. Als solches ausgeführt wirkt er nach. Als solches ausgeführt ist die Medizin der Natur ein Geschenk, das nicht auf sich warten lässt. Die innere Haltung, die tiefere Motivation ist ausschlaggebend für das Ergebnis. Die Handlungen im Außen unterscheiden sich oft nicht. Es kann eine ganz normale Wanderung sein oder eben ein Medizintag. Am Ergebnis kann man auf den tieferen Beweggrund schließen. Und so verhält es sich mit allen Dingen.

„Wir heiraten alle aus dem falschen Grund", ist eine provokante Aussage von Chuck Spezzano. Ich denke lange darüber nach und meine ursprüngliche Abwehr wandelt sich in ein bestätigendes Kopfnicken. Anno

dazumal! Ja seinerzeit - die rosa Brille! Doch schon damals ist sie nicht nur rosa. Ich bin 37 Jahre, als wir heiraten, Ernst ist 53 Jahre alt. Sprüche in der Zeit davor wie „Du musst zugreifen, sonst bleibst du noch übrig", erlebe ich als demütigend und erniedrigend. „Kein Wunder, dass keiner anbeißt, wer will schon eine Emanze" – niederschmetternde Urteile, weil ich es wage, nicht nach dem vorgesehenen weiblichen Programm zu leben. Ursprünglich bin ich noch willig den Erwartungen zu entsprechen und jung zu heiraten, doch der Fluss des Lebens sieht dies nicht vor für mich. Zu groß ist die Enttäuschung, zu tief ist die Wunde, die meine erste große Liebe hinterlässt. Meine Sehnsucht fließt oberflächlich schon zum „Richtigen", mit dem ich mein Leben teilen möchte. Doch ein paar Stockwerke tiefer hockt die Angst vor der Wiederholung des Schmerzes. Auch fehlen mir die Vorbilder eines Beziehungsglücks, das meinen Vorstellungen entspricht und der Mut, mich einzulassen auf eine Reise zu zweit. Und dann - spät aber doch - der Sprung hinein in die Fluten des Stromes einer Ehe. Ich springe zwar, doch das Ergebnis ist nicht das, was ich mir erhoffe und erträume. Unser erster Urlaub auf Lanzarote ist eine feurige Zeit, alles in mir, alles in uns blüht auf und wir schöpfen aus dem Vollen unserer jungen Liebe. Alles ist da, alles und noch viel mehr ist lebbar. Was für eine Zeit, was für eine Glückseligkeit, was für ein Leben!

Und kurz darauf der Tod von Ernsts erster Ehefrau mit seinem fahlen Geschmack. Selbstmord. Schuld und Sühne, Opfer und Täter, Leid und Schmerz - auf Knopfdruck ersteht alles auf und legt einen unsichtbaren Schleier aus Blei über uns. Die Leichtigkeit des Seins ist vorüber, unsagbar schwer lastet alles auf allem. Meine weibliche Urkraft geht unter, Ernsts männliche Urkraft geht unter. Unsere Sexualität trocknet aus und verwelkt wie die bunten Papageienblumen auf Lanzarote.

Der Beweggrund für eine HOCH-ZEIT ist augenscheinlich die Liebe, doch hinter diesem Bild kann sich viel verbergen. Jedenfalls bekomme ich doch noch einen Mann und erfülle damit das kollektive Programm. Ernst ist fünfundzwanzig Jahre verheiratet, als wir uns kennen lernen. Es zieht uns magisch aneinander, so eine Verliebtheit setzt Berge in Bewegung. Doch darunter sind auch noch andere Motive verborgen. Lange schon versucht er sich aus seiner ersten Ehe zu lösen. Mit einem Neubeginn lässt es sich leichter Abschied nehmen als ohne. In der Tiefe ist alles viel komplexer verwoben, als es an der Oberfläche erscheint.

Die innere Reise führt mich also zum Ungelebten in mir. Die aufgeworfenen Fragen rütteln am schönen Bild. Wie vieles sieht nach Ehe aus, doch einige Schichten tiefer ist nichts als ein Archiv vorgefertigter Programme. Diese Wahrheit tut weh. Diese Medizin schmeckt bitter. Und doch, es führt kein Weg daran vorbei. Wer zum Licht strebt, darf seine Schatten erlösen. Die Keller sind gefüllt davon in mir und in jedem Menschen. Ich kann und will mir nicht länger etwas vormachen.

Was kann ich schon verlieren, außer meine Masken und meine Programme?
Und was kann ich stattdessen zurück gewinnen?
Mein wahres Gesicht? Mein wahres Licht?

23.8.2015

Ernst hat Lust, den Erfolg unserer Wanderwoche zu feiern. Seine Frage „Wie feiern wir denn nun eigentlich?", wirft mich zunächst in die Falle des Mangeldenkens. Ja, wie feiern wir denn nun, wenn das Essen wegfällt? Alle bisherigen Feiererfahrungen sind zwingend mit gutem Essen und Alkohol verbunden. Ratlos sehen wir uns an. Die Frage bleibt an diesem Abend unbeantwortet. In der Nacht wache ich auf und in mir liegt wie ein funkelnder Schatz die Antwort. Den Schatz haben wir schon oft umkreist und betrachtet, aber bislang nicht für uns in Besitz genommen. Ich behalte die Antwort noch in mir, will nachspüren, wie es sich anfühlt, in dieser Weise zu feiern.

Und jetzt in der Hängematte liegend schlage ich Jasmuheen´s Buch über Lichtnahrung[26] auf. „Zufällig" handelt das nächste Kapitel von „Spiritualität und Sexualität". Die körperliche Vereinigung tantrisch zu zelebrieren – kann das die neue Form des Feierns sein? Sind wir jetzt bereit dazu? Genau davon handelt auch meine nächtliche Eingebung. Das ist der Schatz, den es zu bergen gilt. Einige Male versuchen wir es schon in der Vergangenheit, doch die alten sexuellen Programme samt ihren Verwundungen sind tiefe Abgründe zwischen uns. Um ihnen zu entkommen, beschließen wir unausgesprochen die Vermeidung von Sex. Wir sind in den letzten Jahren mehr eine freundschaftliche, spirituelle Weggemeinschaft als Mann und Frau.

Wie gebannt verschlinge ich das Kapitel in Jasmuheen´s Buch. Ich lese von Tantra- und Taotechniken, die den sexuellen Energiefluss mit dem Göttlichen in uns verbinden helfen. Das verschlossene Tor meiner Sehnsucht öffnet sich. Wie die zahlreichen Wasserfälle in den Bergen, die sich nach längerem Regen überall ihre Wege bahnen, sprudelt mein Verlangen nach Nähe und Intimität aus allen Ritzen meines Glaubenssatzes „Das ist nicht für uns bestimmt." Schon in unseren früheren Leben ist die Verschmelzung von Mann und Frau ein unlösbares Problem. Entweder ist sie verboten aufgrund unterschiedlicher gesellschaftlicher Schichten, denen wir entstammen oder Ernst ist Priester und somit ist Sexualität ein absolutes NO GO. Viele Leben lang und auch im jetzigen Leben ist es uns nicht vergönnt, diesen Schatz in Empfang zu nehmen und Liebe, Sexualität und Spiritualität im intimen Zusammensein zu vereinen.

Und jetzt diese Antwort in Jasmuheen´s Buch. Ich bin ganz aufgeregt, denn auch die beiden von ihr angegebenen Bücher „Tao Geheimnis der Liebe" und „Tao Yoga der heilenden Liebe" stehen bereits in unserem Bücherschrank. Irgendwann vor Jahren kaufe ich sie ein, hin und wieder staube ich sie ab, ihr Innenleben bleibt jedoch bis heute unergründet.

„Grenzen überwinden und sich in andere Ebenen ausdehnen, seinen Platz einnehmen" - die Karte des Medizintages weist schon darauf hin. In der Tat ist es höchste Zeit, meinen Platz als Frau einzunehmen. Es ist auch höchste Zeit für Ernst, seinen Platz als Mann einzunehmen. Was war, ist vorbei, Opfer- und Täterdramen vorbei, Schuld vorbei – alles nur ein böser Traum, aus dem wir erwachen können hier und jetzt und für alle Zeit. Der Medizintag hat es mich deutlich spüren lassen. Die Sackgasse des Schmerzes ist schnell überwunden, wenn ich es wage, in den strömenden Fluss einzusteigen und ans andere Ufer zu waten. Dort führen unsere Wege wie zu Beginn ganz selbstverständlich zueinander, zwingend und dringlich, eine Bestimmung von höherer Macht. All dies lässt mich erahnen, dass wir beide eine gemeinsame Lebensaufgabe zu meistern haben. Es ist im göttlichen Plan nicht vorgesehen, gemeinsam eigene Kinder in diese Welt zu bringen und sie ins Leben zu begleiten – was also ist dann unsere Aufgabe? Geht es darum, die Schuld zu überwinden, die zwischen Mann und Frau steht Jahrhunderte lang? Geht es darum, die katholischen Irrtümer und Lügen leibhaftig zu überwinden, um ein Beispiel zu geben, dass sich Liebe nicht auf den Geist begrenzen lässt? Liebe ist ein universelles Prinzip, Liebe ist alles und Liebe ist in allem. Warum soll der menschliche Körper, die Verschmelzung von Mann und Frau in der Sexualität davon ausgeschlossen sein?

Ich will eine passende Gelegenheit abwarten, um Ernst in meine Inspiration eines möglichen neuen Feierns einzuweihen.

25.8.2015

Wir landen auf der wunderschönen Postalm im Salzkammergut. Da sitze ich nun wieder einmal auf einem herrlichen Gipfel mit Weitblick. Der Wolfgangsee funkelt mir türkisgrün entgegen, dahinter liegt majestätisch der Schafberg. Der Anstieg hier her fällt mir leicht, sogar ohne Schuhe. Die Wut ist der Motor. Ich bin stinksauer auf Ernst und sein „bockiges"

Verhalten. Beim Aufstieg sehe ich einen kahlen Hang, nur Baumstümpfe stehen noch. Der Sturm Kyrill hat die Bäume einfach niedergemäht. Nun tobt er in mir, mit seiner ganzen Zerstörungskraft. Die alten Muster und Strategien holen uns immer wieder ein. Unerbittlich ist das Ego und kraftvoll wie der Kyrill. Scheitern wir daran? Ich sehe mich wieder im Wald weinend am Boden liegend nach dem letzten Lichtnahrungsseminar. Die bange Frage: „Wird unsere Ehe halten?", schwebt seither wie ein Damoklesschwert über mir. Im Moment möchte ich nur auf und davon laufen, nur weg aus diesem Schmerzkörper[27], in den ich jedes Mal falle durch die Enttäuschung an Ernst. Ent-Täuschung! Ende der Täuschung! Habe ich mich von Anfang an getäuscht in ihm? Oder ist es vielmehr so, dass ich mich selbst täusche, weil ich nicht sehen will, was ich sehe? Bin ich auch von mir selbst enttäuscht? Ja, kann man wohl sagen!

Ich weiß nicht, was aus uns wird. Ich will in Frieden, in Liebe und in Achtsamkeit leben. An Ernsts Seite schaffe ich das nicht. Kaum zeigt sich ein Funke Liebe, fallen alte Programme wie ein Bataillon Soldaten ein ins ungesicherte Land. Schnell stellen wir wieder Stacheldrähte auf oder verschwinden in den Schutzgräben und versinken im Morast dunkelster Gefühle.

Ernst quält sich gerade den Steilhang herauf. Er könnte auch den einfacheren Weg nehmen. Nein, kann er offensichtlich nicht. Er macht es sich selbst schwerer, freiwillig – hier am Berg und im Leben auch. Genießen will gelernt sein. Ernst kann es nicht oder nur ganz selten. Hat er je sein Herz aufgemacht? Kurz vielleicht, mit ganz viel Sicherheitsvorschüssen und dann schnell wieder untertauchen, verschwinden in den zahlreichen Gräben des Labyrinths. Das letzte Stück zum Gipfel herauf geht er nicht, sondern macht sich nun am markierten Steig auf den Rückweg. In den Genuss der schönen Aussicht auf den Wolfgangsee kommt er nicht. Kurz vor dem Ziel biegt er ab und verschwindet hinter den Bäumen. Was für ein Zeichen! Und ich? Ich sitze am Gipfel mit dem schönsten Fernblick und bin traurig. Jetzt geht es wohl darum, ihn auch alleine zu genießen, mich nicht länger selbst zu knebeln mit negativen Gedanken und Gefühlen. Doch wie gerne würde ich das Schöne gemeinsam auskosten!

Ein Zitronenfalter gaukelt vorüber, von den Almen unterhalb sind zahlreiche Kuhglocken zu hören. Die Gruppe Jugendlicher in meiner Nähe beginnt den Abstieg und ich bin ganz alleine hier oben. Ich schließe die Augen und atme Liebe und Dankbarkeit ein, einmal, zweimal und schon bin ich die pulsierenden Weite, grenzenlose Ausdehnung, stilles Nichts, ALLEINES. Kurze Zeit nur, denn die Gedanken jagen weiter. Ist die ganze Wanderung heute ein Abbild meines zukünftigen Weges? Alleine auf der einen Seite und auf der anderen Seite ALLEINES?

Ein Falter lässt sich direkt auf meiner schreibenden Hand nieder und bringt mich zurück in die Gegenwart. Wie fein er ist und wie schön gemustert! Ein wenig will ich hier noch genießen, dann mache ich mich an den Abstieg. Meine Idee, wie wir in Zukunft gemeinsam feiern können, bleibt ungesagt. Mein Plan ist, es Ernst am Gipfel zu sagen, doch der Fluss fließt in eine andere Richtung.

26.8.2015

Die Nacht im Campingbus ist kalt und ich friere in meinem Schlafsack trotz Schiunterwäsche und dicker Wollsocken. Eine schlaflose Nacht ist lang – viel Zeit zum Nachdecken. Die Zeugin schläft ebenfalls nicht und meldet mir beständig meine eigenen Fehler zurück. Wenn jeder Gedanke Energie und Schwingung ist, wenn alles Gedachte und Gefühlte im Informations- und Energiefeld um mich gespeichert ist, so ist auch Ernst mitgehangen und mitgefangen. Wenn das Damoklesschwert meines Zweifels an unserem Zusammensein über unseren Köpfen schwebt, bereit, wenn es reicht, den entscheidenden Schlag zu setzen – wie kann jemand anders reagieren, als im Sinne des Selbstschutzes abzubiegen um dem Feld der Urteile und

Schuldzuweisungen zu entfliehen? Und umgekehrt? Ernst treibt mich mit der Selbstverständlichkeit, in der er das alte traditionelle Rollenbild von Mann und Frau einfordert, zum Abbiegen in Groll und Urteile.

In meinem Studienjahren fließe ich als eher links angehauchte Psychologiestudentin mit roten Haaren und oftmals schwarzer Kleidung im kraftvollen Strom der Emanzipationsbewegung mit. Zu Recht, denn mein erster Beruf ist „Großhandelskaufmann" – so steht es in der Urkunde. Und am Gehaltszettel steht weniger als beim gleichaltrigen Einzelhandelskaufmann, der auch tatsächlich ein Mann ist. Üblicherweise ist ein Bürojob besser bezahlt als ein Verkäuferjob. Nicht so, wenn der kleine Unterschied im Geschlecht waltet. Heute mit 56 Jahren denke ich lächelnd an diese Zeit zurück, wo wir Frauen den Männern den Kampf ansagen. Er ist wichtig, bis heute, um uns wachzurütteln. Aber Kampf ist Krieg und wird mit Krieg beantwortet. Sich in den Schützengräben voreinander verstecken ist Teil des Krieges. Auch das Emanzipationsprogramm ist auf meiner Festplatte eingraviert und läuft auf Knopfdruck ab. Wenn die Zeugin schläft, setzt es sich durch mit der ganzen Rebellion von seinerzeit.

Eine Nacht ist lang mit einer hellwachen Zeugin. Sie merkt auch, dass in der gestrigen negativen Stimmung und Schwingung die Resonanz im Außen ebenfalls eine solche ist. So ist der Hüttenwirt, bei dem wir gleich nach unserer Ankunft einkehren, muffig wie wir. Der Schlafplatz, den wir finden, ist auch nicht gerade von Schönheit gezeichnet und trotz einer Handvoll Nudeln mit Zucchini auf die ich mich als Trost am Abend heißhungrig stürzte, wird das Herz im Nebeneinander nicht leichter. Ein kurzes Vergnügen – allzu schnell vorbei. Die Emotionen bestimmen das Essverhalten, nicht der leibliche Hunger. Die Seele hungert in Wahrheit und der Körper versucht dies auszugleichen, was niemals gelingt.

Immerhin kommt in der Früh ein Jäger, der uns äußerst freundlich und sympathisch darauf hinweist, dass Campieren im ganzen Gebiet verboten ist. Wenn der Förster uns entdeckt, werden wir bestraft.

Eine Warnung von höchster Stelle?

Ja, es ist in der Tat höchste Zeit, wieder der Liebe zu folgen und nicht länger dem Ego.

Beim versöhnlichen Gespräch stellt sich heraus, dass Ernst gestern doch den Gipfel erreicht. Wir sind beide zur selben Zeit am selben Ort, nehmen einander jedoch nicht wahr, gehen aneinander vorbei. Die Gruppe der Jugendlichen ist zwischen uns. Ich habe mich also geirrt. Er ist nicht kurz vor dem Ziel abgebogen, nur in meinen Gedanken.

„Wer es sagt, ist es selber."
Das gilt wohl auch für Gedachtes.

Kapitel 15

Programme auf der Festplatte

Vom Salzburger Salzkammergut führt unser Weg zum Steirischen Salzkammergut. Wieder reihen sich die schönsten Seen aneinander, umrundet von gigantischen Bergen. Ein Gipfelerlebnis folgt dem anderen. Energie und Kraft sind da in Hülle und Fülle, und das ohne Essen. Immer wieder taucht die Frage auf: Woher kommt das? Nur ein Bruchteil davon kommt aus der Nahrung, das erfahre ich am eigenen Leib. Das Programm, dass allein die Nahrung uns sättigt, ist nicht mehr haltbar. Nur leben viele von diesem ganzen Nahrungsmittel-Wahnsinn, machen großes Geld damit. Sind unsere Lebensmittel aber tatsächlich noch Mittel zum Leben? Oder verhält es sich genau gegenteilig. Vergiften wir uns langsam, aber stetig mit diesen Mitteln samt ihren chemischen Zusatzstoffen, die in verschlüsselten Worthülsen auf der Packung stehen und die kaum jemand versteht? Kann noch Leben sein in den turbogemästeten oder geklonten Tieren, die in Tierfabriken zusammengepfercht auf einen Massentod warten? Kann noch Leben sein in Obst und Gemüse, das aussieht wie glänzendes Plastik und ewig hält? Seit ich diese „Lebens-Mittel" meide - vor allem das tierische Eiweiß - geht es mir und meinem Körper sehr viel besser als davor. Vor allem meine Lebensenergie, meine Vitalität macht einen Quantensprung. Ist es am Ende vielleicht umgekehrt? Nimmt uns das Essen Vitalität und Gesundheit? Nimmt uns das Essen die Energie, die von sich aus in uns fließt, weil sie in allem fließt, was ist? Viele Krankheiten verbessern sich durch Fasten. Lässt uns das nicht nachdenken?

Ich bin keine Ernährungsexpertin, ich kann nur aus meiner eigenen Erfahrung berichten. Ich spüre förmlich, wie die Sonne mir Energie schenkt oder die Erde, wenn ich barfüßig auf ihr gehe. Ich spüre, wie die Atmosphäre des Waldes mich nährt oder ein Bad in einem See. Ich spüre auch immer deutlicher, was mir Energie nimmt. Negative Emotionen rauben mir unendlich viel meiner Kraft. Menschen können meine Energie absaugen wie ein Staubsauger. Alles, was ich tue, das nicht mehr stimmig ist, das ich nicht aus dem Herzen und mit Freude tue, verringert meine Vitalität und mein Wohlbefinden. Alles, was nicht Liebe ist, alles was nicht im Fluss des Lebens fließt, ist wie das Gift in der Nahrung - es macht auf Dauer schwach und krank.

Die Zeit in der Natur, die Zeit fast ohne stoffliche Nahrung ist eine heilsame Zeit für mich. Der Körper lebt auf, wenngleich er an Gewicht verliert und seine Zeit braucht, sich umzustellen. Der Geist wird klarer, die Gift-Nebel lichten sich. Die klare Sicht bedingt eine feinere Wahrnehmung des Hellen wie des Dunklen. Letzteres ist nicht unbedingt ein Honiglecken!

Seit ich dem Verein gegen Tierfabriken begegnet bin und Bescheid weiß, die schlimmen Bilder wohl nie wieder aus meinem Herzen bringe, stelle ich mir die Frage „Was sind das für Menschen, die so viel Qual und Elend herbei führen?" Einige wenige haben zweifelsohne mehr Macht als andere. Die Tiere sind ihnen machtlos ausgeliefert, sie haben keine Wahl. Und wie ist das bei uns Menschen? Sind wir nicht auch so vielem ausgeliefert? Leben viele von uns nicht ähnlich wie die Tiere in den Tierfabriken? In den Ghettos der sogenannten dritten Welt ist es nicht viel anders. Ich habe SOWETO[28] in Johannesburg gesehen, auch die Favelas[29] in Brasilien, nicht zu vergessen, Indien, wo alte Menschen auf einem Stück Karton auf der

Straße liegen und sterben. In unserer westlichen Welt ist das Elend großteils in Luxus verpackt. Doch werden nicht auch die meisten von uns in Ketten gelegt, mit Strichcodes versehen von Geburt an? Unsere Ketten sind unsichtbar, doch das Elend lässt sich nicht mehr verbergen. Sind wir nicht alle durch und durch kontrollierte und programmierte Menschen? Wie frei ist der „freie Wille"? Gibt es ihn überhaupt? Wir werden ständig manipuliert durch die Werbung, durch die Medien, durch die sogenannten Gesetze und verkündeten Wahrheiten. Das Meiste davon ist uns nicht bewusst. Unsere Ketten sind eben unsichtbar. Was für ein dunkles Bild, was für ein weltweiter Schatten tut sich da auf, wenn der Geist klarer wird. Wo entwickeln wir uns als Menschen hin? Was bringt uns der ganze Fortschritt außer unseren menschlichen Untergang? Wir stehen am Rande einer Eskalation und das auf allen Ebenen!

Und wir, jeder Einzelne von uns?

Wir sind derart an das Leistungsprogramm gebunden, an das Funktionieren, an das Tun, an das Haben und Werden wollen, an das große Rennen – wie sollen wir die Ketten erkennen, die sich immer enger um uns schlingen, wenn keine Zeit ist, inne zu halten, nachzuspüren und nachzudenken?

So viele dunkle Programme, die uns leiten - all das Unfreie und Ungelebte, das dadurch entsteht! Andererseits, was bleibt übrig, wenn die Programme durchschaut und gelöscht sind? Sind sie überhaupt zu löschen? Und eine leere Festplatte - wozu kann sie gut sein? Was aber geschieht, wenn all die Programme weiter arbeiten wie bisher?

Die gegenwärtige Dunkelheit ist auch nur eine Seite des Ganzen. Daneben machen sich gerade dadurch viele Menschen auf den Lichtweg. Wir wissen heutzutage voneinander, wir können miteinander kommunizieren, uns verbinden und uns gemeinsam ausrichten im weltweiten Netz. Wir können ein helles Gegenüber schaffen, eine Gegenkraft bilden und die Liebe einfließen lassen in der Hoffnung auf einen Ausgleich der Kräfte.

28.8.2015

Das erlebte Potenzial unser beider zerstörerischen Kräfte wirkt nach, ist uns auf den Fersen, wie ein Polizist, der dem Übeltäter nachstellt. Erneut ein strahlender Sonnentag. Auch unsere Gesichter strahlen wieder, das Ego hat der Liebe Platz gemacht. Und doch ist irgendetwas im Inneren anders. Es ist so wie als Kind, wenn die Drohung erfolgt „Warte nur, das sage ich Papa, wenn er heimkommt!" Wie kann da das schönste Spiel noch begeistern? Ein Abwarten setzt ein und ein Bangen bis zum Abend, wo es endlich soweit ist. „Strafe muss sein", ein Uraltprogramm in alten Erziehungspraktiken und eine Rechtfertigung für gar alles. Erwarte ich eine Strafe? Gott, der Strafende, der alles sieht und alles weiß, jede kleinste Übertretung registriert? Was habe ich als Kind Angst vor diesem Gott, vor allem vor seinem Fegefeuer, wo schlimme Kinder bei lebendigem, Leib verbrannt werden. Die Wahl ist einfach: Brav sein, sich ducken, nicht aufmucken, gute Noten bringen, täglich zehn Vaterunser beten, als Ausgleich für die kleinen Missetaten. Schuld und Sühne ist ein hervorragendes Programm, um Menschen klein und abhängig zu halten. Man stutzt dem König der Lüfte die Flügel und behandelt ihn wie ein Huhn. Natürlich glaubt er früher oder später selbst daran, ein Huhn zu sein. Er vergisst die Macht seines Flügelschlages und den freien Wind in den Lüften. Nicht ganz, eine scheinbar unbegründete Sehnsucht bleibt im Herzen bestehen. Eine Sehnsucht, die nach irgendetwas suchen lässt.

So fühlt es sich an nach dem Höhepunkt des Tiefpunktes. So, als würde die Strafe noch ausstehen, so als ob wir beide nicht ungeschoren davon kommen angesichts unser Kämpfe und unserer Lieblosigkeit. Dabei weiß ich längst, dass Gott ein Liebender ist. Trotzdem schleicht die Angst vor der Strafe sich ein wie ein Dieb und stiehlt mir ein Stück meiner unschuldigen Lebensfreude.

Der Loser ruft uns und wir besteigen ihn. Nach dieser doch sehr anspruchsvollen Hochgebirgstour von zirka vier Stunden kehren wir in der

Loser Almhütte ein. „Das Kind ist brav gegangen, es hat sich eine Belohnung verdient." Jetzt erst beim Schreiben fällt mir unter Lächeln ein, dass meine Großeltern mich mit zunehmenden Jahren meinerseits für gemeinsame Spaziergänge mit Würstel und Limo ködern. Würstel mit Senf und Limo als Aussicht, das motiviert mich seinerzeit, ewig die gleiche Runde durch den Wasserwald mit ihnen spazieren zu gehen.

Strafe oder Belohnung - in jedem Fall werden so Programme geschrieben und gespeichert.

29.8.2015

Nach einem Bad im Altauseer See führt uns unsere Reise zuerst zum Grundl- und dann zum Toplitzsee. Seit ich wieder ein wenig esse, verspüre ich auch wieder ein wenig Hunger. Ich kann nicht sagen, ob tatsächlich der Körper die Hungersignale sendet oder der Verstand, der weiß, dass es am Toplitzsee ein hervorragendes Fischrestaurant gibt. Jedes Mal, wenn wir in der Vergangenheit in dieser Gegend sind, ist der magisch mystische Toplitzsee samt dem leckeren Fischrestaurant DER Höhepunkt des Aufenthaltes. Ursprünglich wollen wir heute nur etwas trinken, doch auf den Tischen rund um uns werden bereits die gebratenen Fische serviert samt betörenden Düften. Das Vergangene nistet sich in der Gegenwart ein, will wiederholt werden. „Zu einem richtigen Urlaubsfeeling im Ausseer Land gehört einfach ein Abendessen in der Fischerhütte"– ein fix installiertes Programm auf der Festplatte. Fisch kommt für mich schon lange nicht mehr in Frage. Ich halte es nicht aus, wenn mich zwei tote Augen vom Teller anstarren. So erfreue ich mich hier und jetzt an einem gedämpften Gemüse und Pommes, während mich zwei tote Augen von Ernsts Teller anstarren. Ich genieße Bissen für Bissen samt dem typischen Urlaubsflair am Toplitzsee. Die Menge ist im Vergleich zur bisherigen Hand voll Nudeln doppelt oder sogar dreifach so viel – ich spüre kein

Sättigungsgefühl und am Ende läuft wie so oft das „Alles-ist-mir-viel-zu-viel-Programm" ab, in seiner x-ten Auflage.

31.8.2015

Unser Urlaub neigt sich dem Ende zu und eine oft vor dem Ende besondere Leuchtkraft tritt zutage. Ausgefüllt von innerer Einkehr und äußerer Schönheit fließen wir vom ersten Moment des Erwachens bis zum letzten Moment vor dem Schlaf in einem breiten Fluss der Fülle, trotz Rückkehr in die kulinarische Kargheit.

Heute besteigen wir den Schneiderkogel, der uns an seiner Spitze einen guten Rundblick über das Tauplitzgebiet schenkt. Unser Gespräch am Gipfel macht mich nachdenklich. Ernst plant weitere Aktivitäten für die Zukunft, mir aber ist nach einer längeren Pause im Außen zumute, um mich innerlich neu auszurichten. Ich spüre seinen Widerstand, wenn ich meine Sehnsucht äußere, uns mehr Zeit für uns beide, für Nähe und Intimität zu gönnen. Ernst glaubt, nicht mehr so viel Zeit zu haben mit seinen 73 Jahren. Ich bin um sechzehn Jahre jünger, da kann ich noch leicht eine Auszeit machen, meint er, ihm aber läuft die Zeit davon. Ich staune, wie klar und selbstverständlich ich sage: „Jeder muss seinen Weg gehen. Du deinen und ich meinen. Wir werden sehen, wie viel Gemeinsamkeit noch bleibt." Ich sage es mit Bestimmtheit und Leichtigkeit. Die Tragweite kommt erst nach und nach bei jedem Schritt in mein Bewusstsein. Ich kann mir ein Leben ohne Ernst nach zwanzig gemeinsamen Jahren nicht vorstellen. Wir sind wie die Fäden eines Teppichs miteinander verwoben. Und doch spüre ich in mir eine neue Dringlichkeit, mich nicht mehr von meinem Weg, von meiner Bestimmung abbringen zu lassen. Wie meine Mutter und meine Großmütter und wie wahrscheinlich die Mehrheit der Frauen habe ich mich dem Mann und seinem Weg sehr untergeordnet. Jetzt geht es um die entscheidenden Fragen:

Wer bin ich als Frau?
Was ist MEINE Lebensaufgabe?
Wofür brennt MEIN Herz?

1.9.2015

Unsere letzte Nacht verbringen wir auf dem Stoderzinken in 1700m Höhe. Bereits in der Dunkelheit nehmen wir am gestrigen Abend die Panoramastraße hinauf und erwachen voller Neugierde, was uns der Morgen zeigen wird. Eine Kuhherde findet Interesse an uns. Neugierig umrunden die Tiere unseren Bus und beschnüffeln alles. Wie unschuldig und zutraulich diese Jungtiere sind, die bedingungslos der Leitkuh folgen. Ihr Fell glänzt in der Morgensonne, die Bäume spiegeln sich in ihren großen, braunen Augen. Nach dem ersten Schreck über die Menge unserer Besucher kommt in mir Liebe und Freude auf.

Alle haben sie ein Etikett ans Ohr geheftet mit einer Nummer und einem Strichcode. Ist es derselbe Strichkode, der danach die Fleischverpackung markiert? Die Kuh, die ich gerade streichle, heißt „4147822", ihre Schwester „4148822." Als Studentin heiße ich „Matrikelnummer 8410507". So ist es, wenn aus einem Geschöpf Gottes eine Nummer wird. Eine Nummer auf vier Beinen im Stall oder eine Nummer auf zwei Beinen im Betrieb - Nummer ist Nummer. Ein Leib mit einer Zahl versehen, austauschbar, unbarmherzig ausgebeutet bis zum Tod. Und weil die Ausbeutung ganz normal ist und vieles auf dieser Welt nach diesem Programm läuft, verhält es sich so wie beim Huhn. Wir glauben an die Richtigkeit dieses Wahnsinns und gehen auch noch mit gutem Beispiel voran, bis wir ausgebrannt zusammen brechen. Eine andere Nummer wartet schon auf unseren Platz. Und die Tiere? Sie werden turbogemästet, denn Zeit ist Geld und Gewicht ebenso. Ein kurzes Strichcodeleben von der Geburt bis in den Supermarkt. Und wieder tauchen bange Fragen auf:

Was für Programme steuern die Welt? Und vor allem:
Wer macht diese Programme nach dem Motto
„Darf es ein bisschen mehr sein an Stress und Leid?"

Auf der Wanderung zum nahe gelegenen Friedenskirchlein fällt mir ein religiöses Flugblatt in die Hände:

Was wird es einem Menschen helfen, wenn er die ganze Welt gewinnt
und seine Seele dabei verliert?

Markus 8,36

Haben all die Drahtzieher des weltweiten Unglücks bereits ihre Seele verloren?
Und ich? Wie sieht es mit meiner Seele aus?

Mit einem Male weiß ich, dass meine Zeit als Psychotherapeutin in der herkömmlichen Form abgelaufen ist. Was nützen mir mein gutes Einkommen und mein Status, wenn ich aus tiefster Seele nicht mehr überzeugt davon bin, was ich tue. Streichle ich am Ende nur das Ego der Menschen? Oder unterstütze ich den weltweiten Wahnsinn, wenn die Menschen gesunden und wieder zurückkehren in entmenschlichte Systeme? Welche Programme leiten die Psychotherapie? Ist das, was ich vor dreißig Jahren lerne und an was ich bislang glaube noch stimmig in der heutigen Zeit, in der heutigen Welt? Oder aber geht mein Weg weiter über die Psychologie und Psychotherapie hinaus? In mir brennen spirituelle Fragen und wollen eine Antwort.

„Psychologin und Psychotherapeutin" - der Beruf ist eine Identität oder zumindest ein wesentlicher Teil davon. Ich stamme aus der Arbeiterschicht und es ist nicht selbstverständlich für solche Kinder zu studieren. Mein eingeschlagener zweiter Bildungsweg erfüllt mich über Jahre mit Stolz und

Dankbarkeit. Das alles loslassen? Was bleibt von mir, wenn alles weniger wird, wenn alles abfällt wie mein Gewicht?

Das beginnende Gewitter treibt uns auf direktem Weg nach Hause. Gerade noch vor dem großen Regen kommen wir an. In der Badewanne blicken wir zurück auf die vergangenen Wochen in der Natur. Alles scheint perfekt geführt vom Wetter bis zu den wunderbaren Plätzen. Die Fülle der Schöpfung hat sich uns offenbart – ein Augen-, Ohren-, und Duftschmaus. Die Sinne sind geöffnet, das Herz schlägt schneller vor Freude. Der Körper fühlt sich fit und vital an. Das Essen ist in den Hintergrund getreten mit einigen Ausnahmen in den letzten Tagen. Und doch, etwas fehlt – das überfließende Herz zueinander. Wir sind ein gutes Team, wir haben gemeinsame Interessen. Wir sind uns aber im Herzen nicht mehr nahe. Eine gläserne Wand trennt uns immer noch. Der Fluss ist gestaut. Trotz all der Schönheit im Außen, trotz der Liebe für die Schöpfung, bleibt eine gewisse Distanz zwischen uns. Niemand vermutet das, so gut sind wir eingespielt im Miteinander. Ein zärtlicher Blick, eine liebevolle Geste, ein Kuss, Intimität in all ihren Formen – nicht bei uns. Nicht nach zwanzig Jahren!

Warum eigentlich nicht?
Wir lieben uns doch!
Wie bitte lässt sich dieses sinnlose Programm löschen?

Ich habe Hunger nach Zärtlichkeit, möchte all das Ungelebte wieder erfahren und wieder erleben, schaffe es aber nicht, durch die Glaswand zu steigen. Die Frau in mir fühlt sich abgelehnt, nicht angenommen. Ernst wird es mit Sicherheit als Mann ebenso ergehen. Was trennt uns immer noch nach all den Jahren? Warum können wir den göttlichen Funken im anderen nicht ebenso leicht erkennen wie in allen Facetten der Natur? Ja natürlich, in zwanzig Jahren passieren viele Verletzungen. Das Herz macht dicht, um sich zu schützen. Aber hat dieser Rückzug, dieses Dichtmachen wirklich je vor Verletzungen geschützt? Alles nur Illusion, alles nur ein Spiel des Egos.

Die Liebe zwischen Ernst als Mann und mir als Frau ist noch nicht im Fließen. Wir sitzen beide in der Angstfalle - auch so ein Uraltprogramm. Angst vor Nähe, Angst vor dem Verschmelzen, Angst vor der Aufgabe des ICHs am Höhepunkt der Einheit.

Der Tropfen gibt seine Identität als Tropfen auf, wenn er in das Meer fällt. Er hat keine Angst. Er klammert sich nicht krampfhaft an seine kleine Form als Tropfen. Er ist bereit, diese Form sterben zu lassen – bedingungslos, um mit dem großen Meer EINS zu sein.

Unser Verstand dreht durch bei der Vorstellung, unser Ego schlägt Saltos.

Kapitel 16

Wieder im Alltag oder Die Gier im Nacken

Die Ferien sind zu Ende, der Alltag hat uns wieder. Vieles ist zu erledigen, aufzuarbeiten, vorzubereiten. Im Tun verliert sich das Wesentliche rasch. Das ICH BIN geht unter vor lauter TO DO und somit verliere ich mich in meiner Essenz. Morgens nehme ich mir vor, es am heutigen Tag besser zu machen, mir mehr Zeit zu gönnen zum Innehalten. Habe ich nicht als erste Absicht in meinen Absichtserklärungen die Priorität meinem spirituellen Weg eingeräumt? Das SEIN, das ICH BIN steht an erster Stelle, das TUN darf sich daraus ergeben. In all den kleinen Handgriffen des Aufräumens oder in der Aufarbeitung jeder einzelnen Mail liegt die Möglichkeit, dies aus der Präsenz heraus zu tun. Wie anders kann der Alltag dann sein, gelingt dies! Ich bin jedoch weit davon entfernt, besonders jetzt, wo viel Unerledigtes auf mich einströmt. Die Zeit steht nicht still während unserer Abwesenheit. Die unerledigten Aufgaben fordern sich ein.

Die innere Reise ist noch lange nicht zu Ende. Im Urlaub, in der Natur, an herrlichen Sonnentagen und in herrlichen Gegenden ist es verhältnismäßig leicht, die Energie anzuheben und ohne oder mit ganz wenig Essen auszukommen. Jetzt stehe ich vor der Herausforderung auch bei

Regenwetter, inmitten zu bügelnder Wäscheberge und inmitten der Fluten ungelesener Mails, meine Energie zu halten und mich zu öffnen, für das, was mich nährt. Hinzu kommt noch mein wankender Mut, meinen KlientInnen ab Montag mitzuteilen, dass ich nur mehr vierzehntägig in der Praxis arbeiten und in der Woche dazwischen an meinem nächsten Buch schreiben werde. Eine revolutionäre Entscheidung, ein erster Schritt in die zu gehende Richtung! Step by step will ich im kommenden Jahr die klassische Psychotherapie auf Krankenkasse auslaufen lassen, um mich nach einer Auszeit neu auszurichten. Das System Krankenkasse ist für mich, wie die meisten öffentlichen Systeme, nicht mehr stimmig. Ideen für neue Aufgaben sind genügend in meinem Kopf und vor allem in meinem Herzen. Über allem steht neuerdings auch die Frage „Was ist der göttliche Plan für mein Leben, was ist wahrhaftig für mich und mein Wesen – was also ist meine Seelenaufgabe hier und jetzt in meinem Leben?" So klar diese Schritte auf der einen Seite sind, so mulmig ist der anderen Seite in mir zumute. Sicherheiten loslassen, nicht wissen, wie und in welche Richtung es weiter geht – das braucht Mut und eine große Portion Vertrauen. Eine große Portion Vertrauen braucht auch der Lichtnahrungsprozess insgesamt. Das Pendel schlägt im Moment von der einen Seite auf die andere und das ohne Vorwarnung. Die Askese ist Vergangenheit, zurück gelassen in den Bergen und Seen des schönen Salzkammergutes. Den Alltag regiert mit einem Male ein anderes Programm. Suchtähnlich kreisen die Gedanken um das Essen. Bisher eingehaltene NO GOs fallen wie die Blätter im Wind. Verlangen und Gier sind meine Begleiter durch die ersten Arbeitstage. Es fällt mir schwer, mich dafür nicht zu verurteilen!

Am offensichtlichsten sind die Belohnungsstrategien. Essen als Belohnung für geleistete Dienste - Heißhungeranfälle als Belohnung für unwillig geleistete Dienste. Wenn ich nur mehr das tue, was mich wirklich erfüllt, ist dann diese Belohnung in Form von Essen noch not-wendig? Wenn ich nur mehr das tue, was mich wirklich erfüllt, fließen dann nicht TUN und Belohnung ineinander als ein und dasselbe?

4.9.2015

Wie schon am ersten Arbeitstag bestehe ich auch am zweiten Arbeitstag die Prüfung nicht. Ich falle durch! Zunächst beginne ich den Tag noch mit spirituellen Übungen und mit Yoga. Dann fahre ich in die Praxis um Bürokram zu erledigen. Nach zwei Stunden will ich eine Pause machen, um zu meditieren, meine Alleinheitsatmung zu praktizieren und meine Absichten zu formulieren - soweit mein Vorsatz. Nach sechs Stunden Arbeit am Computer ohne Pause fahre ich mit einem Heißhungeranfall nach Hause und verschlinge gierig meinen Kartoffelbrei. Die Arbeit am Computer nährt mich nicht wie das Wandern in der Natur. Im Gegenteil – die Arbeit am Computer zieht Energien ab. Ernst ist auch den ganzen Tag über hungrig, nascht wieder Süßes, was seinen Grant jedoch nicht lindert. Auch er sitzt stundenlang vor dem Computer. Die Kopfarbeit nährt den Körper nicht, soviel ist mir nach diesem Tag klar. Im Gegenteil – der physische Körper, der emotionale Körper und der spirituelle Körper hungern aus und verlangen dann nach externer Nahrung. Liebe, Freude, Staunen, Entzücken, Einkehr, offene Sinne – alles, was das Leben in der Natur mit sich bringt, geschieht nicht am Schreibtisch, zumindest nicht bei der Abarbeitung der TO DO - Listen. Nach sechs Stunden ohne Pause dann der große Aufruhr, die Wiedergutmachung – möglichst schnell, möglichst viel sich einverleiben.

Schnell zurück zur Natur. Dunkle Wolken hängen über dem Dorf, ich ziehe trotzdem los, Schritt für Schritt, nur weg aus dem TO DO. Die Waldrunde nennt sich „Höllgraben" – wie passend! Der vollgestopfte Kopf entleert sich mit jedem Schritt. Langsam kommt Ruhe in die aufgescheuchten Gedanken und es wird stiller. Langsam nehme ich wieder wahr – den aufsteigenden Nebel, zwei Rehe am Waldrand, die einbrechende Dämmerung. Es fängt zu regnen an, zuerst leicht, dann immer stärker. Ich ziehe die Kapuze meiner Regenjacke über den Kopf und stapfe quer über die Wiesen nach Hause. Es schüttet in Strömen, in meinen „wasserdichten" Schuhen sammelt sich das Wasser und gibt beim Auftreten glucksende

Geräusche von sich. Meine Jean ist völlig nass und klebt an meiner Haut. Wann bin ich zuletzt durch den Regen gelaufen? Ich finde Gefallen, ja es belustigt mich sogar. Endlich, am Ende des Tages spüre ich mich wieder. Die Natur nährt auch ohne Sonne. Es ist nicht nur das Licht, es ist viel mehr als das Licht. Auch der Regen nährt. Der Zauber und die Magie des Augenblicks sind wieder da. Ich steige ein und sie nehmen mich auf, als wäre ich nie fort gewesen.

5.9.2015

Mein Denken kreist um das Essen in einem Ausmaß, wie ich das seit meiner Jugend nicht mehr kenne. Damals bin ich ziemlich mollig, was mit achtzehn Jahren eine einzige Katastrophe ist. Ich mache verschiedenste Diäten, trinke Abführtee, schaffe es eine Zeitlang, diszipliniert zu sein und stürze danach in den Abgrund der Gier und des Verlangens. Auf diese Weise werde ich immer molliger. Bin ich dabei in den alten Suchtmodus zu kippen? Es fühlt sich ähnlich an. Seinerzeit verdanke ich meinem Liebeskummer den Verlust meiner überflüssigen Kilos. Ich bringe keinen Bissen mehr hinunter vor lauter Ach und Weh. Seither bin ich schlank, esse, was ich will und bleibe auch schlank. Mit den Jahren kommen die verschiedenen Lebensmittel-Unverträglichkeiten und das Essen wird insofern zentral, weil ich vieles nicht mehr richtig verdauen kann. Aber Heißhungeranfälle, Gedankenkreisen um das Essen, süchtiges Vorrat-anlegen sind ein für alle Male vorbei, so denke ich zumindest. Irrtum! Jetzt ist alles wieder da und verwirrt mich ziemlich.

In der Praxis stelle ich einen vor dem Urlaub vergessenen Kassenantrag und belohne mich mit Tee und einem Salzstangerl. Ich brauche die Belohnung dringend, wenn ich Anträge ausfülle, Diagnosen stelle, Kreuze an die vorgesehenen Stellen mache, den Therapieverlauf beschreibe und bewerte, neue Ziele formuliere – alles Dinge, die ich im Grunde gar nicht mehr machen will. Ich lebe nicht in meiner Wahrheit, ich beschummle mich selbst und ganz nebenbei schummle ich ein Salzstangerl auf meinen Teller.

Zu Hause dann die Hausarbeit. Der Heißhunger ist an meiner Seite. Wie ein hungriger Wolf macht er sich in meinen Gedanken breit, heult erbärmlich und will gestillt sein. Die Mengen steigern sich. Mit ein paar Happen ist es nicht genug. Abends beim Bügeln – der Wäschekorb ist immer noch nicht vollständig abgearbeitet – schleiche ich um die Brotdose wie die Katze um das Mausloch und schlage mehrmals zu. Wie gut ich diese Suchtmuster kenne! Jahrzehntelang rauche ich und folge diesem Programm. Auch mit dem Glas Wein am Abend als Belohnung für einen anstrengenden, arbeitsreichen Tag ist es ähnlich. Beides lasse ich seit Jahren erfolgreich hinter mir - glaube ich zumindest bis lang. „Wir wachsen an unseren Schwierigkeiten", heißt es. So gesehen habe ich gerade einen Wachstumsschub!

Für den nächsten Tag lasse ich die guten Vorsätze sein. Vorsätze sind auch nur Pläne, Gedanken und Ziele die sich in die Zukunft spannen und wenn es dann anders kommt, zu Ent-Täuschung und Frustration führen. Morgen ist ein neuer Tag, mal sehen, was kommt! Jedenfalls kommt morgen Besuch über das Wochenende. Am Tag darauf ist dann die Taufe unseres Großneffen, der genau an Ernsts Geburtstag zu uns auf die Erde kommt. Also steht morgen auf jeden Fall die Prüfung an, für andere etwas Leckeres zu kochen und einen Tag darauf die Taufe samt großem Familienfest.

Im Seminar wird uns vorausgesagt, dass es zu solch Heißhungerattacken kommen wird. Wie vermessen von mir, bisher zu denken, dass ich die große Ausnahme bin. Jetzt hocke ich im Rückfall oder er hockt auf mir und zwingt mir die nötige Demut auf. Mein Ego will wieder einmal ein wenig besser, schneller und weiter sein als andere.

Alles das kritisiere ich gewohnheitsmäßig an Ernst.
Prompt kommt der Bumerang zurück zu mir.

Kapitel 17

Die Taufe oder Das Programm der Kirche

Die Kirche ist auch so ein System, das ich verlassen will, weil sie nicht meine Heimat ist. Als kritische Studentin trete ich seinerzeit aus dieser Gemeinschaft aus. Diesbezüglich habe ich genügend Vorbilder, sowohl meine Eltern als auch meine Großeltern setzen diesen Schritt bereits in meiner Kindheit und Jugend. Jahre später lerne ich Ernst kennen, der durch und durch im und mit dem katholischen Glauben aufwächst und dementsprechend tief verwurzelte katholische Programme in sich trägt. Doch auch ohne familiäre Prägung ist mir eine Hochzeit allein am Standesamt zu wenig. Ich möchte auf jeden Fall einen spirituellen Rahmen für unsere Vereinigung als Mann und Frau. Nach langem Hin- und Her trete ich wieder in die Kirche ein.

Nun, zwei Jahrzehnte später, steht der Schritt des Austrittes erneut an, will ich ehrlich und wahrhaftig mit mir selbst sein. Noch fehlt mir der Mut. Im Dorf ist es anders, da kennt jeder jeden, da spricht es sich herum. Als Matrikelnummer 8410507 zu Studentenzeiten ist dieser Schritt unauffällig. Doch jetzt? Neun lange Jahre arbeite ich im Vorstand des dörflichen Sozialen Hilfsdienstes mit dem Pfarrer zusammen. Wir kennen uns, wir sind per DU. Auch Ernst ist noch verbunden über die katholische Männerrunde. Während meiner Hilfsdienstzeit und auch auf Wunsch von Ernst werde ich zur Kirchengängerin und versuche den kirchlichen Traditionen etwas abzugewinnen. Irgendwie, ich kann es all die Jahre nicht benennen, fühle ich mich aber falsch am Platz. Habe ich mich wieder nur angepasst und tue, was ich meine, dass ich tun soll, um nicht anzuecken und um dazu zu gehören? Andererseits kann ich nicht über etwas urteilen, das ich nicht kenne. Wie auch immer, ich beschließe die kirchlichen Bräuche näher kennen zu lernen. Einige Male ist es auch wirklich schön in den Messen. Einige Male berühren mich die Worte der Predigt oder des Evangeliums, die morgendliche Rorate im Advent, die Weihnachtsmesse spät in der Nacht. Ich lerne das alles als Kind nicht kennen, übernehme die Meinung meiner Familie über die Kirche und trete innerlich aus, bevor ich äußerlich zur Mitgliedschaft in die Pflicht genommen werde. Die Kirche ist nach wie vor nicht mein Ort, auch nicht bei meinem erneuten Versuch, mich mit ihr anzufreunden. Die Inhalte und Rituale lenken mich eher von meiner Verbindung zu Gott ab, als sie zu stärken. Mein Gott wohnt in der Natur, mein Gott ist in mir und nicht außerhalb. Mein Gott straft nicht, sondern liebt. Ja, er liebt mich auch dann, wenn ich „sündige".

Die Erfahrung dazu mache ich im Alter von zirka zehn Jahren. Im Religionsunterricht legt uns die Religionslehrerin nahe, am Karfreitag auf etwas zu verzichten, das wirklich weh tut. Einen Tag auf meine geliebte Extrawurst zu verzichten tut schon weh, aber nicht so wirklich weh, wie es die Lehrerin wohl meint. Also beschließe ich am Karfreitag, nicht mit den anderen Kindern zu spielen. Das tut wahrhaftig weh. Der Himmel ist blau, die Sonne strahlt. Ich verbringe die Schulferien wie immer bei meinen Großeltern. Die Nachbarskinder freuen sich, wenn ich wieder da bin und wir gemeinsam die Welt entdecken können. Nicht so an diesem Tag. Am frühen Vormittag schon klingeln sie und holen mich ab. Nein, heute komme ich nicht mit, den Grund behalte ich für mich. Die erste Stunde Isolation geht vorbei. Die Minuten werden länger und länger. Wie Rilkes Panther im Gedicht schleiche ich von einem Fenster zum andern, halte nach meinen

Spielgefährten Ausschau. Ich spüre, wie es beginnt, richtig weh zu tun. Meine Großeltern ermutigen mich, zu den anderen Kindern zu gehen, doch ich widerstehe. Auch ihnen sage ich mein Geheimnis nicht. Die Spannung in mir wird zur Hochspannung nach zwei Stunden „freiwilligem Gefängnis" an einem strahlenden Karfreitagmorgen. Schließlich halte ich es nicht mehr aus. „Ich geh zu den Kindern", rufe ich im Rennen meiner Oma zu und dann sause ich die Treppen des Stiegenhauses hinab, als gehe es um Leben oder Tod. Im Laufen sage ich zu meinem Gott: „Nicht wahr, lieber Gott, das verstehst du doch - bei dem Wetter!"

Ich kann die Erleichterung heute noch spüren! Gott versteht mich. Gott straft mich nicht. Gott liebt mich. Gott will, dass es mir gut geht. Nie zuvor erlebe ich mehr Freude als an diesem Tag im Kreise meiner Spielgefährten. Mit meiner unbändigen Lebendigkeit lobe ich Gott mehr als mit meinem Schmerz. Leider verliere ich diese Erkenntnis im Laufe der Jahre. Nun steht nach langer Zeit mit der Taufe meines Großneffen wieder ein Kirchenbesuch an, der ganz anders verläuft als erwartet.

7.9.2015

Das lang ersehnte Kind ist endlich auf die Erde gekommen. Die jungen Eltern sind überglücklich und laden zur Taufe ein und danach zum feierlichen Essen. Gemeinsam wollen wir mit all unserer Liebe den kleinen Luis hier auf dieser Welt willkommen heißen.

In der Kirche bin ich positiv überrascht von dem natürlichen, boden-ständigen und menschlichen polnischen Pfarrer. Schon seit einigen Jahren gehe ich nicht mehr in die Kirche, sie ist einfach nicht der Ort, an dem ich mich spirituell entwickeln kann oder mag. Eigentlich erlebe ich es sogar gegenteilig. Die alten Rituale, die ganze Einstellung engen den Geist ein und das Herz kämpft jedes Mal ums Überleben bei den Sätzen „Ich bin nicht würdig, dass du eingehst unter mein Dach." Auch der Anblick vom gekreuzigten Jesus überall ist für mich wie ein Messerstich ins Herz. Mit welchen Bildern und Glaubenssätzen werden wir hier gefüttert? Schmerz, Leid, ans Kreuz genagelt, die Brust aufgeschlitzt, Dornenkrone und Blut am Körper? Wie kann man sich anders als schuldig und klein fühlen angesichts des Opfers, das da jemand für uns bringt, um uns zu erlösen. Aber Christus ist aufgestiegen, hat sich über das Kreuz erhoben! Warum ist diese Variante seines Wirkens nicht in jedem Schulzimmer, nicht in jeder Kirche zu sehen? Jesus hat Menschen gesund gemacht, Jesus hat die „Sünderin" vor der Steinigung gerettet. Ich stelle mir eine Welt vor, in der überall dieses Bild hängt: Jesus stellt sich vor die Frau und sagt zu ihren Peinigern „Wer frei von Sünde ist, der werfe den ersten Stein." Wie anders wäre die Welt mit diesen Bild! Die Frau wird beschützt, nicht als Sünderin verdammt, der Mann ist MANN, steht zu ihr, verleugnet sie nicht und schließlich weist Jesus darauf hin, dass jeder zuerst den Mist vor seiner eigenen Tür kehren soll, bevor er selbstgerecht über andere urteilt. Könnte es mit diesem Leitbild noch Kriege geben? Und von welcher Schuld erlöst er uns überhaupt? Von der Erbsünde, von den Todsünden? Kann denn ein neu geborenes Kind voller Sünde sein? Was für ein Gift wird uns da eingeflößt? Die ganze Welt steht am Kopf und die Religionen haben ihren Beitrag dazu geleistet. Wie viel Schuld hat erst die Kirche auf sich geladen? Wie groß und mächtig brennt das Fegefeuer manipulierender und missbrauchender Taten, ganz zu schweigen von den zahlreichen Morden im Namen des Glaubens.

Doch es gibt auch eine andere Seite. Der Heilige Franziskus ruft mich bereits viermal nach Assisi. Seinem Ruf kann ich aus ganzem Herzen folgen und jedes Mal fühle ich mich dort wie zu Hause. Alles ist so vertraut, als lebe ich hier schon lange. Das Gebet des Hl. Franziskus und sein Sonnengesang begleiten mich schon über viele Jahre. Immer dann, wenn mein Ego mich blind macht, öffnet mir Franziskus mit seinen Zeilen wieder die Augen.

Auch der polnische Pfarrer verkörpert diese andere Seite. Mit seiner lockeren und liebenswürdigen Art zieht er mich derart an, dass ich förmlich an seinen Lippen klebe. In dieser Tauffeier wird viel gelacht, die kirchliche Zeremonie ist eine freudige Angelegenheit. Das Baby hat Vorrang. Wenn es schreit, weil es Hunger hat, ist genügend Zeit, dass es zuerst seine Milch bekommt, bevor es weiter geht mit der Taufe.

> *„Man kann hier keine Fehler machen. Im Hause Gottes kommt es nicht darauf an, alles richtig und bloß nichts falsch zu machen. Das Wichtigste hier ist die Freude, der Enthusiasmus, das innere Leuchten und Brennen.“*

Ja, solche Verkünder der frohen Botschaft können die alten kirchlichen Programme, die tief in uns gespeichert sind und wie ein Virusprogramm die ganze Festplatte beeinträchtigen, säubern von Schuld und Unwürdigkeitsideen. Solche Verkünder des Glaubens schweben nicht in erhabenen geistigen Sphären, sondern sind wie das neugeborene Baby hier auf der Erde gelandet und nehmen es mit ihr auf. In ihnen fließt spürbar die Liebe zum nicht perfekten Leben, zum nicht perfekten Menschen. Sie haben den göttlichen Funken in sich bewahrt, den mein kleiner Großneffe noch ganz selbstverständlich verkörpert, so kurz nach seiner Reise von der Quelle hier her.

Wir sind würdig, weil wir alle von der Einheit, von der Urliebe kommen, wir sind ein Teil von ihr, wie jedes Tier und jede Pflanze und alles, was es gibt. Wozu dient dieses Programm von Sündern und Unwürdigen, wenn nicht dazu, uns klein, schwach und manipulierbar zu halten. Mein Gott und das alles in deinem Namen! Und dann die Stellung der Frau. Eva wird zur Schuldigen gemacht, weil sie Adam verführt hat. Ja, hat denn Adam keinen eigenen Standpunkt? Wie schwach ist hier der Mann gezeichnet! Ein schwacher Adam und eine durch ihre Verführungskunst mächtige Eva - solche Geschichten gießen Öl ins Feuer der Scheiterhaufen – Jahrtausende lang.

Der polnische Pfarrer redet von Schnitzel und Pommes, um uns an ganz konkreten Beispielen zu zeigen, worum es geht. So fragt er den kleinen etwa zehnjährigen Luca:

„Wenn du mir die Hälfte deines Schnitzels gibst, hast du dann mehr oder weniger auf deinem Teller?"
„Ich habe weniger", sagt Luca wie aus der Pistole geschossen.

Und dann lässt ihn der Pfarrer an der großen Altarkerze eine kleine Kerze entzünden.
„Hat die Kerze, die ihr Licht gegeben hat, jetzt weniger Licht?" Luca verneint.

> *„Sie hat ihr Licht gegeben und dadurch auch eine andere Kerze zum Leuchten gebracht. Das ist die frohe Botschaft in Wahrheit. Wir sind alle das Licht und die Liebe, nicht mehr und nicht weniger als Jesus der Christus selbst."*

Dankbar für diese nährenden Worte verlassen wir fröhlich und begeistert die Kirche, aufrecht und ebenbürtig, vom Göttlichen in uns selbst berührt.

Möge der kleine Luis seine wahre Heimat nie vergessen!
Möge sein Licht leuchten und die Erde ein wenig heller machen!

Kapitel 18

Hunger nach Liebe

„Die Partnerschaft ist der schnellste Weg einer spirituellen Entwicklung", sagt Chuck Spezzano. Niemand vermag die eigenen uralten Programme, die schon in der Kindheit geschrieben werden, mehr zu triggern als der Mensch, der am nächsten steht. So gesehen liegen Ernst und ich voll im Trend. Chuck Spezzano hat Recht, alles, was ich an Ernst nicht ausstehen kann und wogegen ich mich ständig wehre oder ankämpfe, sind Themen, die ich als Kind schon mit meinem Vater habe. Umgekehrt kämpft Ernst mit seiner Mutter, wenn er sich über mich stellt oder mich ständig belehren will. Genau so macht seine Mutter es mit ihm als Kind. Ja, im Gunde kämpfen zwei kleine Kinder um ihre Bedürfnisse, die Mama und Papa seinerzeit nicht erfüllen. Wie die Kühe auf der Weide kauen wir dies wieder und wieder durch. Trotzdem stecken wir immer fest in diesen Mustern, trotzdem kämpfen wir lieber als zu lieben. Wenn das nicht verrückt ist!

Liebe nährt, Nichtliebe lässt verhungern, wie ein bekanntes Experiment mit Babyaffen zeigt. Eine Milchflasche an einer Drahtgitter-Mutter gibt zwar Nahrung, aber keine Liebe und keine mütterliche Zuwendung. Diese Affenbabys sind dem Tod geweiht. Liebe und Zuwendung sind existentiell.

Fehlende Liebe und fehlende Zuwendung können bis zu einem gewissen Grad mit Essen, Arbeit, Sex, Erfolg, Status und materiellen Gütern ausgeglichen werden. Doch die wesentliche Nahrung fehlt. Die Seele hungert.

9.9.2015

In der Praxis läuft es ganz gut, die Umstellung auf den vierzehntägigen Rhythmus ist für alle bisher stimmig. Ich habe weiterhin Hunger und gelegentlich Heißhunger-Attacken. Es sind in der Regel nicht große Mengen, die ich esse, aber Freiheit und Selbstbestimmtheit sind weg. Ich bin von der unabhängigen auf die abhängige Seite gerutscht, sowohl beim Essen als auch im Laufe meiner Ehe. Unabhängigkeit bedeutet nichts und niemanden zu brauchen, völlig autonom und eigenständig zu sein. Eine Zeitlang fühlt es sich gut an nach dem Programm „I do it my way" zu leben. Doch die andere Seite der Medaille lässt nicht lange auf sich warten - die Abhängigkeit. Ich brauche Ernst für viele Bereiche meiner verwundeten Seele. ER soll mir das Glück bescheren, ER soll mich unterstützen in guten wie in schlechten Tagen und vor allem: ER soll mich lieben und das gefälligst in der Art und Weise, wie ich es brauche. Die Rechnung geht nicht auf. Ein Forderungskatalog ist und bleibt ein Forderungskatalog, der unerfüllt im Altpapiercontainer landet.

Immer wieder landen wir im Machtkampf „Wer erfüllt die Bedürfnisse des anderen zuerst?" Jeder von uns will gesehen, gehört und geliebt werden, darin sind wir uns einig. Doch jeder von uns erwartet, dass der andere den ersten Schritt macht. So warten beide und die Gesichter werden lang und länger.

„Was du bekommen willst, das bist du aufgerufen zu geben!"

Auch so eine tiefgründige Botschaft aus dem „Kurs in Wundern"[30]. Das Ego stemmt sich dagegen und pocht darauf, dass jetzt auf jeden Fall einmal der/die andere an der Reihe ist, den ersten Schritt zu tun. Das Ego will recht haben. Wenn das Ego Recht bekommt, zieht das Unglück ein. So einfach ist es in Wahrheit. Doch dies auch zu leben, sich über dieses Programm zu erheben – das ist schon ein Zweitausender, den es zu besteigen gilt.

In fünf Tagen ist unser neunzehnter Hochzeitstag. Wahrscheinlich geht er unter im geschäftigen Alltag und in der damit einhergehenden Achtlosigkeit. Was denke ich da schon wieder! Gedanken erschaffen Realität! Lege ich es darauf an, dass er untergeht? Lege ich es darauf an, um wieder das Opfer-Täter-Spiel zu bedienen, damit mein Ego Recht behält?

Wenn die Welt verrückt spielt, was sie ja auf allen Ebenen täglich tut, sind wir erbost und erschüttert. Der schreckliche Krieg in Syrien und anderswo, die vielen Flüchtlinge, die ihre Heimat verlassen, weil sie kein sicheres Zuhause mehr haben, die tragischen Schicksale auf der Flucht, vom Ertrinken im Mittelmeer bis zum Ersticken im Kühlwagen. Opfer und Täter überall. Oft drehen sich die Rollen auch um. Was ist die Wahrheit? Wenn ich eines mehr und mehr als eigene, innere Wahrheit erkenne, so ist es, dass die große Welt da draußen nichts anderes ist als der Spiegel der kleinen Welt in mir. Damit kann ich die Verantwortung für das große Ganze nicht länger abschieben! Damit bin ich gefordert, meinen Beitrag zu leisten, so klein er angesichts der weltweiten Tragödie auch sein mag.

Wenn ich weiterhin mit meinem Partner Machtkämpfe führe, trage ich mit meiner Energie zum Krieg bei. Ich nähre das große Feld von Opfern und Tätern, von Gewinnern und Verlierern, von Vertreibern und Vertriebenen, von Mächtigen und Ohnmächtigen. Mein Handeln ist ein Teil des ganzen Systems und hilft mit, es aufrecht zu erhalten.

Wenn ich weiterhin vor der Liebe flüchte, bin ich ein Flüchtling im eigenen Land.

Wenn ich weiterhin hauptsächlich Fleisch esse, nähre ich die Massenschlachtung der Tiere. Außerdem trage ich zum Welthunger bei, indem viel Getreide zur Aufzucht der Tiere verwendet wird, was die an Hunger sterbenden Menschen retten könnte. Auch die Umweltverschmutzung und –vergiftung verstärke ich, denn all die Ausscheidungen, welche die Tiere in ihrer Turbo-Aufzucht wieder von sich geben, muss die Erde erst mal verdauen.

Wer selbst frei von Krieg, von Flucht und von Lieblosigkeit ist, der werfe den ersten Stein!

13.09.2015

Am Sonntag sitzen wir am Gipfel des Schlenken inmitten der anderen Gipfelstürmer. Der Schlenken ist ein beliebter Ausflugsberg in der Nähe von Salzburg. Die Kraft der Sonne wird durch vorbeiziehende Wolken, die sich mehr und mehr verdichten, vermindert. Ein kühler Wind weht. Einen Tag vor unserem Hochzeitstag ist es im Inneren genau so. Ernst ist schon alleine zur Schlenkenalm abgestiegen. Ich schreibe noch meine Erkenntnisse nieder und komme nach. Hier wird das zwanzigjährige Bestehen der Almhütte mit Kasnocken, Grillwürsteln und Kaspressknödeln samt Bier und Trachtenmusikkapelle gefeiert. Unser zwanzig jähriges Bestehen als Paar feiern wir bereits zu Beginn des Jahres, unseren neunzehnten Hochzeitstag feiern wir morgen. Die Stimmung ist immer noch am Boden. Abends verstricken wir uns wieder in ein völlig verrücktes Gespräch. Wir sitzen in einer Sackgasse fest und nichts, auch nicht ein feierlicher Hochzeitstag kann im Außen darüber hinweg täuschen. Es ist keine verbindende Kommunikation mehr möglich. Das ist Krieg, großteils

158

kalter Krieg, der nicht so auffällt, weil wir höfliche Menschen sind. Dazwischen kurze und heftige Blitzgefechte.

Wenn ich mit mir alleine bin und schreibend vieles erkenne, auch meine Projektionen auf Ernst, öffnet sich mein Herz für ihn recht schnell wieder. Sobald wir im gemeinsamen Raum sind, fängt der Krieg an, ganz automatisch, reflexartig, wie der Drang zu essen. Wir haben Hunger nach Liebe, doch wir führen Krieg. Es ist kaum zu fassen - zwei erwachsene, psychologisch ausgebildete Menschen am spirituellen Weg! Die Schatten holen uns ein.

14.9.2015

Heute vor neunzehn Jahren sagen wir zuerst am Standesamt und dann in der Kirche ein feierliches JA zueinander. Üblicherweise gehen wir am Hochzeitstag miteinander essen. Also forste ich schon morgens meinen Kleiderschank durch und bin schockiert. All meine Hosen hängen an mir wie schlaffe, zu große Segel an einem dünnen Mast. Eine Hose nach der anderen probiere ich an, doch das Ergebnis ist bei allen nahezu gleich. Auch die Gürtel passen nicht mehr, neue Löcher müssen gestanzt werden. Alles ist mir viel zu groß, ich bin wie zu heiß gewaschene Wolle eingegangen. Bleibt mir nur eine der beiden neuen Hosen übrig, diese passen, zeigen aber auch ganz deutlich meine abgemagerte Figur. Ernst meint, dass ich darin „grauslich" aussehe, was mir Tränen in die Augen treibt. Grauslich – was für ein niederschmetterndes Urteil! „Alles Gute zum Hochzeitstag", zische ich in seine Richtung.

Noch einmal versuchen wir ein Gespräch, seinen und meinen Standpunkt einfach darzulegen. Es ist wie in einem schlechten Film, in dem Marionetten auf ihren Fäden aufgefädelt sich ruckartig bewegen von unsichtbarer Hand geführt. Wer führt uns in derartige Abgründe? Wir selbst – ja sicher, aber warum tun wir das? Warum führen wir lieber Krieg, als uns zu lieben? Warum vertreiben wir uns selbst aus unserer Heimat? Warum um Himmels Willen tun wir das? Warum flüchten wir vor der Liebe? Warum bleiben wir wie ein stolzer Kapitän aufrecht stehen am sinkenden Schiff, statt den Sprung zu wagen. Ich will keinen anderen, besseren Mann an meiner Seite. Ich will springen vom „Ich will haben" in das „Ich will geben." Endlich den Quantensprung vollziehen! Denn ohne Liebe ist alles nichts. Ich will den Kriegsfilm anhalten, jetzt und hier. Ich will erleichtert aufwachen und erkennen, dass alles nur ein böser Traum ist.

Unsere erste gemeinsame Reise nach Lanzarote, kurz nach unserem Kennenlernen und mein Gedicht:

Lass uns auf die Reise gehen
lass uns fliegen
über den Wolkennebel
vergangener Jahre hinweg
auf deine und auf meine Insel

Lass uns die Länder erkunden
lass uns entdecken
was die andere Erde
an Schätzen noch verborgen hält

Lass uns auf die Reise gehen
Lass uns fliegen
Lass uns lieben

Mit so viel Hoffnung und Zutrauen brechen wir auf. Die Vulkaninsel mit ihrer feurigen Energie stellt uns damals schon vor Herausforderungen. Wir nehmen es auf mit den Geschehnissen, innen wie außen. Die abenteuerliche Bachüberquerung mit dem Mietauto, nachdem heftiger Regen die sandigen Pisten in Bäche verwandelt. Die Nacht auf den Papageiosträndern – nackt im

Sand, das Sternenzelt über uns. Was für ein Beginn, was für ein Auftakt. Soll im Krieg das Große zwischen uns enden, das uns verbindet, seit dem ersten Augenblick an?

Unten am tiefsten Punkt wartet geduldig die Wende. Das Pendel beginnt zart seinen Weg in die andere Richtung einzuschlagen. Zunächst wollen wir unsere Gürtel enger machen lassen – was für ein außergewöhnliches Unterfangen an einem Hochzeitstag! Danach gehen wir in ein vegetarisch/veganes Lokal zum Mittagessen. Auf einmal können wir wieder miteinander reden. Der Alptraum geht zu Ende oder wir sind einfach daraus erwacht. Ernst sagt mir einigermaßen unsicher und verlegen, dass ich für ihn immer noch eine Schönheit bin. Beim Rückweg zum Auto schenkt er mir eine italienische Strickjacke, die mir im Vorübergehen so gut gefällt, dass ich stehen bleibe und sie bewundere. Sie passt vorzüglich, ihr glockenförmiger Schnitt kaschiert meine Kanten und Knochen. Ich freue mich riesig über dieses spontane Hochzeitsgeschenk. Die Sonne ist wieder aufgegangen zwischen uns. Das Licht ist stärker als die Dunkelheit! In mir beginnt der Bach der Liebe wieder zu fließen. Ich will auch Ernst ein Geschenk machen. Noch vor meinen Praxisstunden am späteren Nachmittag erstehe ich einen wunderschönen Blumenstrauß mit Sonnenblumen und feuerfarbenen Rosen. Nach der Arbeit schaffe ich es gerade noch drei Minuten vor Geschäftsschluss Ernsts heiß geliebte Leberpastete zu kaufen. Alles ist wieder im Fluss. Ernst hat Tränen in den Augen, als er sich zum schön gedeckten Tisch setzt, die Blumen in Empfang nimmt und seine Lieblingspastete sieht. Als Kind in den Kriegsjahren aufgewachsen, ist Essen für ihn mehr als nur Essen. Leberpastete ist das Höchste, ja eine „Heiligkeit" für sich. Was für eine Wende! Eng umschlungen schlafen wir an unserem neunzehnten. Hochzeitstag friedlich und glücklich ein.

Ohne Liebe ist alles nichts.
Ohne Liebe mag das Ego zwar gewinnen, doch unter dem Strich geht alles verloren, was in Wahrheit von Wert ist.

Kapitel 19

Im Fluss der Kreativität

In der Schreibwoche ziehe ich mich aus der Welt und dem Geschehen zurück. Ich genieße die Stille und das Mit-mir-sein. Ich kann ganz meinen Rhythmus leben, ganz spontan sein, brauche auf nichts und niemanden Rücksicht zu nehmen. Oft habe ich dies in meinem Leben zuvor noch nicht erlebt. Zeit in Hülle und Fülle und das im Alltag und nicht nur in den Ferien! Der ganze Tag liegt vor mir, nichts ist im Kalender eingetragen, nichts außer „Schreiben". Keine Termine, keine TO DO Listen, kaum Anrufe – ein neues Wunder fällt mir in den Schoß.

Es ist eine Zeit der Wende – ich kehre nun auch im Alltag von außen nach innen und damit nach Hause. „Wer in der Tiefe sich selbst begegnet, begegnet Gott." Irgendwann lese ich irgendwo diese Worte und sie prägen sich ein, werden Teil von mir. Ich erlebe es gerade am eigenen Leib. Das Schreiben führt mich in die Tiefe. Dort fühle ich mich Gott sehr nahe auch ohne Alleinheitsatmung oder sonstige spirituelle Übungen. ES geschieht einfach. ES IST. Es geschieht wohl dadurch, dass ich mich selbst lebe in diesen Momenten und nicht mehr von anderen leben lasse.

Chuck Spezzano sagt in seinen Seminaren immer wieder: „Sich voll und ganz zu geben, darauf kommt es an." Die Illusion ist aber immer genau gegenteilig. Wir wollen bekommen, erhalten, kriegen und haben. Sackgasse! Tragischer Irrtum! Wir sind auf diese Erde gekommen, um unsere himmlischen Geschenke – und die hat ausnahmslos jede und jeder mitbekommen – zu verTEILEN. Das ist letztlich unsere Lebensaufgabe und unsere Bestimmung - zu werden, was wir in Wahrheit sind, und das zu geben, einfließen zu lassen in das kollektive Feld.

Mich selbst ganz und gar zu geben - im Schreiben fällt es mir leicht. Schwieriger und immer schwieriger wird es in unserer Ehe. Hier schreit das Ego nach wie vor wie ein hungriges Baby „Ich will haben." Das Pendel schlägt immer schneller und immer kräftiger bald in die eine, bald in die andere Richtung. Radikales Spiel radikaler Kräfte!

21.9.2015

Beim Schreiben fließt ES aus mir heraus, Zeile für Zeile, Seite für Seite. Ich bin wieder in einem schönen Film gelandet und strahle mit dem außerordentlich milden und sonnigen Herbst um die Wette. In meiner Schreibpause zieht es mich in die Natur und so wandere ich barfuß auf den Buchberg mit einem herrlich freien Gefühl im Bauch. Eine ganze Woche gehört mir und dem Schreiben. Was für ein Luxus! Was für eine Wende in meinem Leben! Die drei Kinder auf ihren Ponys vom Medizintag fallen mir ein. So wie sie möchte ich losstürmen, weil der Körper überfließt vor lauter unbändiger Lebensfreude. Und so stürme ich - ohne Pony und in meinem Tempo - den Buchberg hinan. Ich lasse die alten, vertrauten Wege hinter mit mir, will Neues entdecken und erkunden. Ich will die Spannung der Ungewissheit erleben, bei jedem Schritt staunen, was sich auftut jenseits der bereits vielfach begangenen Pfade. Oben angekommen lese ich auf einer Bank meine bisherigen literarischen Ergüsse durch.

Lisa, ein kleines Bauernmädchen mit ihrem Hund, gesellt sich zu mir. Sie hat blonde Locken und freche Sommersprossen. Ihr Vater ist Jäger, verkündet sie mir mit Stolz und der Hund ist ein Jagdhund, der eigentlich dem Vater gehört, aber sie kümmert sich um ihn. Dann erzählt sie – ob es stimmt, sei dahin gestellt – dass sie auch mit auf die Jagd darf. Sie erzählt vom Abschießen der Tiere in einer Selbstverständlichkeit, die meinen Atem stocken lässt. Wahrscheinlich vielfach gehörte Erzählungen, wahrscheinlich tausendfach begangene Pfade in ihrer Familie. „Tun dir die Tiere denn nicht leid?", frage ich sie. Sie überlegt eine Zeit lang, „ja, schon", pflichtet sich mir kleinlaut bei. Doch schnell landet sie wieder im Film der familiären Geschichten und erzählt vom Schweine- und Hühnerschlachten. Sie weiß, dass Hühner auch ohne Kopf noch ein Stück laufen. Sie weiß, dass das Blut der Schweine für Blutwurst verwendet wird deren Hülle der Darm des Tieres ist. Während sie mir all diese Dinge erzählt, schimpft sie immer wieder mit dem Hund, wenn er nicht still liegen bleibt.

In diese Welt hineingeboren wird aus den Kindern das, war wir Erwachsene aus ihnen machen, das, was wir ihnen vorleben. Lisa sieht meine bloßen Füße und ich erkläre ihr, dass ich gerne ohne Schuhe gehe. Prompt zieht sie auch ihre Schuhe aus samt den Socken. Kinder sind ein offenes Gefäß, sie nehmen alles auf, was wir hinein legen. „Ich esse keine Tiere", sage ich, „mir tun sie leid." Lisa sieht zuerst mich an, dann ihre Zehen. Vielleicht ist ein Same gesetzt, denke ich mir, vielleicht auch nicht.

Schon in Lisas Alter, also in der Volkschule, bin ich äußerst kreativ, zeichne für mein Leben gerne und verschenke meine Werke zu den verschiedenen Anlässen wie Weihnachten, Geburtstage, Ostern. Alle freuen sich und ich freu mich darüber, dass sie sich freuen. Ich freue mich schon im Vorfeld auf ihre Gesichter und der Akt der Übergabe ist stets aufs Neue eine heilige Angelegenheit. Zu schreiben beginne ich erst in der Hauptschule - Tagebuch und Aufsätze, auch ein Lied ist dabei. Die Schulaufsätze werden inhaltlich meistens mit „sehr gut" benotet, die Form ist eher gut, manchmal nur befriedigend. Öfters bittet mich der Lehrer meinen Aufsatz der Klasse vorzulesen. Offensichtlich ist er sehr angetan von meiner „Kunst".

Ich schreibe mich durch meine Pubertät. Schreiben wird mir zur wichtigen Lebenshilfe. Papier ist geduldig und verschwiegen. Ihm kann ich alles anvertrauen. In der Abendschule wiederholt sich das Vorlesen vor der Klasse und der Deutschlehrer ist wieder ein Fan von meinen Aufsätzen. „Eine druckreife Arbeit" schreibt er wiederholt neben die Note. Einmal steht da: „Thema verfehlt, aber trotzdem sehr gut geschrieben." Es ist ein Aufsatz zum Thema „Frieden auf der Welt". ES hat wohl damals schon aus mir geschrieben, denn ohne Psychologiestudium und auch ohne langjährigem spirituellen Weg ist mir sonnenklar, dass der Friede im eigenen Inneren beginnen darf, wenn sich etwas auf der Welt verändern soll. Ich bringe weder politische noch wirtschaftliche Argumente zu Papier, auch keine Abrüstungsvorschläge oder Ideen zu Friedenskonferenzen. Ich lasse lediglich mein Herz sprechen bzw. schreiben. „Thema verfehlt"! Heute nach so vielen Jahren habe ich immer noch diese Überzeugung und weiß mittlerweile, dass ich ganz richtig liege damit.

Im Studium schicke ich meine Kurzgeschichte „Lehrjahre" ein und erhalte mir nichts, dir nichts einen Literaturpreis. Wie die „Jungfrau zum Kind" komme ich zu 10.000 Schilling, was für ein Studentenleben der Inbegriff an Reichtum ist. Auch im nächsten Jahr und im Jahr darauf wird mir dieses Glück zuteil. Meine Finanzen bessern sich wunderbar auf damit, doch leider nicht meine Beweggründe. Schreiben ist für mich bisher eine Seelenangelegenheit, die in erster Linie mir selbst hilft und erst in zweiter Linie für die Öffentlichkeit bestimmt ist. Nach diesen unerwarteten Erfolgen nimmt mich schon damals Schwester Gier an der Hand. Das Geld ist nun ein Anreiz und ich verfalle wie die meisten Menschen dem Programm „will mehr Geld haben". Mein geliebtes, in Krisenzeiten sogar heiliges Schreiben, wird inflationär. ES fließt nicht mehr. ES versiegt. ES will aus dem ganzen Herzen kommen oder gar nicht. ES liegt brach und ich verschreibe mich dem Bildungs- und Leistungsweg.

Nach Jahren öffnet sich mein Schreibkanal erneut, meine Beweggründe sind ebenfalls erneuert. Und so mache ich vor elf Jahren bei meinem ersten Buch noch einmal so eine „jungfräuliche" Erfahrung. Wie durch ein Wunder finde ich ganz leicht einen Verlag. Zu der Zeit sind Ernst und ich drei Wochen auf einer Alm im Großarltal auf Urlaub. Wir wohnen in einer einsamen Holzknechthütte am Berg. Beim Wandern ist viel Zeit und ich bitte täglich, den für mein Manuskript besten Verlag zu finden. Drei Wochen, einige Male täglich. Es ist kaum zu glauben, aber es ist die Wahrheit und nichts als die Wahrheit. Wieder zu Hause ist eine Nachricht auf Band vom Via Nova Verlag, der mein Manuskript drucken möchte. Der Verleger erzählt mir, dass ihm der Titel „Das Herz wieder öffnen" in einer Meditation erscheint. Darauf durchwühlt er seinen überfüllten Schreibtisch und entdeckt mein Manuskript mit genau diesem Titel. Und so entsteht mein erstes Buch.

Es klingt wie ein Märchen, doch solche Märchen gibt es, ich erlebe sie immer wieder. Der Verstand ist überfordert, kann das alles nicht einordnen. ER läuft nach seinen vorgefertigten Programmen. Doch jenseits dieser kleinen beschränkten Welt ist sehr viel mehr möglich. Ich bekomme eine Riesenangst vor dieser Dimension. Sie passt so gar nicht in meine Programme „Kann ich das?", „Bin ich denn gut genug?", „Bin ich das wert?" So nah an den Wundern rüstet mein Ego auf. „Ehrgeiz" heißt die Falle. Ich will möglichst schnell ein zweites Buch schreiben, den Erfolg wiederholen. Doch ES fließt so nicht, ES versiegt wieder. Ein halbes Herz ist nicht genug. Ein ganzes Herz ist gefragt.

22.9.2015

Die Umstellung vom Heißhunger auf bewusstes Essen fällt mir erstaunlich leicht in der Schreibwoche. Ich esse etwas Reis mit Gemüse und das wieder bewusst und ohne Gier. Der Fluss meines Schreibens, meine endlich ausgelebte Kreativität sättigen mich auf verschiedenen Ebenen. Die Natur, das Sonnenlicht und das barfüßig Gehen auf der Erde ebenso. Herrlich einfach ist das Leben! Gegen Mittag mache ich mich wieder auf den Weg, dieses Mal auf die Dichtlalm bei Henndorf. Was für eine herrliche Aussicht auf den Wallersee und das leicht hügelige Umland! Mitten in meiner Alleinheitsmeditation ruft Ernst an. Er ist im Stress, überfordert, gereizt. Ich spüre förmlich, wie seine Energie über mich schwappt. Seine vielen sozialen Aktionen wachsen ihm über den Kopf, doch er hält stand, will durchhalten, sieht für sich keine andere Wahl. Seine Energie zieht mich runter und ich lasse es zu, obwohl ich es bemerke. Ich fühle, wie die Wellen mich mitnehmen und aus der eben noch erlebten Einheit fort tragen. Ich habe keine Strategien damit umzugehen. Einerseits möchte ich mich schützen vor negativer Energie, andererseits möchte ich Ernst auch nicht zurück weisen. Neue Fragen tauchen auf:

„Wie kann ich insgesamt meinen Himmel halten,
angesichts der Hölle rings herum?“

Ernst setzt sich für jene ein, die aus dem System fallen und dadurch immer tiefer versinken. „Die Tafel" verteilt Lebensmittel an Menschen in finanzieller Misslage, Lebensmittel, die sonst selbstverständlich auf dem Müll landen – nicht, weil ihr Verbrauchsdatum abgelaufen ist, nein, wegen kleiner Fehler auf der Verpackung, wegen Überproduktion, etc. Die Vorratskammern gehen über vor solchen Lebensmitteln, der Verkaufsraum ebenso, vor Menschen, die sich diese Lebensmittel im Geschäft kaum mehr leisten können. Dazu kommen viele Flüchtlinge, die in den umliegenden Dörfern eine vorübergehende Bleibe finden. Ernst setzt seine ganze Kraft ein, um zu helfen, um Not zu lindern, einen Ausgleich zu schaffen. Auf seine eigene Not sieht er nicht. Sie geht ebenso unter, wie ich neben ihm.

Er ist ein Mann der Tat.
Lange versuche ich ebenso wie er, ein Mann der Tat zu sein.
Damit ziehe ich mich selbst in den Sumpf der Überforderung.

Ernst tut mir leid. Während ich hier die Sonne genieße, mich mit dem großen Ganzen verbinde und das Glück meiner eigenen Kreativität erlebe, managt er Termine, das Tafelfest mit dem Willkommensessen für die Flüchtlinge, hundert Mails am PC, Vorstandssitzungen und tausend andere Dinge der TO DO – Liste. Oft mache ich mir Sorgen um ihn und seine Gesundheit und auch um uns und unsere Beziehung. Sein Lebensstil ist nicht mehr der meine. Ich kann das neuerdings ohne Schuldgefühle und schlechtem Gewissen sagen und dazu auch stehen. Sein Lebensstil ist nicht mehr der meine. Es braucht Menschen wie ihn in der Gesellschaft, keine Frage. Doch jede und jeder dient auf individuelle Weise, jeder und jede hat eine ganz bestimmte Lebensaufgabe mit in diese Welt genommen. Ich bin kein Mann der Tatkraft, kein Manager, kein Computerfachmann und auch kein Facebook-Freund. Das alles bin ich nicht.

Was bin ich dann?
Und wozu bin ich hier?

Ein Gedicht aus meiner Jugend kommt mir in den Sinn, ich erinnere mich nur mehr an einige Zeilen daraus:

Die Welt ist so laut
zu laut für eine wie mich
so schreibe ich denn leise
aber stumm bin ich nicht

Meine Aufgabe liegt hier und jetzt beim Schreiben, denn würde ES sonst so fließen?
Würde es mich sonst so beglücken?
Würde ich sonst all diese Hinweise in meinem Leben erhalten?

In der Natur und im Fluss der Kreativität bin ich zu Hause. Ich liebe es, den Blick nach innen zu lenken oder auch die Synchronizität im Innen und

Außen zu erkunden. Mein Weg ist, mich selbst zu erfahren, mein Ego zu durchschauen und immer wieder, so gut es halt gelingt, mich mit der Liebe zu verbinden und dem Göttlichen in mir. Wenn ich das, was so selbstverständlich in mir ist und so selbstverständlich aus mir heraus kommt, mit anderen Menschen teile, so ist das doch nicht Nichts – oder?

26.9.2015

In aller „Herrgottsfrühe" mache ich mich daran, meine Hausaufgaben vom letzten Seminar zu erfüllen. Entrümpeln und ausmisten ist auch eine Form von Reinigung. Nicht nur der Körper, der Geist und die Emotionen dürfen sich reinigen, auch das Umfeld. An allen Gegenständen haften Erinnerungen und somit Energien. Vieles horten wir und nehmen uns dabei selbst die Luft zum Atmen. Ich mache mich über das Vorzimmer her, miste Schuhe, Mützen und Schals aus und putze die gesamten Vorzimmermöbel innen wie außen. Es macht sogar Spaß. Die Schreibwoche beflügelt mich selbst in der „Arbeitswoche" noch, alles läuft leicht von der Hand und damit ist auch das Entrümpeln und Ausmisten ein kreativer Akt. Freiräume entstehen, überfüllte Laden und Schränke werden abgespeckt – so vieles, was ich irgendeinmal haben will, wird zum Ballast und nimmt mir Lebensraum. Ich fülle die Säcke und bin froh, dass andere Menschen meine überflüssigen Dinge gut brauchen können.

7.10.2015

Der Fluss der Kreativität reißt nicht ab. Auch in den Therapiestunden läuft ES mit einem Male um vieles leichter. In der nächsten Schreibwoche ziehe ich mich wieder in der Praxis zurück, manchmal schlafe ich sogar hier, denn die Zeit ist außer Rand und Band. Einmal schreibe ich bis zwei Uhr nachts, ein anderes Mal stehe ich schon um vier Uhr früh auf, um zu schreiben. ES will sich ausdrücken. ES lässt sich nicht mehr einbremsen, zurückhalten und verstecken. ES hält sich auch nicht mehr an Regeln wie „tagsüber arbeiten, nachts schlafen" oder „Frühstück, Mittagessen, Abendmahl" – ES will FREI sein. Ich esse ein wenig und das, wann ich will. Ich schreibe, solange ich kann und will, ich streune durch den Wald, ich bade im IWES Wasser und schlafe, wann immer ich will. Endlich habe ich die Diktatur des Müssens und Sollens hinter mir lassen können. Endlich bin ich frei, das zu tun und zu sein, was ich will, vor allem, was ICH BIN.

Ist das die Kehrseite vom dunklen Film?
Bin ich einfach in einem Liebesfilm gelandet?
Oder ist das, was ich erlebe, kein Film mehr, sondern die Essenz dahinter?

In das Feld der großen Liebe eingetaucht, ist alles Liebe und sie macht vor nichts und niemandem Halt. Sie kann gar nicht anders, als weiter zu fließen und immer weiter. Der Körper kann sie nicht halten, viel zu klein und unbedeutend ist er. Die Haut ist keine Grenze mehr, sie ist durchlässig und jede Pore ist ein Tor durch das ES fließt. ES macht auch vor Ernst keinen Halt, mein Herz ist weit und offen, auch für ihn – gerade auch für ihn.

„Für Ernst Thomas

DEN Mann an meiner Seite
den besten Freund und Vertrauten
den Kameraden und Mitsucher
den weisen Lehrer und ewigen Schüler
den Geliebten"

schreibt ES und es fühlt sich absolut richtig und wahrhaftig an.

Kapitel 20

Am Ende der Sackgasse oder Radikales Loslassen

Das Thema „Loslassen" zieht mit dem Herbstnebel über Land und Leute. Heute am Herbstbeginn ist Tag- und Nachgleiche. Ab jetzt werden die Tage kürzer, das Licht nimmt ab. Die Nächte aber werden länger, die Dunkelheit nimmt zu. Meine Freundin ruft weinend an und erzählt, dass ihr Mann ausziehen wird. Immer wieder die alten Muster, die alten Belastungen, der alte Müll. Ein Teil von ihr ist total am Boden, ein Teil von ihr ist auch erleichtert. Endlich sind die Dinge am Tisch. Die Mutter einer anderen Freundin stirbt vor zwei Tagen. Mit fast 90 Jahren ist sie des Lebens müde und die einzige Möglichkeit ihren Tod selbst zu bestimmen, ist die Verweigerung von Nahrung. Gott sei Dank respektieren die Ärzte diese Entscheidung und sie wird nicht zwangsernährt.

Loslassen ist keine leichte Kost, weder im Außen noch im Innen. Ich kann mir nicht vorstellen, ein Leben ohne Ernst zu leben. Zu sehr sind wir verwoben zu einem Ganzen. Und doch, wenn die Wege sich trennen müssen, weil es zusammen nicht mehr weiter geht – wird der Abgrund zu überleben sein - irgendwann und irgendwie. Vielleicht geht es auch gar nicht um ein äußeres Loslassen, vielleicht sind wir von höherer Stelle aufgefordert, Schritt für Schritt unser Ego loszulassen, den Ego-Tod zu sterben.

„Kurs auf Liebe" nennen wir unsere aktuelle Jahresgruppe,
„Kurs auf Selbstliebe" nennen wir unseren Seminarurlaub auf La Palma,
„Lichtdienst" nennen wir unsere Meditationsabende,
„Miteinander leben" heißt unser Eine-Welt-Hilfsprojekt
und unsere Homepage hat die Anfangsbuchstaben unser beider Namen PAFIN, was zugleich auch „Peace and freedom inside now" für uns bedeutet und auf unsere Vision verweist.

Wir setzen so viele Zeichen in eine Richtung, doch es lebt sich häufig so schwer danach.

Tag- und Nachtgleiche, Licht und Dunkelheit sind gleich stark. Das Ego kämpft um sein Bestehen, umso stärker, je mehr die Ausrichtung auf das Licht erfolgt.

4.10.2015

Ich lasse meinen Rückzug los und beginne beim Frühstück über meine Grundtraurigkeit zu reden. Ich erzähle von der Last auf meinen Schultern – all das Leid, mit dem ich konfrontiert bin, es ist zu schwer, ich kann und will es nicht mehr tragen. Die massenhaften Flüchtlinge dazu, die Kriege der Welt und last, but not least die Entfremdung und Heimatlosigkeit im eigenen Haus. Das ist nicht mehr auszuhalten, das ist alles zu viel, zu groß, und zu schwer für mich. Meine Ausweglosigkeit paart sich mit Hoffnungslosigkeit – ein giftiger Cocktail.

Wie kann das sein, so ein Tief und das so nahe an der überschäumenden Freude? Himmel und Hölle sind ganz nah beisammen. Das Bild meines Vaters ist plötzlich da, wie er vor dem Fernseher mit der Fernbedienung auf

Knopfdruck von einem Programm auf das andere wechselt. Vom leidenschaftlichen Kuss im Liebesfilm auf die Mördersuche in Aktenzeichen XY, vom Kukident, das selbst dritte Zähne noch strahlen lässt bis zur Samstag-Abend-Show „Einer wird gewinnen". Von einer Sekunde auf die andere - in dieser oder in jener Welt.

Ernst lässt auch seinen Rückzug los, wir haben ein gutes Gespräch. Er hört mir zu und hilft mir, meine tristen Gefühle als die der KlientInnen, als die der Flüchtlinge, als die der Mutter Erde zu erkennen. Wir sind alle verwoben, wir sind in ein- und demselben Energiefeld verbunden, teilen unsere Gedanken, unsere Gefühle, unsere Schwingungen, die wir aussenden und empfangen. Ich fühle den Schmerz, den viele fühlen angesichts der Sackgasse, in der wir alle stecken. Laut Eckhart Tolle bin ich wohl im "kollektiven Schmerzkörper"[31] gelandet. Doch was ist die Lösung?

Als erstes bietet sich immer das Machen und Tun im Außen an. Aussteigen, sich selbst auf eine einsame Insel verbannen, den Kopf in den Sand stecken oder aber auch, radikal aussteigen, das unerträgliche Leben beenden, den „Freitod" wählen, der in Wahrheit alles andere als frei ist. Der andere Weg ist eigentlich ganz ähnlich und doch ganz anders. Aussteigen aus den Bewertungen und Urteilen, Aussteigen aus der Identifikation mit Schmerz und Leid! Auf der einsamen Insel der Seligen endlich einmal den Kopf in den Sand stecken und nichts denken. Das Ego sterben lassen mit all seinen Etiketten und Fallen.

Ich frage Ernst nach SEINER Ausweglosigkeit und erfahre, dass ihm seine übervollen TO DO Listen auch viel zu viel sind, doch dass er nicht so einfach loslassen kann von heute auf morgen. Nun, wo er seine Misere benennt, kann ich ihn besser verstehen, ja sogar Mitgefühl empfinden für seine Strategie, doch noch alles schaffen zu wollen, um nicht als Versager oder Verlierer da zu stehen, um niemanden im Stich zu lassen.

Die Ausweglosigkeit in unserer Beziehung lässt sich nicht so offen und ehrlich besprechen. An diesem Punkt versagt die Sprache und wir mit ihr. Was tun wir nicht alles, um diese tödlichen Gefühle nicht fühlen zu müssen! Schnell verlassen wir wieder die verbindende Brücke und laufen im Hamsterrad der Vollbeschäftigung Seite an Seite. Wir wollen mit allen Mitteln verhindern, nackt und schutzlos, verwundbar und verwundet am Ende der Sackgasse zu stehen, wo es ein für alle Mal nicht weiter geht. Also rennen wir mit der Zeit um die Wette und tun so, als ob es dadurch weitergeht.

Im Kleinen wie im Großen. Die Medien bringen beinahe täglich die großen Sackgassen ins Haus und wir verleiben sie uns ein, zusammen mit dem Frühstücksei. Viele Länder stehen wirtschaftlich vor dem Bankrott. Griechenland ist lange Zeit in aller Munde. Sackgasse, da geht es nicht mehr weiter. Schnell ein Pflaster darüber gepickt, schnell wieder eine Illusion geschürt und so getan, als ob es damit weiter gehen kann. Die offene Frage ist nur „wie lange?" Ein Tod auf Raten, denn das Finanzsystem als solches läuft weiter - Schulden, die niemals zu tilgen sind, Zinsen, die allein schon alles niedermetzeln. Das Naheliegende ist doch, die Schuld einfach aufzulösen, einen Quantensprung zu tun, eine völlig neue Ebene zu schaffen. Der Verstand dreht durch, das Herz wird hart, das Ego rüstet auf. Genau so versuchen wir auch die anderen großen, klaffenden Wunden von Partnerschaft bis Weltwirtschaft mit viel zu kleinen Pflastern zu ver-BINDEN. Sie halten nicht, sind viel zu klein für die Größe der Ausweglosigkeit dahinter. Am Ende der Sackgasse angelangt gibt es nur die beiden Wege:

Entweder zugrunde gehen mit Haut und Haar
oder unser Ego zugrunde gehen lassen.
Radikal!

Radikalität macht mir immer schon Angst. Nun am Ende MEINER Sackgasse kann ich nicht mehr verhindern, dass sie aus mir selbst heraus bricht. Sie setzt sich durch, reißt alle kleinen Schmerzpflaster von den Wunden. Die Kino- und Theaterabende, das Essen danach, das soziale Engagement – nichts vermag in Wahrheit aus dem inneren Abgrund zu führen. Alles nur Mühe und Plage, alles nur ein Versuch zu kompensieren, abzulenken von den wesentlichen Fragen:

Wo ist eigentlich die Liebe im Leben geblieben?
Wo sind die Freude, das Glück, die Lebendigkeit?
Alles Geschenke des Himmels, alles zum VerTEILEN auf der Erde gedacht!
Wo ist der Fluss des Lebens – kraftvoll und prickelnd, magisch und voller Wunder?

Am „point of no return" gilt es, die Ausweglosigkeit zuzulassen, zu benennen, bisherige Strategien radikal loszulassen und zu springen – hinein in die nächste Ebene, hinein in die neue Dimension.

So schreibe ich in mein Tagebuch, während wir im Außen weiterhin die Geschichte des Verlierens und Versagens schreiben. Das Ego schlägt radikal um sich, das Pendel ist unerbittlich wieder in die andere Richtung geschnellt. Dieses Mal platzen die Erwartungen von Ernst wie Seifenblasen. Nach dem guten Gespräch und der aufkommenden Nähe wünscht er sich mehr davon, drückt es aber nicht aus. Ich sehe den Wunsch und sehe daran vorbei. Jetzt bin ich diejenige, die eine Abarbeitung der TO DO Liste bevorzugt. Gestern noch ist es umkehrt. So wie ein befreundeter Schauspieler im Einmannstück „Markus" das Leben von Jesus spielt und in verschiedene Rollen schlüpft, mal den Heiler und mal den Geheilten verkörpert, mal den Angeklagten und mal den Kläger, mal den Gottessohn und mal den Erdensohn – so auch wir. Im Moment haben wir uns wieder ans Kreuz genagelt und warten auf die Auferstehung. Hoffentlich dauert dies nicht drei Tage lang. Und wer nimmt den riesigen Stein vor unserer Höhle weg? Wer hat die Kraft, das Tor des Todes zu öffnen, sodass wir hinaus treten können unter den freien Himmel und in unser wahres Licht?

12.10.2015

Hallo Ernst,
es wird immer ernster, habe ich das Gefühl. So kann es nicht
weitergehen! Nur, wie geht es weiter? Zwischen uns ist es
irgendwie tot, dann wieder offen oder verdeckt aggressiv. Da
ist so häufig nichts, was sich warm oder heimelig, zärtlich
oder verständnisvoll anfühlt und schon gar nicht mitfühlend
oder liebend. Abwehr, Widerstand, Distanz, Verstecken,
Angriff, Ungeduld, Gereiztheit, Gleichgültigkeit. Das ist die
eigentliche Magersucht und ich hab das Gefühl, dass ich im
wahrsten Sinn des Wortes eingehe und verhungere. Deine
Antwort ist jetzt: „Dann ändere was, wenn es dir so nicht
passt!" Und ich werde sagen: „Alleine kann ich das nicht."
Und so bleibt alles, wie es ist. Keiner engagiert sich wirklich
aus ganzem Herzen für unsere Beziehung und damit wird sie
auch immer herzloser. Der Kopf, ja der Kopf weiß alles, aber
das nützt reichlich wenig, wenn das Herz zu ist. Wir
vergeuden unsere Zeit und verschleudern unser Potenzial.
Ich halte dieses Leben und diese Lieblosigkeit nicht mehr
aus! Ich gehe unter in diesem Sumpf! Ich bin am Ende! Und
du, wie geht es dir? Lässt dich das alles unberührt? Bist du
mit deinen tausend Aktivitäten so abgelenkt, dass du es kaum
bemerkst? Oder spielst du den Starken, den Unabhängigen
nur und fehlt auch dir das Wesentliche? Du wirst immer
mehr zum Roboter, dem man keine Regung mehr ansehen
kann. Und ich? Ich werde immer verbitterter und explosiver.
Mitten im Paradies verhungern - das ist schon eine traurige
Meisterleistung!

Am dunkelsten Punkt im Tunnel liege ich unter meiner Bettdecke und
wimmere „Omi, bitte hole mich." Schon als Kind war dies der rettende

Gedanke in der düstersten Not. Damals lebt meine Großmutter noch und ich will einfach bei ihr sein, auf ihrem weichen, warmen Schoß sitzen, geborgen sein und geliebt. Meine Großmutter ist schon lange im Himmel und ich will einfach bei ihr sein, im Feld der alles durchdringenden Liebe. Die Angst vor dem Tod wandelt sich zu einer Sehnsucht nach ihm. Geborgen und geliebt sein, die tiefste und wahrhaftigste Sehnsucht, DER Wunsch im Meer der Wünsche! Damals wie heute und auch dazwischen, immer und überall. Verarztet mit dem kleinen Pflaster, dem schnellen Glück, das mich immer wieder enttäuscht zurück lässt mit der Wunde „ungeliebt, nicht gehört und nicht gesehen, ausgelöscht."

Wie viele Leben schon?
Wie viele Leben noch?

„Himmel oder Hölle" spielen wir schon als Kinder mit gefaltetem Papier. ROT ist die Hölle, BLAU ist der Himmel. Wer es errät, hat gewonnen. Bei einem Gewinnspiel MUSS es zwangsläufig auch Verlierer geben. Bei einem Machtkampf ist es ebenso. Jeder der verliert, kennt diesen Drang, weiterspielen zu wollen, ja weiterspielen zu MÜSSEN, um vielleicht in der nächsten Runde zum Gewinner zu werden. Die Rollen vertauschen sich, das Spiel oder der Kampf setzen sich fort, Jahrhunderte lang - bis.... ? Ja, bis es nicht mehr weiter geht. Ausweglosigkeit. Da stehen wir als Paar, da stehen wir als gesamte Menschheit. Millionen Herzen werden ausgelöscht und Millionen Herzen sind auf der Flucht. Wie Moses haben sie die Vision vom „gelobten Land", vom Land der Fülle, der Geborgenheit und der Liebe. Und wenn es im gelobten Land diese Fülle, diese Geborgenheit und diese Liebe gar nicht gibt? Wenn die letzte Seifenblase zerplatzt – was kommt dann? Ende der Sackgasse. Rien ne va plus. Da geht nichts mehr. Der Kampf ist aus. Das ganze Spiel ist aus.

Am Ende des dunklen Tunnels wartet das Licht. Bisher glaube ich daran. Doch jetzt kommen Zweifel.

Und bei denen, die untergehen?
Und bei denen, die keine Luft mehr bekommen?
Und bei denen, die schon vor der Flucht das Leben lassen?
Und bei jenen, die Zäune bauen um das eigene Land herum?
Und bei jenen, die die Fäden ziehen in diesem grausamen Spiel?

„Vater, warum hast du mich verlassen?", selbst Jesus bleibt der dunkelste Punkt am Ende der Sackgasse nicht erspart. Ist er voran gegangen, um uns zu zeigen, dass das nicht das Ende ist, dass es weiter geht, immer wieder, nicht nur durch den radikalen Wechsel ins Jenseits, auch auf Erden, jetzt und hier? Tod und Auferstehung, Sterben, um zu Werden. Wie viele Runden denn noch? Solange, bis die Bedeutung von „Himmel und Hölle" erlischt, solange, bis der Täter gleich ist mit dem Opfer und die Geburt gleich ist mit dem Tod? Radikale Gedanken!

13.10.2015

Nach langer Zeit, in der wir uns hinter Rollen und Masken und vor allem hinter unserer Rüstung verstecken, liegen wir nackt nebeneinander. Die Haut ist weich und warm. Wir berühren uns zaghaft. Ernst streichelt über meine Haut und meine Knochen - „Ich habe dich verhungern lassen, wie konnte ich das nicht sehen?", sagt er mit Tränen in den Augen. Beide werden wir vom Erkennen erfasst, schockierend und schmerzvoll: Wir haben uns gegenseitig verhungern lassen, nur ich setze die Zeichen, lasse meinen Körper sprechen statt der Worte. Andere sehen die Zeichen. Andere reden von „Magersucht" und machen sich ernsthaft Sorgen. Wir beide nicht. Weder Ernst noch ich erwägen eine einzige Sekunde, dass mein „spiritueller Lichtnahrungsprozess" vielleicht doch „Magersucht" sein könnte. Habe ich einfach verhungern wollen, weil ich mich so verhungert fühle?

Diese neu auftauchende Frage schmeckt wie die scheußlichste Medizin:

„Ist unser ganzer spiritueller Weg eine einzig große Flucht?"

Eine Flucht, weil wir aus dem Nest der Liebe und der Geborgenheit gefallen sind, hinab auf den Beton der nackten Tatsachen, dass daneben auch der Kampf und das Leid existieren, dass vieles nicht so ist, wie wir es haben wollen. Nur, nie wieder so schmerzlich fallen und aufklatschen. Lieber erst gar nicht mehr in das Nest steigen. Lieber kämpfen und im Leid verweilen, mit der Zeit wird das normal, mit der Zeit wird alles zur Routine, auch der Schmerz. Damit es nicht gar so weh tut, kleben wir das kleine Pflaster Spiritualität darauf. Das hat große Wirkung, hilft sofort.

Und die irdische Liebe?
Und die irdische Nähe und Verbundenheit?
Und die Körper, die sich nach himmlischer Vereinigung sehnen?
Nicht gesehen, nicht gehört, ausgelöscht!

18.10.2015

Morgen beginnt mein drittes Lichtnahrungsseminar. Sicherheitshalber lasse ich heute noch meinen Darm mit Hydrocolontherapie entleeren, damit sich nicht wieder - wie im Sommer - ein Stück seines Inhaltes zu Stein verdichtet. Zum ersten Mal seit der Flüchtlingswelle fahre ich über die Grenze nach Deutschland. Es ist Sonntag und es ist noch früh – die Lage ist ruhig. Mein Kofferraum ist gefüllt mit Denken, Bettzeug, Schuhen, Kleidung. An der Grenze verweist man mich auf den Salzburger Bahnhof, wo alles abzugeben ist. Das Lager der Flüchtlinge ist mit einem Zaun abgeschirmt, am Bahnhof ist es ebenso. Mein Herz wird schwer, meine Stimmung und meine Energie sinken ebenfalls zu Boden. Mich friert selbst im geheizten Auto. Ein Zaun grenzt uns voneinander ab. Hier und dort – diesseits und jenseits. Ich kann meine mitgebrachten Sachen nicht einfach verschenken – ich bin von ihnen und sie sind von mir abgeschirmt. Welcher Seite dient der Schutz? Oder ist es gar kein Schutz, sondern ein Gefängnis?

Nach der Darmentleerung bringe ich meine Sachen zur Caritas am Hauptbahnhof. Gebraucht wird vorrangig warme Kleidung, denn es ist schon empfindlich kalt. Schon beim Entrümpeln und Ausmisten denke ich an die Flüchtlinge. Es ist leichter, Dinge loszulassen, wenn jemand anderer sie dringend brauchen kann. Ich treffe auf andere Menschen, die mit Decken, Säcken voller Kleidung und auch Nahrung kommen und ihre Gaben abgeben. Ein kurzer Blick, ein kleiner Gruß, ein DANKE von der freiwilligen Caritas-Helferin. Warum weine ich jetzt? Diesseits oder jenseits des Zaunes, hier oder dort – Fülle oder Mangel, zu Hause oder auf der Flucht, Krieg oder Frieden? Alles vermischt sich am Bahnhof und an der Grenze zu Deutschland und darüber hinaus auf der Welt. Schwarz und Blond, Arm und Reich kommen einander näher. Schon lange wissen wir, dass es so wie bisher nicht weiter gehen kann. Wir essen uns zu Tode, während die anderen am Hungertuch nagen. Wir sterben an den Folgen der Fülle und andere sterben an den Folgen des Mangels. Tot ist tot. Sehen wir denn nicht, dass die Fülle auf der einen Seite nach einem Ausgleich strebt auf der anderen Seite? Eine Freundin wurde vor ihrer Bank im Auto von zwei Rumäninnen ausgeraubt. Wer nichts hat, hat auch nichts zu verlieren. Irgendwann am tiefsten Punkt der Not bleiben nur mehr die Resignation oder der Kampf um das Überleben. So war es immer und so wird es bleiben. Wir können freiwillig geben und unsere Fülle teilen oder aber der Ausgleich kommt auf andere Art und Weise zustande. Es MUSS jedoch einen Ausgleich geben – irgendwann - das ist ein universelles Gesetz.

Ich habe große Lust, die trennenden Zäune einzureißen oder besser noch, sie einfach wegzuatmen. Was ist dann? Kein Diesseits und kein Jenseits mehr, kein Hier und Dort. Eine Ausgleichung findet statt - Mangel und Fülle vereinen sich. Die Gier tanzt nicht auf dieser Hochzeit, ihr Spiel ist aus. Rien ne va plus.

Am Abend vor meinem dritten Lichtnahrungsseminar zieht es mich hinauf in unser Dachgeschoss, wo in etlichen Fotoalben unsere Vergangenheit aufbewahrt ist – fein säuberlich eingeklebt, beschriftet und teilweise sogar mit Tagebuchaufzeichnungen versehen. Das Loslassen der Bücher fällt mir vergleichsweise leicht zum Loslassen der Fotos. Wie bei den Büchern arbeite ich mit dem Biotensor. Er gibt mir ein „Ja, darf bleiben" oder „Nein, darf losgelassen werden". Der Körper lügt nicht. Es ist natürlich Ehrensache, dass ich die körperliche Anweisung, ausgedrückt über die schwingende Rute in meiner Hand, dann auch befolge. Anfangs noch zögerlich, finde ich mich bald in einem rasanten Loslass-Prozess. Ich beginne mit den Alben vor der Zeit mit Ernst. Wie viele Energien habe ich gehortet auf diesen Seiten? Auf den Fotos lächeln immer alle. Dahinter liegen die Geschichten, die oft alles andere als zum Lächeln sind. Alles weg, radikal, nichts will oder soll bleiben, keine Erinnerungen mehr, sichtbar abgebildet auf einem kleinen Stück Papier. Ich lasse Seite für Seite, Stück für Stück meine Vergangenheit in die große Bananenschachtel gleiten, um sie später dem Feuer zu übergeben. Ich komme richtig in Fahrt. Das ursprüngliche Bedauern wandelt sich mehr und mehr in eine Erleichterung. Bei meinem Kinderalbum und beim Album meiner Großmutter stocke ich. „Nein, nicht auch das!" – ein kurzer flehender Gedanke, eine kurze Wehmut, der ich nicht nachgebe angesichts der Aufforderung „soll gehen". Dann unsere gemeinsame Zeit. Beim Hochzeitsalbum bin ich schon routiniert – wenn es gehen will und soll – ich bin einverstanden. Wir sehen ohnehin auf den Fotos aus, als wären wir auf einer Beerdigung. Der dunkelgraue Anzug und das dunkelgraue Kostüm sowie unsere schuldbeladenen Blicke sprechen Bände. Alles ins Feuer der Transformation! Es bleibt nicht viel übrig im Regal. Einige unserer gemeinsamen Reisen dürfen bleiben, ansonsten bleiben viele leere Seiten in den Alben.

Leere. Die Bilder und Formen sind der Leere gewichen. Ist es nicht das, worum es auch beim Erwachen geht? All das loszulassen, woran wir unser Herz hängen, ob im Guten oder im Schlechten – alles auszulöschen, was wir mit Bildern und Etiketten versehen und in das Wagnis der Leere zu fallen?

Kapitel 21

Sender und Frequenzen

Wir sind nur sieben TeilnehmerInnen beim dritten und letzten Lichtnahrungsseminar. Zwei Personen haben einen schweren Unfall ein paar Tage zuvor, andere sagen kurzfristig ab. Die Angst vor dem nächsten Schritt zeigt sich in vielerlei Gestalten. Ich bin froh, dass das Seminar trotz der wenigen TeilnehmerInnen stattfindet, denn ich möchte zum Abschluss bringen, was ich beginne. Auch schlummert in mir die Erwartung, danach endgültig von Licht und Liebe leben zu können und das ohne Gewichtsverlust. „Meistens kommt es anders, als man denkt", sagt das alte Sprichwort. „Es kommt genauso, wie man denkt," sagen die Quantenphysiker. Da unser Bewusstsein nur etwa 6 % ausmacht, das Unbewusste also weitaus stärker ist, können wir oft erst am Ergebnis unsere tiefsitzenden Glaubenssätze und Programme erkennen.

Wie schon beim letzten Seminar tauschen wir uns über unsere Lichtnahrungserfahrungen aus. Alle essen noch, halten sich großteils an die NO GO Liste, kämpfen aber mit Gier und Essattacken. Die meisten lieben Nudeln ohne Ende. Ich erzähle von der ersten wunderbaren Zeit in den

Bergen, vier Wochen fast ohne Nahrung und dann das Gegenteil, die Gier. Da es allen so ergeht, ist es leicht, dazu zu stehen und es locker zu nehmen. Ich berichte auch von meiner wiederbelebten Kreativität, meinen Schreibwochen, der größeren Klarheit, der vermehrten Energie, aber auch von den Koliken, dem bedrohlichen Gewichtsverlust und den vielen heftigen Auseinandersetzungen in meiner Partnerschaft. Das Helle und das Dunkle in geballter Form.

Nach diesem Erfahrungsaustausch wird es schaurig für mich und am liebsten würde ich davon laufen. Die dunkle Welt lässt sich nicht länger abwehren, sie steigt aus dem Grab der Verdrängung und ich bin mit einem Male mitten drin. Einige Hellsichtige sind unter uns, die diese dunkle Anderswelt wahrnehmen können. Außerirdische, Graue, Reptiloide, Raumschiffe, Angriffe, nächtliche Entführungen, in denen uns dann Programme dieser Wesen implantiert werden – was soll das alles! Wohin bin ich geraten? In einen Science-Fiction-Film? All das Negative, all das Bedrohliche - ich bin hier auf einem LICHT-Nahrungs-Seminar!

Stück für Stück wird mit den Ausführungen über diese dunkle Welt, meiner heilen Welt der Boden unter den Füßen weggerissen. Die Flüchtlingsdebatte bildet die Spitze. Nach den Theorien der Hellsichtigen werden sie jetzt eingeschleust, ihnen wird ein Codewort eingegeben, was sie später bei einer Aktivierung des Codes umprogrammiert zum Kampf, den sie dann wie unter Hypnose ausführen. Mir reicht es! So ein Schwachsinn! Das höre ich mir nicht länger an und ich lasse meine innere Bombe platzen:

„Diese negative Sicht zieht total hinunter und macht Angst. Es gibt doch auch viel Gutes auf der Welt! Menschen tun sich zusammen und helfen. Wir beginnen durch die Flüchtlinge zu begreifen, dass die Mehrheit der Menschen nicht wie wir im Paradies lebt. Wir sind aufgerufen zu teilen. Auch können wir das Böse doch nicht nur im Außen oder in

Außerirdischen sehen. Der Krieger ist im mir, in jedem Einzelnen von uns und auch der Flüchtling. Sind wir nicht alle auf der Flucht vor wahrer Liebe? Führt unser Ego nicht ständig Kriege gegen irgendwen, am meisten gegen uns selbst? Wenn ich all das Dunkle in mir heile, heilt auch die Welt!"

Ich bin ziemlich emotional, speie meinen ganzen inneren Druck nach außen in die Mitte des Kreises. So wie damals die junge Chinesin auf Hawaii bei einem Chuck Spezzano Seminar. Ich weiß nicht mehr wie, doch die Situation in Tibet wird Thema und die grausame Besetzung durch die Chinesen. Da springt diese ansonsten sehr introvertierte, junge Frau auf, rennt auf Chuck Spezzano zu, als wolle sie ihn verprügeln. In der Schule wird sie mit anderen Programmen gefüttert. Diese Tatsachen hat sie noch nie gehört. Und sie kämpft um ihre Wahrheit, auch wenn ihr alle ernsthaft versichern, dass es die Chinesen sind, die Tibet unterdrücken und nicht umgekehrt. Lange Zeit ist sie nicht bereit, ihre erste Prägung aufzugeben. Lange Zeit verteidigt sie ihr Weltbild, das nichts anderes ist als ein eingeimpftes Programm. Danach bricht sie schluchzend zusammen. Sie ist durch Chinas Bildungssystem und durch die Medien einfach betrogen worden. Eine bittere Medizin!

Erlebe ich das nicht auch in meiner Schulzeit? Zwanzig Jahre nach dem Zweiten Weltkrieg ist der Nationalsozialismus mit seinem ganzen Grauen kein Thema in meinem Geschichtsunterricht. Erst durch den amerikanischen Film „Holocaust" erfahre ich von dem Unfassbaren. Wie versteinert sitze ich vor dem Fernsehgerät und will es zunächst nicht wahrhaben, einfach wieder ausschneiden aus meinem Bewusstsein. Das kann die Wahrheit nicht sein! Das ist ja die Ausgeburt der Hölle! Schon damals will ich die grausamen Bilder nicht hinein lassen in mich. Doch zu spät. Auch so ein Programm, das sich ständig wiederholt. Wie die Chinesin kämpfe ich um meine heile Welt, wie auch jetzt im Seminar. Doch wer weiß, vielleicht machen auch unsere Medien, unser Bildungssystem uns nur etwas vor und wir halten es für die Wahrheit oder wesentliche Tatsachen werden vertuscht und verdreht. Wer sind die Guten und wer sind die Bösen? Das ist hier die Frage. Vor allem aber: Was ist die Wahrheit?

Wir nehmen nur einen Bruchteil von dem wahr, was da ist. Es gibt im Grunde keine Materie, sondern nur Frequenzen, also Energie- und Informationsfelder, vergleichbar mit den verschiedenen Sendern im Radio. Je nach Bewusstheit nehmen wir nur bestimmte Frequenzen wahr, andere nicht. Ich bin heilfroh, dass ich auf meinem Sender die dunklen Gestalten nicht wahrnehme. Doch befällt auch mich oft aus dem heiteren Nichts das geballte Dunkle und ich weiß nicht, wie mir geschieht. Einmal in einem Wutanfall verändert sich meine Stimme und mir ist, als würde jemand anderer aus mir sprechen. Bisher habe ich es ausschließlich als das Dunkle in mir gesehen, als unbewusste Schattenanteile.

„Auf der Frequenz, auf der die meisten von uns leben, geht vor lauter Gier nach Wissen und Beschäftigung das Fühlen verloren. Das Denken bestimmt den Menschen und er folgt zu 95 % Programmen“, geht es weiter im Seminar. *„Wie das Essenmüssen, so ist auch das Schlafenmüssen ein Programm, dem wir folgen. Doch es ist nur ein kollektives Programm, es ist nicht die Wahrheit.“*

Unsere Aufgabe ist es, in der heutigen Nacht wach zu bleiben, so gut es geht und so oft als möglich die Alleinheitsatmung zu praktizieren. Außerdem ist eine Liste zu schreiben, wofür wir dankbar sind und Bitten und Absichten zu formulieren zur Lösung des aktuellen Flüchtlingsstroms und der globalen Probleme. Eine Wachnacht kenne ich schon von meiner Visionssuche am Sinai vor sieben Jahren. Ich kann auf bereits Erlebtes zurückgreifen und sehe der bevorstehenden Nacht gelassen entgegen.

Durch das erneute Nichtessen und wahrscheinlich auch durch die dunklen Inhalte fühle ich mich ziemlich klapprig. Weder ein Spaziergang noch

Wechselduschen verbessern meinen Zustand. Auch die Alleinheitsatmung hilft dieses Mal nicht. Immer wieder schlafe ich ein, selbst im Sitzen. Der Schlafentzug wird zur Folter. Um zwei Uhr nachts stehe ich auf, um meine Dankbarkeitsliste zu schreiben. Ich kenne diese Übung, mache sie oft abends vor dem Einschlafen. Dankbarkeit ist eine Facette der Liebe und erhöht die eigene Frequenz. Sie führt dazu, dass wir uns der Geschenke des Lebens bewusst werden. Über Geschenke freuen wir uns. Freude ist ebenfalls ein Aspekt der Liebe und erhöht die Frequenz. Bedingungslose Liebe hat die höchste Frequenz. Bis vier Uhr schaffe ich es, wach zu bleiben, doch alles in mir will schlafen, einfach weggehen aus dem unangenehmen körperlichen Zustand. Endlich kann ich nach einigen inneren Kämpfen die Aufgabe sein lassen und schlafe ein. Wie durch ein Wunder geht es mir am Morgen wieder gut.

Der zweite Seminartag beginnt wieder mit den Außerirdischen, da die Hellsichtigen unter uns sie erneut im Raum und rund um das Haus wahrnehmen. Das Dunkle greift uns an. Die einzige Möglichkeit diesen unsichtbaren Angriffen zu entkommen ist es, die eigene Schwingung anzuheben und in den Seelenraum bzw. in die ALLEINHEIT zu gehen. Da haben sie keine Chance. Wir erfahren, dass diese Wesen nur über uns wirken können und dass wir von ihnen manipulierbar sind über Angst und Schuld. Sie warten auf eine Möglichkeit, bei uns anzudocken, was ihnen aber nur gelingt, wenn wir uns auf niederen Frequenzen bewegen, wenn wir also dunkle Gefühle haben und das Herzchakra verschlossen ist oder wenn wir Alkohol trinken und durch die gängige Ernährung viele Mikro-organismen im Darm gezüchtet haben und noch vieles mehr. Besonders in der Nacht, im Schlaf sind wir angreifbar. Immun werden wir durch eine kräftige Aura, sie schützt uns vor ihnen.

Nicht gerade ein rosiger Beginn des zweiten Tages! Immerhin kann ich schon ein wenig mehr die Inhalte hören, ohne gleich in emotionale Wallungen zu geraten. Das Dunkle dient dem Licht. Es lässt uns aus unserer Komfortzone erwachen, es bringt uns in Bewegung, wir sind aufgefordert, uns zu verändern, uns in Richtung Licht zu entwickeln. Das ist es, woran ich glaube und ich hoffe inständig, dass dies nicht auch nur ein Programm ist, sondern die Wahrheit hinter allen Programmen und dunklen Mächten. Ich erfahre es immer wieder am eigenen Leib – die dunkelsten Zeiten in meinem Leben bringen mich am meisten voran. Ich kann daran zerbrechen oder aber darüber hinaus wachsen. Ich habe die Wahl.

Die Frage ist, ob wir global noch eine Wahl haben in dieser außer Rand und Band geratenen Welt. Und wenn, würden wir sie nützen? Die Gier nach mehr, der Druck der Zeit, die Dominanz des Verstandes, die Ausrichtung auf Materielles – wir sind alle in den Krallen des Dunklen gefangen, selbst wenn viele Scheinwerfer darüber hinwegtäuschen. Kann noch etwas zu retten sein? Oder braucht es zuerst den radikalen Einsturz, das absolute Dunkel, bevor wir uns wieder zum Licht wenden? Die Indianer sagen, dass es die weiblichen Kräfte sind, welche die Erde noch retten können. Mitgefühl für alles, was lebt, Handeln aus dem Herzen heraus, Intuition als Kanal zum Göttlichen – ohne diese Wende stehen wir an. Wir stehen ja bereits an, aber wir wollen genauso wenig hinsehen wie ich auf die Außerirdischen. Wir bleiben in der Komfortzone hocken, stellen uns taub-stumm-blind nach dem Motto „Was ich nicht weiß, macht mich nicht heiß." Jetzt mit dem überrollenden Flüchtlingsstrom kommt das Elend sichtbar vor unsere Haustüre und klopft an. So viele Menschen kann keiner mehr übersehen wie den einzelnen Bettler oder die still und heimlich in die Armut gleitende alleinerziehende Mutter. An so einem Strom kommt man nicht mehr taub-stumm-blind vorbei. So ein Strom reißt uns mit und wir haben Angst, panische Angst.

Eine dunkle Woge schwappt über mich und im Moment ist es mir völlig egal, ob dies aus meiner eigenen Angst heraus geschieht oder mir von Außerirdischen implantiert wird. Eine Nacht ist eine Nacht, ist eine Nacht! Wird auch die Erde sterben oder nur wir als „fortschrittliche" Rasse, die wir sie unserer Gier unterjochen und ausquetschen wie eine Zitrone? Oder leben wir weiter und nur unser egodurchdrungener Verstand muss sterben?

Was wird in der Zukunft von dem übrig bleiben, was mir heute lieb und wert ist?

Wer frei von Gier ist, der werfe den ersten Stein, flüstert mir die Zeugin ins Ohr. Und sie hat Recht. Es geht nicht darum, die äußeren Umstände anzuklagen, es geht darum, am Ergebnis zu erkennen, was ich selbst alles in mir trage. Hätte ich zu Beginn gewusst, mit wie viel Dunkelheit ich auf einem LICHTnahrungsweg konfrontiert bin, hätte ich mit Sicherheit mein Fluchtprogramm gewählt. Und doch, ich sitze hier, weiß gekleidet, im Kreise anderer „Weißer" und recke den Hals und spitze die Ohren. Etwas in mir will genau jetzt hier sein und genau das hören:

> *„95% von uns sind Programme, die wir übernehmen. Im Lichtnahrungsprozess geht es darum, sich von all den Programmen zu befreien. Programme sind Vorgaben, die nicht der Wahrheit entsprechen. Sich davon frei zu machen, sich zu erlösen, heißt in die Selbstermächtigung zu gehen und ein authentisches Individuum zu werden."*

Am Beispiel des Essens werden diese Programme deutlich, doch sie umfassen nicht nur das Essen, sondern unser gesamtes Sein. Und die dunklen Kräfte? Und die Außerirdischen samt ihren Raumschiffen? Welches Programm ist das?

All das bisher Gesprochene dient dem nun folgenden großen Clearing, der feinstofflichen Reinigung durch Absichten und Bitten, die wir gemeinsam in das Informations- und Energiefeld sprechen. Auf diese Weise wird das Dunkle integriert, Menschen, die vom Dunklen besetzt sind, werden erlöst und wir wachsen hin zu einer Einheit. Wir liegen am Boden, praktizieren die Alleinheitsatmung und sprechen danach unsere Bitten und Absichten für die Welt gemeinsam aus. Eine starke Energie ist spürbar und mir wird wieder ganz heiß. Es ist ein Dienst am WIR. Es ist ein Dienst an der Welt. Die Auswirkungen dieses Dienstes sind nicht zu übersehen. Die Züge unserer Gesichter sind danach weicher, die Augen strahlender, selbst die Sonne findet den Weg durch die grauen Wolken. Ich schäme mich ein wenig. Wie schnell ich doch mit Urteilen zur Stelle bin und ANgreife, bloß weil ich etwas noch nicht BEgreife. Es geht auf dieser Ebene nicht nur darum, die eigenen Schatten zu erleuchten, es geht um das Ganze. Das globale sichtbare und unsichtbare Dunkel will erlöst sein und zusammen mit dem Licht in der Einheit verschmelzen. Jetzt, wo ich ein wenig mehr verstehe, wandeln sich Widerstand und Unmut in Dankbarkeit. Und so lege ich meine Bitten der gestrigen Nacht in den Strom der anderen Bitten:

„Wir ewiges und unendliches Bewusstsein bitten die Alleinheit:

- *dass jeder Mensch die Dunkelheit in sich selbst erlöst und sich für die Liebe öffnet,*
- *dass die Liebe stärker ist als die dunklen Mächte - immer und überall,*
- *dass wir faire und liebevolle Wege finden, auf der Welt Armut und Reichtum und alle anderen Gegensätze auszugleichen,*
- *dass jeder Mensch ein sicheres und geborgenes Zuhause hat auf dieser Welt*
- *dass Mutter Erde heilt und uns vergibt. "*

In der zweiten Wachnacht geht es darum, Angst und Schuld in uns aufzulösen, da wir über diese niedrige Schwingung am meisten angreifbar sind. Wieder einmal durchforste ich meine Lebensgeschichte nach dunklen Ereignissen. In der Regel geben wir dafür anderen, uns selbst oder auch Gott die Schuld. Wenn wir erkennen können, dass wir an unseren Schwierigkeiten wachsen, geht die Schuld leer aus. Es gibt im Grunde keine Schuld, sie ist ein Programm des Denkens, eine Illusion. Dreißig Jahre meines Lebens arbeite ich bereits daran, Frieden mit meiner Lebensgeschichte zu schließen. Da gibt es nichts mehr zu verzeihen, denn alles hat seinen Sinn, seinen tieferen Grund, davon bin ich heute überzeugt. Und trotzdem hänge ich immer wieder in den alten Programmen fest. In meinen Konflikten mit Ernst und in allen anderen Lebensproblemen kommen die ursprünglichen Prägungen spontan wieder hoch und äußern sich in machtvollen Kämpfen. Solange ich mich in diesem Energiefeld und auf dieser Frequenz bewege, ziehe ich immer wieder Gleiches an. Das Leben prüft mich ständig und ich tappe in die Fallen - sei es bei Ernst, sei es bei Ron. Sobald ich mich als Opfer fühle, mache ich jemanden zum Täter. Damit schnappt die Schuldfalle zu und ich bin gefangen in dieser niederen Frequenz.

In der Meditation zur größten Angst sehe ich mich in einer Ecke eines schwarzen Würfels kauernd und bin selbst durch und durch schwarz, verlassen von Gott und der Welt. Der Atem stockt, das Herz pocht unbarmherzig weiter. Wie ein Dolch, der seine Spitze mitten ins Herz stößt, fühlt sich die Gewissheit an „Ich habe meine Seele verloren." Es folgt ein Schmerz, der mich zersplittert in tausend Teile. Nach einer Ewigkeit dringt eine sanfte weibliche Stimme an mein Ohr. *„Was ist, wenn alles nicht wahr, wenn alles nur Illusion ist? Die Seele geht nie weg, sie ist immer da. Schau, wo ihr Licht ist."* Im Bruchteil einer Sekunde sehe ich das Licht in meinem Herzen, zuerst als kleinen Punkt, der sich dann im ganzen Körper ausbreitet und auch im Raum. Das Dunkle zerplatzt wie eine schwarze Seifenblase. Wieder ist mir ganz heiß, danach wird es in mir weit und immer weiter, riesig, unendlich. Das ICH verströmt sich und löst sich auf im ALLEINEN. *„Jetzt weißt du, wer du wirklich bist"*, sagt wieder die sanfte weibliche Stimme und öffnet mir die Augen.

Programme über Programme, jede/r hat sie und alle sind im Seelenraum, in der ALLEINHEIT auflösbar. Wir erlösen nicht nur uns selbst damit. Die Erlösung in uns dringt in unser gemeinsames Energie- und Informations-feld, das löst auch kollektiv diese Themen.

Noch eine Keule ist zu verdauen auf diesem dritten Lichtnahrungsseminar. Der Satz

„Das Ego ist dann aufgelöst, wenn wir keine Werte mehr haben",

verursacht mir Gänsehaut und wirft mich schnell wieder aus dem Einheitsgefühl heraus und hinein in das weite Meer meiner Urteile. Werte sind doch etwas Gutes, Werte leiten uns, nach Werten zu leben macht das Leben erst sinnvoll. Was aber, wenn die Werte verletzt werden? Dann kommt das Dunkle hochgeschnellt wie ein Geysir und überflutet das Gute. Und schon stehen wieder Gut und Böse, Hell und Dunkel nebeneinander. Schon sind wir wieder in der Polarität zu Hause und nicht in der Einheit.

Ich kehre an die Orte zurück, wo meine Werte verletzt werden und finde mich in einem Sumpf gefüllt mit Sinnlosigkeit, Verlassenheit, Einsamkeit, Depression, Angst, Panik, Stress, Trauer, Wut, Hass und Erschöpfung wieder – alles meine emotionalen Antworten darauf. Die hellen Werte haben eindeutig eine dunkle Rückseite. Das ist mir bisher nicht bewusst. Wie sehr kämpfe ich Zeit meines Lebens um die Liebe! Auch um Gerechtigkeit, Wertschätzung und Ebenbürtigkeit. Wie passen Liebe und Kampf zusammen? Und auch die anderen Werte verlieren mit dem Kämpfen ihren eigentlichen Sinn.

Alles wieder im Bereich von Himmel und Hölle, von Schwarz und Weiß. Alles auf der Frequenz der Polarität. Die wahre Liebe ist auf einem anderen Sender zu Hause.

Kapitel 22

Am Weg nach Hause

Während ich vom letzten Seminar vor etwa drei Monaten in innerer Aufruhr nach Hause fahre, bin ich dieses Mal im Einklang mit mir und der Welt. Und das nach den dunklen Tiefgängen in den drei Tagen zuvor! Tiefer Frieden im Inneren ist ein wunderbares Gefühl. Die abendliche Herbstsonne ist mild und erleuchtet die bunten Blätter, lässt sie noch einmal strahlen in ihrer höchsten Kraft, bevor die dunkle Nacht ihren Einzug hält. Vieles ist anders seit dem letzten Mal. Bei der letzten Heimfahrt vom Seminar habe ich Schwierigkeiten, überhaupt das Auto zu lenken, so durcheinander, so aufgelöst ist alles in mir und ich versuche mich im Wald, am Boden liegend, zu beruhigen. Dieses Mal will ich die Sonne genießen, noch ganz bei mir und in mir sein – den Schatz auskosten, der wieder in mir wohnt – meine Seele. In Wirklichkeit war sie nie fort, doch Irrtümer und Illusionen haben mich das annehmen lassen. Diese sind im Seminar zerplatzt wie eine Seifenblase.

Ohne zu suchen, finde ich wieder den Platz am Waldrand vom letzten Mal und parke das Auto. Die kühle Luft erfrischt die Sinne, die Bewegung ist nach den Stunden des Sitzens im Seminarraum für den Körper eine Wonne.

Ja, der Körper – der fühlt sich schon ziemlich schwächlich an nach drei Tagen ohne Nahrung und mit nur wenig Schlaf. Ich gehe langsam und versuche, bewusst tief zu atmen. Und schon stehe ich an der Stelle, an der ich vor drei Monaten liege. Das weiche grüne Moos lädt nochmals ein, darauf Platz zu nehmen, doch die Erde ist Ende Oktober schon zu kalt. Liebevoll streichle ich dem Moos über sein Gesicht, seinen Körper. Sanft gibt es sich meiner Berührung hin, biegt sich etwas unter meinen Händen, um sich danach wieder aufzurichten. Auch ich richte mich wieder auf. Die Begegnung mit dem Moos bleibt als Abdruck in meinen Händen. Ich spüre sie noch Minuten später als wohliges Kribbeln. Das Moos ist damit ein Teil von mir und ich bin ein Teil des Mooses. Wir verbinden uns. Wir sind eins.

Ebenso ist es mit der Sonne. Ich stelle mich auf einen abgeschnittenen Baumstamm und blicke in die Sonne. Um diese Tageszeit ist das möglich, weil ihr Licht schon sanft und milde ist. Wir sehen einander in die Augen, wir verbinden uns. Sie strömt über den Blick in mich und ich verströme mich hin zu ihr. In diesem Moment sind wir ein Ganzes. Das ist die erste Prägung, das ist die ursprüngliche Wahrheit. Sie nährt mich mit Licht und Wärme und ich nähre sie mit meiner Wertschätzung. Alles fließt. Alles fließt vom einen zum anderen und wieder zurück. Nichts ist in Wirklichkeit getrennt voneinander. Es dauert nicht lange, da fühle ich auch den Baum, der nicht mehr ist. Ich fühle ihn nicht nur, ICH BIN der Baum. Mein Körper wird zu seinem Stamm und meine zur Sonne gestreckten Arme sind die Krone. Sie wiegt sich leicht im Wind, gibt sich ihm hin, wie das Moos meiner Hand. Stille. Frieden. Einheit. So stehe ich da als Baum mit Moos in den Händen, erfüllt von der Sonne. Was brauche ich mehr? Ich drehe mich in alle Himmelsrichtungen und verschmelze mit der Landschaft. Grüne Nadelbäume, bunte Laubbäume, darüber der blaue Himmel mit dem Gelb am Zenit. Die Zeit steht still.

Den Duft des Herbstes in der Nase mache ich mich nach einer Ewigkeit wieder auf den Weg zurück zum Auto.

In meiner Jackentasche befinden sich eine Nuss und ein Stein von meinen Spaziergängen vor und nach den Seminarstunden. Schon schleicht sich wieder das Denken ein und damit ein Programm. Es ist das dritte Lichtnahrungsseminar, also sollten doch drei Dinge zur Erinnerung mitkommen. Einmal gedacht, einmal das Programm eingeschaltet, läuft es weiter und bestimmt mich. Das Handeln ist gerichtet, ist nicht mehr frei. Ich möchte das passende Dritte finden. Damit bin ich beschäftigt, ich habe eine Aufgabe, die ich erfüllen „muss". Das Moos in meinen Händen, mein Körper als Baum und die Sonne im Herzen geraten in den Hintergrund. Im Vordergrund steht das Programm.

Das ist der eigentliche Seelenverlust – wir folgen den Programmen und vergessen dabei, dass wir diese weite, unendliche Seele sind. Wir verlieren uns im Tun und damit scheint unsere Seele verloren. Doch im Augenblick des Innehaltens ist sie wieder da, nimmt uns an der Hand und führt uns in das Reich dahinter.

Die weitere Heimfahrt erlebe ich als magisch mystische Reise. Ich fahre langsam, um all die Schönheit des Kobernaußerwaldes in mich aufzunehmen. Autos überholen mich, an unübersichtlichen Stellen werden manche Fahrer unruhig, weil sie sich länger meinem Tempo anpassen müssen. Ich bremse sie ein. Früher will ich niemanden behindern und fahre ebenfalls schneller. Nun bleibe ich bei mir. Ich will mich nicht mehr an das Programm anpassen, dass alles schnell gehen muss. Ich lasse mich nicht mehr drängen, weder von dem Auto hinter mir, noch im Supermarkt von der Kassafrau vor mir, nicht von Ernst und auch nicht mehr von mir selbst!

Ich lerne, meine Programme wieder zu VERlernen! Als kleines Kind ist unsere Seele noch im Vordergrund - weit und unendlich, eins mit allem, was ist. Das Kind nimmt alles auf in sich – die Programme der Mutter, die Programme des Vaters, die der Ärzte und der Lehrer, einfach alles. Wir lernen schon als Kind, wie man Eltern ein Lächeln auf den Mund zaubert oder sie zum Toben bringt. Wir lernen die Benimmregeln und die NO GOs.

Gebote und Verbote werden zu unserem täglichen Brot. Ein programmiertes Leben auf allen Ebenen. Es wird deutlich, dass alles Lernen nur mehr VERlernen sein kann, wollen wir unserem Ursprung wieder näher kommen.

Drei Tage vor mir fährt Ernst dieselbe Strecke durch den Kobernaußerwald von seinem ersten Lichtnahrungsseminar nach Hause. Wir sind im selben Boot. Interessanterweise setze ich mich genau auf den Platz, auf dem er drei Tage lang zuvor sitzt. So vieles zeugt ständig von einer Verbundenheit, die nicht mit den Augen zu erfassen ist. Irgendetwas in uns aber weiß es.

Kapitel 23

Stirb und werde

Nach dem dritten Lichtnahrungsseminar bin ich soweit, ganz ohne Essen auszukommen – so meine ursprüngliche Erwartung. Doch mein Körper spielt nicht mit. Ich verliere weiterhin an Gewicht, bin „ein Strich in der Landschaft", wie viele meine Erscheinung benennen. Alles wiederholt sich. Mein Körper ist ausgemergelt und schwach. Mit eisernem Willen könnte ich sicherlich die vorteilhaften sieben Tage ohne Nahrung durchhalten. Aber mein Körper sagt: „Stopp, die Grenze ist erreicht. Noch mehr abnehmen ist einfach nicht mehr drin." Die Todesangst klopft an. Statt ihr Raum und Zeit zu geben und sie zu fühlen, treffe ich vorschnell die Entscheidung, wieder zu essen. Für hieb- und stichfeste Gründe sorgt wie immer mein Verstand. Ich folge wie so oft der Angst und nicht dem Gottvertrauen.

Leben und Sterben, zwei Pole, die immer wieder miteinander kämpfen in meinem Leben. Auf der einen Seite ist der Tod für mich wie der erlösende Schlaf, der mich aus dieser grausamen Welt wegträgt. Mit neunzehn Jahren wähle ich ihn „freiwillig". Zu ausweglos sind die Wirrnisse meines Lebens, kein Licht mehr in Sicht. Doch es ist noch nicht meine Zeit. Irgendetwas ruft meinen Vater – mit dem mich zu dieser Zeit eine Haß-Liebe verbindet. Er ist es, der mich findet und mir zum zweiten Male das Leben schenkt. Auf wundersame Weise hört er meinen stummen Ruf. Seit damals habe ich wieder ein Nahverhältnis zu Gott. Der Weg zu meinem Vater dauert länger, doch auch bei ihm komme ich an.

Dann wieder erlebe ich mich mitten in der prallen Lebenslust. „Darf es ein bisschen mehr sein von allem, was das Leben in Hülle und Fülle bietet - ja, ein bisschen mehr darf es immer sein". Auf dieser Seite ist der Tod eine panikmachende Gefahr, da er all das Schöne mit einem Schlag auszulöschen vermag. Nicht nur der große Tod, auch zahlreiche kleinere Tode säumen mein Leben. Wie vieles fühlt sich wie Sterben an: Die Regulierung der ursprünglichen Wildheit, das wiederholte Fallen aus dem Paradies, der Verlust der ersten großen Liebe, der Absturz eines Computers am Karfreitag oder der tägliche Routinebrei eines unerfüllten Lebens. Mit zunehmender Feinfühligkeit auch das Sterben der anderen, vom abgeholzten Baum und vom toten Tier am Teller bis hin zu Krieg und Mord unter Menschen, den Seelenmord miteingeschlossen.

Doch wie nach dem Ausatmen ganz selbstverständlich der nächste Atemzug folgt, so folgt dem Sterben das Werden.

24.10.2015

Heute stelle ich mich zum ersten Mal nach langer Zeit auf die Waage. Ich kann nicht sagen, was mich antreibt, ich tue es ganz einfach. Beim Anblick der Zahl bespringt mich die Angst wie ein Tiger, der nach langem geduldigen Abwarten endlich ansetzt zum alles entscheidenden Sprung. 41,20 kg! Ich habe bereits 14 kg Substanz verloren! Entsetzt betrachte ich meinen Körper und mein Gesicht im Spiegel. Eigentlich ist es nicht viel anders als gestern. Trotzdem ist jetzt alles anders. Der Tiger zermalmt mich genüsslich in seinem Maul samt meinem bisherigen Mut und meinem bisherigen Vertrauen. 45 kg ist in meinem Sicherheitsprogramm die absolute Untergrenze, alles darunter ist NO GO! Woher kommt dieses Programm? Von einer internen Alarmanlage? Ich erinnere mich, welchen Schock ich damals nach den ersten elf Tagen ohne Essen habe, als die Waage 47 kg anzeigt. Heute erscheint mir dies als zu erstrebendes Idealgewicht. Alles ist eine Frage der Perspektive!

Ein sonnig strahlender Herbsttag, die ausgesuchte Wanderung zu den Abtenauer Wasserfällen führt uns jedoch ins Schattenreich, direkt an felsigen, schroffen Wänden entlang. Die inneren Bilder sind ebenso. Ich sehe mein eigenes Begräbnis. *„Sie war stets eine Suchende"*, sagt jemand am offenen Grab. Ich höre es im Sarg und stimme den Worten zu. *„Sie hat sich nicht leicht getan auf dieser Welt, sie war immer ein wenig anders, hat nie so ganz dazugehört und daran gelitten."* Die Mienen der dunkel gekleideten Menschen sind starr. Vereinzelt eine Träne.

Dann wieder Bilder eines plötzlichen Todes, ganz unerwartet, von einer Sekunde auf die andere umfallen und tot sein, Herzversagen oder überhaupt Organversagen. In irgendeinem Buch lese ich, dass ein Körper sich auch selbst verdauen kann, wenn von außen nichts kommt. *„Sie starb an Selbstverdauung"*, sagt wieder der Mann am offenen Grab. Ist es Ernst? Ein paar der Gesichter können nun ein kleines Lächeln nicht verbergen. Ich bin nicht tot, wie alle meinen. Wieder erfülle ich die Erwartungen im Außen nicht. Ich bin nicht mehr lebendig im Körper, aber ich bin auch nicht tot. Ich höre und sehe die ganze Zeremonie, ich bin dabei auf irgend eine andere Art und Weise. Ich habe die Dimension gewechselt, meine Wellenlänge ist nun eine andere.

Die Angst vor dem Tod ist mir ständig auf den Fersen. Oft nicht sichtbar, weil sie sich gut tarnt im Gestrüpp des Alltags. „Ich sehe dich nicht, also gibt es dich nicht" – ist eine Haltung, die schon einige Zeit gut über die Runden kommen lässt. Doch in bestimmten Momenten überfällt sie mich von hinten. Es sind nicht jene Momente, in denen ich glücklich und eins bin mit der Welt. Es sind jene Momente, in denen ich bereits aus diesem sicheren Nest gefallen bin. Dabei fällt mir auf, dass die Todesangst es im Grunde auch gut meint mit mir, wenn ich entsprechend auf sie reagiere. Im ersten Moment versteckt sich auch diese Wahrheit gut im Gestrüpp. Oft erst nach Jahren oder gar Jahrzehnten wird sie offensichtlich. So springt mir der Tiger der Angst in meinen späten Dreißiger Jahren ziemlich unsanft ins Genick durch etliche Symptome, die ich meiner Nikotinsucht zuschreibe. Ich huste grässlich, das Atmen fällt immer schwerer und die Haut im Gesicht wird immer fahler. Die Todesangst treibt mich dazu, mit vierzig Jahren die Zigaretten sterben zu lassen und das bis heute. In meinem Leben verändert sich vieles dadurch zum Positiven.

Ganz ähnlich verhält es sich mit den vielen Symptomen im Bauch, die durch meine Nahrungsmittel-Unverträglichkeiten, Pilze und Parasiten im Darm ebenfalls den Tiger wieder springen lassen, dieses Mal als Angst vor Krebs. Zunächst laufe ich davon, suche bei verschiedenen Ärzten und Heilpraktikern Zuflucht. Ich investiere viel Geld, um dem Tiger zu entkommen. Ein kurzes Hoffen, ein langes Bangen und viele Ent-Täuschungen säumen diese Flucht, die schließlich in der Sackgasse endet „mir kann keiner helfen". Und schon ist er wieder da, umkreist die hilflose Beute, langsam und in völliger Präsenz, bevor er springt und mich verschlingt. Ich erfahre dabei, dass der Todesangst erliegen nicht gleichbedeutend mit Sterben ist, obwohl es sich wie Sterben anfühlt. Wie durch ein Wunder komme ich nach der Attacke wieder auf die Beine, die Todesangst verzieht sich und das Leben geht einfach weiter. Kurz darauf tut sich der Wegweiser „Lichtnahrung" auf und ich gehe völlig neue Wege.

Nun ist die Angst vor dem Tod wieder da beim Anblick der Zahlen auf der Waage. Von einem Moment auf den anderen liegt etwas Dunkles über allem. Der pelzige Geschmack im Mund fühlt sich nun bitter an. Ein Zittern erfasst die Beine. Wage ich mich zu weit über die gesunde Grenze? Folge ich etwa wieder nur meinem Ego, das mir ein höheres Ziel vorgaukelt, um mich am Ende wie immer klein zu machen oder gar tot?

Dabei blicke ich vor sieben Jahren der Todesangst standfest ins Auge. Das alte indianische Ritual der Visionssuche ruft mich mitten in meiner Midlife-crisis. Die Visionssuche ist besonders in Krisen oder bei Lebensübergängen eine wertvolle Hilfe, inne zu halten um sich neu auszurichten. Vier Tage und vier Nächte allein in der wilden Natur ohne Nahrung, ohne Zelt, ohne Ablenkung – das ist ein gefundenes Fressen für die Angst vor dem Tod. Noch dazu mit einem Körper, der vorne und hinten ausrinnt und fiebert, weil das „letzte Abendmahl" der Beduinen den Darm restlos kollabieren lässt. An Flucht ist nicht mehr zu denken. Allein in den Bergen des Sinai, in einem Körper, der nichts mehr hält und gezeichnet ist von der Hitze des Tages und der Kälte der Nacht – was bleibt mir anderes übrig, als aufzugeben. Ich lasse los, weil ich gar nicht mehr die Kraft habe, an irgendetwas festzuhalten. Wenn ich hier und jetzt sterbe, ist es gut so wie es ist. In vielen Übungen werden wir zuvor auf diesen Moment vorbereitet. Meine Abschiedsbriefe an meine Lieben hat das Feuer bereits in den Himmel getragen. Meine Vergebens- und Dankbarkeitslisten ebenso. Es ist alles getan, dem ist nichts mehr hinzuzufügen. Ich bin bereit. Und so erfahre ich, dass in der AUFgabe das wundervolle Geschenk der HINgabe liegt. Hingabe an das große Ganze, Hingabe an Gott oder an den Großen Geist, wie ihn die Indianer nennen. „Dein Wille geschehe, nicht der meine" – ein unauslöschbarer Eindruck, ein Stempel im Bewusstsein auf immer und ewig.

Bei der Visionsfindung geht es um ein symbolisches Sterben, nicht um ein reales. Es geht darum, unser Ego sterben zu lassen. Nach indianischem Brauch sterben wir bei diesem Ritual als die, die wir sind und kommen danach als neuer Mensch wieder nach Hause. Sterben, um zu werden. Und trotzdem, trotz all dieser wunderbaren Wandlungen ist mir immer noch oder schon wieder die Todesangst auf den Fersen und ich laufe davon. Am Sinai tauche ich in die absolute Gewissheit ein, dass ich nicht weiter fallen kann als in Gottes Hand. Was also kann mir in Wahrheit passieren? Es ist nur die Hülle, es ist nur der Körper, der sich mit seiner Haut über mein wahres Wesen spannt. Dieses jedoch ist unsterblich. Wozu also die Angst?

Wieder einmal vergesse ich das Wahre und Wahrhaftige und gebe meine Macht an Äußeres ab, an eine Zahl auf einer Waage! Es ist nicht so, wie die Zahl es verkündet. Ich bin sehr lebendig. Ich steige die Berge hinan, habe ausreichend Luft zum Atmen, auch wenn mein Herz dabei etwas stärker pocht. Doch Gott sei Dank spüre ich mein Herz! Ich erfreue mich an der Farbenpracht der Bäume und darauf, aus dem Schattenreich wieder in die Sonne zu gelangen. Ich bin mit Sicherheit lebendiger als vor einem Jahr mit Normalgewicht. Trotzdem – die Angst vor dem Hungertod ist stärker. Das Programm setzt sich durch. Die Entscheidung ist schnell getroffen, ab heute esse ich wieder. Das Licht oder die Liebe oder die freie Energie nähren mich noch nicht ausreichend. In den Bergen ja, aber im Alltag nicht. Ich bin einfach noch nicht so weit, die Energie zu halten bzw. sie in mich hineinströmen zu lassen. Das Zulassen dieser Gedanken erleichtert mich im Moment. Ich habe auch keine Versagensgefühle, immerhin geht es allen in der Gruppe ähnlich. „Lichtnahrung in drei Tagen" funktioniert somit nicht wirklich bei mir, auch nicht in dreimal drei Tagen. Doch der Blick allein auf das Essen gerichtet, ist ein Tunnelblick. Mit jedem Seminar weitet sich mein Bewusstsein im Erkennen, um wie viel mehr es im Grunde geht. Der Prozess geht weiter und weiter. Im Augenblick schlürfe ich genussvoll und ohne Gier meine Bananen-Mandelmilch, die ich vorher segne und Schluck für Schluck achtsam in mir aufnehme wie einen Schatz.

25.10.2015

Der Herbst schenkt uns wie auch schon der Sommer einen herrlichen Tag nach dem anderen. Wieder ein paar Gramm Gewicht verloren, trotz der Bananenmilch. Heute springt mir keine Todesangst mehr ins Genick. Heute sind die Zahlen schon vertraut und mit jedem weiteren Tag legt sich die Routine über den ursprünglichen Aufschrei. Das Abwegige wird zur Normalität und ich lebe mein Leben weiter, als sei nichts geschehen. So ist es auch mit den Flüchtlingen. So ist es mit dem Terror. Und so ist es mit dem ganz normalen täglichen Wahnsinn in Kirche, Wirtschaft und Politik.

Ron ist aus der Versenkung wieder auferstanden. Per Mail lässt er uns mitteilen, dass er wieder nach Salzburg kommt und seine Arbeit fortsetzen will, so als sei nichts geschehen. Seit seinem Untertauchen sind anderthalb Jahre vergangen. Ein spiritueller Lehrer, ein Gesandter des Geistes und der lichtvollen Welt und sein Erbe. Vier Jahre fühle ich mich großteils zugehörig, das hat schon einen Wert! Endlich unter gleichgesinnten und sensiblen Wesen! Ich lebe auf. Dank seiner Kräfte steigen wir hoch in den Meditationen und auf unseren spirituellen Reisen. Außerhalb des Gruppenraumes fallen wir tief und immer tiefer. Unser Ego zischt aus allen Ecken, wir stoßen uns an unseren Kanten, wir verletzen uns, wir tappen in die zahlreich aufgestellten Fallen des spirituellen Hochmuts, weiter und besser als andere zu sein. Wir arbeiten geistig an der Heilung der Welt und werden selbst immer „unheiler" dabei.

Ich sehe es und sehe es nicht.
Ich nehme es wahr und will es nicht wahr haben.

Das Licht weicht immer mehr dem Schatten, aus Freiheit wird Abhängigkeit, aus Liebe wird Angst, aus dem ursprünglichen Miteinander wird Rivalität. Und dann kippt auch der Meister selbst, wird seinerseits abhängig von uns und unserem Geld. Er als spirituell geistiges Prinzip stellt sich über die Materie und würdigt sie nicht. Nicht nur das, er blendet sie auch aus, als sei sie nicht der Boden, auf dem er steht und geht, isst und schläft. Er sitzt am hohen Ross, das von uns Irdischen gefüttert wird und fällt, fällt, fällt. Alles nur eine Frage der Zeit. Aus der Traum von Heimat, ein Tod auf Raten. Wieder eine Suche im Außen, die scheitert. Sich spirituell einem Menschen anzuvertrauen, ist mindestens so intim wie sich sexuell zu öffnen. Nackt und verwundet bleibe ich wieder einmal auf der Opfer-Frequenz zurück. Auch das Sterben wird zur Routine. Doch einige Zeit nach der Leere des Loslassens bin ich dankbar und froh über diesen Tod. Er wirft mich radikal auf mich selbst und meine eigenen Kräfte zurück.

6.11. 2016

Schon um 5 Uhr morgens werde ich wach und bin fit und das nach nur fünf Stunden Schlaf. Die erhöhte Energie in mir ist eine der angenehmsten Auswirkungen des Lichtnahrungsprozesses. Jahrelang zwingt mich eine bleierne Müdigkeit zu Schlaf und noch mehr Schlaf. Das Ergebnis ist noch weniger Energie. Ich, die früher Minute für Minute ein zähes Ringen führt, um noch ein wenig liegen bleiben zu können, stehe freiwillig auf, weil ich nach fünf Stunden ausgeschlafen und bereit für die Aufgaben des Tages bin. Die chronische Müdigkeit, das stille und heimliche Sterben meiner Energie und Lebenskraft ist zu Ende. Und so sitze ich kurz nach fünf Uhr morgens bereits am Laptop und schreibe an meinem Buch.

Ist Schreiben meine Berufung?

Auf jeden Fall nährt es mich. Es gibt Sinn, es bringt Freude und es ist, als würde das wahre Wesen in mir erst jetzt zu leben beginnen. Es ist wie eine Geburt.

Du denkst, du verlierst vieles, dabei gewinnst du alles.
Du denkst, du musst sterben, dabei wirst du neu geboren!

Kapitel 24

Den Kampf sterben lassen

Jeder Schritt in Richtung Liebe hat zur Folge, dass sich über kurz oder lang die dunkle Seite aufbäumt. Das Ego kämpft um sein Bestehen, lässt sich so einfach nicht über Bord werfen. Das Leben auf dieser Wellenlänge ist zyklisch und polar. Krieg und Frieden, Liebe und Hass, Gut und Böse stehen einander gegenüber, wechseln sich ab im stetigen Rhythmus wie Ebbe und Flut. Nichts essen und Heißhunger, Bescheidenheit und Gier und was es sonst noch für eigenwillige Paarkonstellationen gibt – überall herrschen diese Gegensätze. Je mehr ich auf die eine Seite lege, desto mehr fordert die andere Seite sich ein, oft bis zur Eskalation. Doch ist es wirklich vorgesehen, dass die verschiedenen Pole miteinander kämpfen? Kämpfen Ebbe und Flut etwa miteinander oder Tag und Nacht? Zückt der Frühling sein Schwert und führt Krieg mit dem Winter? Die Gegensätze der Natur folgen ganz einfach der vorgegebenen Ordnung, dem universellen Prinzip. Sie leben nebeneinander und sie leben miteinander. Das eine ist gleich gut wie das andere. Ohne das eine gibt es das andere nicht. Nur unser Ego-Verstand urteilt und bewertet. Nur er spielt Himmel und Hölle mit uns und wir frohlocken entweder oder wir leiden.

Zunächst lehnt sich alles in mir noch auf. Ich will den Gipfel und nicht das Tal. Ich will nicht ständig aus dem Paradies auf den Beton klatschen und bluten. Gerade ist es noch schön und schon ist wieder Krieg. Das halte ich nicht länger aus und ich will es auch nicht länger aushalten. Mit meinem Widerstand gegen das, was ist, wähle ich die Hölle. Nichts Neues und doch sickert wie vieles auch diese Erkenntnis nur langsam vom Kopf ins Herz. Allmählich erst begreife ich, dass die Dualität im Alltagsbewusstsein einmal auf diese und ein anderes Mal auf die gegensätzliche Seite führt. Damit ist ein Ausgleich geschaffen und zwei getrennte Hälften vereinen sich zu einem Kreis. Ein kosmisches Gesetz vollzieht sich. Auf einer höheren Frequenz des Bewusstseins gibt es weder die eine noch die andere Seite. Auf dieser Ebene ist die Urliebe allen Seins der Kreis und das, was ihn füllt.

Den Kreislauf des Lebens annehmen – das ist die neue Medizin.
Natürlich ist sie wieder bitter und schmeckt scheußlich, bevor ihre Wirkung sich entfaltet.

13.11.2015

Nach kurzer Rast am Gipfel mit neuen Aus- und Weitblicken erfolgt wieder einmal der Abstieg. Erneut leide ich an den Angriffen auf meinen Selbstwert. Ernst ist Meister darin. Schnell hocke ich wieder im Verlies meiner Opferrolle und kann nicht heraus. Ernst ist der Täter und ich versinke im Sumpf negativer Gefühle. Soweit mein lebenslängliches Trauerspiel. Alles in mir strebt nach Trennung. So will ich nicht länger weiter leben. Ich will lieben und geliebt werden! Ich will keine Kriege mehr führen! Und sitze da und grolle schweigend oder breche vulkanisch aus. Ernst schlüpft in diesem Theater stets in das Kostüm der spirituellen Überlegenheit und versucht mich mit weisen Ratschlägen wieder auf die richtige Spur zu bringen. Wie bei einer Felswand gibt es auch bei ihm keinen Griff zum Anhalten. Absturz in das Bodenlose. Die Tür zum Herzen knallt zu. Eiskalter mentaler Felsen trifft auf verschlossenes Emotionsherz. Kein gemütliches Date!

Die negative Stimmung zieht Kreise, wie ein Stein, den man ins Wasser wirft. Ich esse wieder mehr, als ich Hunger habe. Was läuft falsch? Ich habe nicht genügend Vertrauen, auf keiner Ebene. Beim Essen nehme ich selbst wieder das Steuer und damit die Kontrolle in die Hand. Vielleicht wäre mein Gewicht wieder von ganz alleine nach oben geklettert, wie andere Lichtköstler es beschreiben. Wieder dem Himmel nicht vertraut in letzter Konsequenz! Und in der Partnerschaft ist es ebenso. Immer wieder versuche ich das Ruder der Kontrolle zu ergattern, um dort hin zu steuern, wo es sich für MICH gut und richtig anfühlt. Dafür kämpfe ich und das Zeit meines Lebens und höchst wahrscheinlich darüber hinaus.

Eben noch bin ich getragen und geführt, gut in mir, im Frieden und glücklich. Wo bin ich jetzt? Ich hocke in meinem Unglück und komme nicht mehr heraus. Den Weg der Liebe kann ich jetzt nicht gehen. Warum nicht? Weil alles ein uraltes Programm ist. Weil es auch schon als Kind so war und viele Leben davor.

„Nichts wert!"

Das ICH schrumpft zum Häufchen Elend, das nicht mehr auf dieser Welt sein möchte, ja schon gar nicht auf diese Welt kommen will als lediges Kind, über alle Beteiligten Schmerz und Schande bringend. Die Härte dieser Welt, meine junge Mutter in ihrer eigenen Not und Verzweiflung, die Überforderung meines ebenso jungen Vaters, das sexuelle Verbot vor der Ehe, die engen Moralvorstellungen meines Großvaters und der Kirche, der durch mich erfüllte Wunsch meiner Großmutter nach einem zweiten Kind - all das, was schon in der Wiege liegt, bevor das Kind darauf gebettet wird - kann jemand diese Ur-Programme je überwinden? Ich kann es nicht, bin viel zu klein für diese Dimension und ich bin des Kämpfens schon so müde! Rien ne va plus. Es liegt nicht in meiner Macht, all das Dunkle in meinen Zellen und in meinem Informationsfeld zu transformieren. Ich gebe den Kampf dagegen auf und damit mein lebenslängliches Überlebens-Programm.

Jetzt und hier gebe ich auf und falle ganz.

Ich falle in den tiefen Brunnen der Verzweiflung eines kleinen Kindes, das sich verlassen und ungeliebt fühlt. Dieser Schmerz ist heftig und schüttelt mich durch und durch wie der Schleudergang die Wäsche in der Waschmaschine. Danach schaltet sich das Programm von selbst wieder ab. Alles ist wieder still und friedlich. Das ist alles, worum es geht: „Fühle die Gefühle." Mehr ist nicht zu tun. Es regelt sich alles von selbst. Nur der Kampf dagegen unterbricht den natürlichen Lauf. Alle Register werden gezogen, nur um da nicht hinfühlen zu müssen, wo es sich wie Sterben anfühlt, nur um die Hölle zu vermeiden. Nehmen wir sie an als im Moment gegeben, taucht ein paar Momente später die Wahrheit aus dem Urgrund auf. Alles ist nur ein tragischer Irrtum, ein Kurzschluss im Gedankennetz.

Auf der anderen Seite des Brunnens wartet die Wahrheit. Einfach den Kampf aufgeben und fallen ohne den Versuch, sich doch noch irgendwie retten zu wollen. Bereit sein mit Haut und Haar unterzugehen. Versinken bis zum Grund und warten auf das, was von selbst geschieht. Plötzlich ist alles wieder klar.

14.11.2015

Wieder steht ein Seminartag unserer Jahresgruppe „Kurs auf Liebe" an. Unserer Ausrichtung auf Liebe ruft auch wieder all die dunklen feinstofflichen Geister und Gestalten in Aktion. So auch heute Morgen vor der Gruppe. Eine Woge der Aggression, ja sogar des Hasses schwappt über Ernst und mich und wir ringen nach Luft. Der Auslöser ist mir kurz danach gar nicht mehr in Erinnerung. Also worum geht es wirklich? Kleine

Unstimmigkeiten, kleine Dominanzen und ein riesiges Theater. Ernst verweigert seine Teilnahme an der Gruppe – beleidigter Rückzug, typisch! Meine Wut steigert sich ins Unermessliche. Wie die glühende Lava aus dem Vulkan bricht es aus mir aus und ich werfe mit verletzenden Worten um mich, wahl- und ziellos, nur um die eigene Verletzung nicht so spüren zu müssen. Ein sinnloses Unterfangen, denn jedes verletzende Wort verletzt mich mindestens ebenso wie mein Gegenüber. Die Rebellin in mir ist bereit zu allem. Ich werde die Gruppe alleine führen, das kann ich! Und wie ich das kann! Ich habe genug von all den Dramen, dem ganzen traurigen Theaterstücken, die sich aneinander reihen wie die Glieder einer Kette. Es reicht! Ich stürme davon, ich breche auf. Ich bin außer mir.

Wer bin ich?
Ich bin mir fremd und ungeheuerlich!
Das bin nicht ich in Wahrheit!

„Es ist ja nur Notwehr" flüstert mir das Ego beruhigend ins Ohr. Doch ich erkenne, dass ich eine uralte Strategie der Kriegsführung anwende. Das eigene Opfersein rechtfertigt die Rache. Somit ist es legitim, ganze Völker und Länder auszulöschen. „Es ist ja nur Notwehr!"

Der Himmel führt mich zunächst in die Praxis, um noch ein paar Dinge für das Seminar zu holen. Dieser kurze Stopp unterbricht meinen „Blindflug." Die dunklen Dämonen kommen und setzen alles daran, den „Kurs auf Liebe" zu unterbinden. Ja, und die inneren dunklen Gestalten halten es ebenso. Das Ego kämpft um sein Überleben. Immer heftiger fällt es ein, aus dem Nichts zerstört es alles, worauf es trifft, wie die Bomben in Paris, wie der gewaltsame Tod mitten in der Stadt der Liebe. Wenn ich jetzt so weiter mache, den heutigen Seminartag alleine durchziehe und die bereits geplante Fortsetzung für das nächste Jahr absage, dann haben die dunklen Mächte gewonnen, kommt es mir im Kreisverkehr Richtung Seminarzentrum in den Sinn. Ich drehe zwei Kreise und nehme dann die Abfahrt zurück nach

Hause. Dort sitzt Ernst mit angespannter Miene, aber auch irgendwie erleichtert, als ich zurück komme und ihn abhole.

Im letzten, entscheidenden Moment siegt das Licht wie immer bisher und die Schatten lösen sich auf für kurze Zeit. Wie immer läuft das Seminar dann wunderbar. Unser heutige Thema ist „Schuld und Sexualität". Kein Wunder, dass sich zunächst alles in uns sträubt, dorthin zu gelangen, wo es um das „Eingemachte" geht. Schuld und Sexualität verknüpfen sich in unserer langen gemeinsamen Geschichte zu einem dicken Strick, mit dem wir unsere Urkräfte knebeln. Und wie bei einer hängen gebliebenen Schallplatte, die immer und immer wieder die gleiche Rille abspielt, hängen auch wir fest in diesem Thema.

Durch unsere Offenheit öffnen sich auch die anderen und wir erleben gemeinsam eine Woge hin zu neuem Aufbruch, hin zu neuen Ufern. Wie offensichtlich muss es uns denn noch gezeigt werden: Es geht nicht nur um die eigene Person – es geht um eine größere Dimension. Mit unserem Voranschreiten schreiten auch andere voran. Mit der Heilung all der unheilvollen Themen in uns, heilen wir das kollektive Feld. Mit unseren Visionen für das persönliches Glück und die persönliche Freude, entwerfen wir auch Visionen für die ganze Welt. Die Energie fließt nach der Ausrichtung. Wir haben es heute gerade noch in letzter Minute geschafft, das Ufer zu wechseln, die dunklen Mächte ziehen sich schmollend zurück.

So geht es uns allen, die wir uns auf den Weg machen. Himmel und Hölle warten bei jedem Schritt auf uns. Die Frage ist nur, wie lange bleibe ich in der Dunkelheit hängen? Es geht immer wieder darum, das Schöne und das Schwere zu integrieren in das große Ganze, die Polarität wertfrei anzunehmen als einen Fluss mit zwei Ufern - im Wissen um die Quelle, aus der er entspringt.

„Das Durchgehen durch die immer wieder kehrenden Themen ist wie Staub saugen", sagt Susanne, eine spirituelle

Freundin, unlängst zu mir. „*Das tut man auch immer wieder und trotzdem kommt immer wieder neuer Staub. Das ist ganz normal! Ein Teil von uns denkt, er sei getrennt, er sei nicht im ALLEINEN. Es ist ein Traum. Und es geht darum, daraus zu erwachen.*"

Was hält mich davon ab, aus dem Traum zu erwachen? Was lässt mich trotz besserem Wissen immer noch kämpfen mit aller Kraft wie Don Quijote gegen Windmühlen? Wo doch auf der anderen Seite des Brunnens der Schatz so greifbar nahe ist. Mein Ego will nicht einfach das Feld räumen. Es bäumt sich auf. Das ist der grundlegende Kampf, auf dem alle anderen Kämpfe aufbauen. Das Ego wehrt sich. Es will leben und nicht sterben. Es ist ein Teil von mir. Bisher ist es mein sehnlichster Wunsch, es zu verändern, zu transformieren, sterben zu lassen. Doch das Ego ist zweifelsfrei auch der Motor meiner Entwicklung. Es kämpft oberflächlich gegen die Liebe, doch die Unterfäden sind göttlicher Natur. In der Tiefe dient es der Liebe. Immer wieder erschüttert es mich und führt mich dadurch zu neuem Aufbruch. Immer wieder lässt es mich sterben und führt mich dadurch zur neuen Geburt. Das Ego ist ein Teil von mir, ich kämpfe mit mir selbst. Und ich gebe meine Macht ab, indem ich es für stärker halte als mich. Was aber, wenn ich den Kampf loslasse? Was aber, wenn ich es zärtlich in den Arm nehme wie ein kleines bedürftiges Kind?

Ich beginne zu erkennen, dass ich mich weder vom Paradies in seiner ganzen Pracht noch von der Hölle in ihrer ganzen Qual ablenken lassen darf von der eigentlichen Entscheidung, mich immer wieder neu weiter entwickeln zu wollen. Die Inhalte des Lebens sind einmal am Gipfel, einmal im Tal angesiedelt. Das ist der Weg im Außen. Im Inneren geht es darum, immer wieder neu das Göttliche in allem zu erkennen, das alles mit allem verbindet und das uns ruft. Bin ich bereit, mich und meinen Beitrag der Welt zu geben? Bin ich bereit, all meine Liebe zu geben und auch all die Liebe, die mir gegeben wird, zu empfangen?

15.11.2015

Unseren neuen Aufbruch besiegeln Ernst und ich heute mit einem gemeinsamen Ritual. Morgens meditiert jeder von uns für sich am eigenen Meditationsplatz. Neu ist, dass wir danach zusammen kommen, um noch gemeinsam zu meditieren und uns miteinander auf einer tieferen Ebene zu verbinden. Dabei sehen wir uns einfach lange in die Augen, wir „joinen", wie Lency Spezzano diese Übung nennt. Dann legen wir unseren Wunsch, eine liebevolle, trantrisch-sexuelle, spirituelle, wertschätzende und ebenbürtige Partnerschaft zu leben in das große Feld und sagen JA zueinander und zur beiderseitigen Entwicklung. Auch reden wir über unsere Visionen vom Miteinander. Ernst hat keine Bilder dazu, es darf ihm gar nicht gut gehen. In seinem Programm ist Genießen nicht vorgesehen, sondern harte Arbeit. Wieder ist die Bilanz zunächst erschütternd, doch bringt sie die verdeckten Schatten an das Licht. Mein größter Schatten ist der subtile Rückzug auf allen Ebenen. Längst schon lebe ich in meiner Parallelwelt mit mir alleine und versuche, es mir hier schön zu machen. Längst schon habe ich mein Geben drastisch reduziert, in der Meinung, dass es ohnehin nicht ankommt. Wir tauschen uns aus, wir teilen uns mit. Dieses Mal ohne Vorwurf und ohne Krieg. Dieses Mal sitzen wir auf dem Meditationsteppich im selben Boot.

Werden wir uns wieder annähern können nach all dem Trennenden?
Werden wir, wie so wundervoll am Beginn unserer Beziehung, noch einmal zusammen geführt?
Ist die Schuld aus diesem und aus vergangenen Leben endlich überwunden und damit der Platz frei für die Freude aneinander?

In all den früheren Leben ist Ernst in irgendeiner Form ein Geistlicher und ich verkörpere als Frau die Sünde. Ich zahle wiederholt mit meinem Leben den Preis für die nicht gestattete Liebe. Ist das die allergrößte Angst in uns - Liebe und kurz darauf der Tod? So beginnt unsere Beziehung in diesem Leben, so endet unsere Beziehung in früheren Leben. Liebe und Tod, Seite an Seite. Ein unlösbares Dilemma. Gebe ich mich der Liebe hin, muss ich sterben. Gibt Ernst sich der Liebe hin, muss die Frau sterben und er bleibt zurück als Versager, als Schuldiger. Und doch ganz klein flackert ein Flämmchen im Herzen und erhellt die Lage:

Wenn alles Liebe ist, so ist es auch der Tod.

20.11.2015

Eine sehr freudvolle Woche liegt hinter mir. Immer wieder staune ich über die Auswirkungen von unserem „Kurs auf Liebe". Ein neuer Wind weht in unserer Beziehung seit dem letzten Seminartag. Wir sind jetzt ein Team, das es mit den eingefahrenen sexualitätsfeindlichen Programmen aufnimmt. Das macht einen bedeutsamen Unterschied. Wenn keiner schuld ist, sind wir endlich befreit vom uralten Opfer-Täter-Spiel und damit vom Krieg.

Täglich sitzen wir jetzt auf dem Meditationsteppich im selben Boot und verbinden uns miteinander. In der Verbindung liegt alle Kraft, nicht im Kampf! Der Kopf weiß es schon so lange, aber jetzt erst rutscht die Erkenntnis in das Herz. Nun ist sie gelandet, wo sie hingehört und öffnet die Tore. Wir verbinden unsere Energien, indem wir unsere Handflächen aufeinander legen und schenken uns lange Augen-Blicke. Männlich und Weiblich vereinen sich durch diesen Energiekreislauf, die Gegensätze verschmelzen. In dieser Verbundenheit kann ich das Göttliche in Ernst sehen und damit sein wahres Wesen. Neu ist auch, dass wir die Alleinheit um Unterstützung für unsere Anliegen bitten. Wir holen damit den Himmel in unser Boot. Das hat Kraft, das bringt Energie. Vor allem bringt es Liebe, die nährt und beflügelt.

Eine neue Geburt nach all den schmerzlichen Wehen?

Wir freuen uns wieder aufeinander, wir schätzen die gemeinsame Zeit wieder, ja wir nehmen uns die Zeit! Gestern Abend gesteht mir Ernst scheu wie ein pubertierender Junge, dass er sich neu verliebt hat in mich. Alles in mir jubelt. Mir ergeht es ganz gleich. Ich finde ihn wieder innerlich und äußerlich attraktiv, mich zieht es wieder magisch in seine Nähe.

Alles ist einfach Wunder-voll!

Auch meine für mich magische 45 kg Grenze ist erreicht. Vier Kilogramm habe ich jetzt wieder mehr an Substanz und fühle mich wohl dabei. Wenn die Liebe nährt, ist alles wieder gut. Der Hunger ist gestillt, mehr braucht es in Wahrheit nicht. Das ist schon alles, was es je zu erreichen gibt, das Einfachste und das Höchste gleichermaßen.

Kapitel 25

Es ist, was es ist

„Es ist, was es ist, sagt die Liebe", mit diesem Gedicht von Erich Fried erheben wir uns vor neunzehn Jahren über Ängste, Zweifel und Vorsicht hinweg und „trauen" uns. Eine Zeit lang können wir uns bejahen in unserem Sosein, auch in unserem So-anders-sein. Damals ist das Herz noch offen und milde. Alles ist ein Abenteuer, alles eine einzig große Entdeckungsreise. Wir erkunden uns Augenblick für Augenblick. Die gemeinsame Geschichte ist ein leeres Blatt Papier. Alles ist möglich und alles ist gut, wie es gerade ist. Die Feuerinsel Lanzarote zeigt uns die Größe unseres Potenzials. Wunder säumen schon damals unseren Weg. Scheinbar Unmögliches ist möglich mit vereinten Kräften. Und wir fangen an, Tag für Tag, Seite für Seite eine gemeinsame Geschichte auf dieses leere weiße Blatt zu schreiben, eine Liebesgeschichte, ein Trauerspiel, einen Krimi, eine göttliche Komödie.

Ich schwöre mich all die Jahre auf die anfängliche Liebesgeschichte ein. Sie ist mein Bild, so und nicht anders soll es sein. Beständig und willensstark, ausdauernd und stur – trotzt der Steinbock in mir allem, was nicht diesem Bild entspricht. Wie viele Tränen, wie viel Kummer und wie viel Unglück erwachsen aus diesem Kurs! Fort der Zauber des vom Fluss-getragen-Seins! Es braucht viel Kraft und Energie, gegen den Strom zu schwimmen und sich verkrampft an eigenen Vorstellungen und Konzepten anzuhalten. So schreibe ich die Liebesgeschichte eigenhändig um in ein Trauerspiel und beklage mich darüber. Gründe gibt es genug und die liegen natürlich großteils am anderen.

Mit der wachsenden Unzufriedenheit mit dem, was ist, setze ich alles daran, dass wir uns als Paar verbessern. Ich möchte unbedingt das Verlorengegangene wieder finden und bergen. Ich möchte unbedingt wieder dort hin gelangen, wo unsere Geschichte ihren Anfang nimmt. Eine lange Reise beginnt, die uns um die halbe Welt führt - eine Schatzsuche. Doch der Schatz lässt sich nicht finden, weder in den indischen Ashrams noch in London beim Lauf über glühende Kohlen. Im Gegenteil, das zugrunde liegende Denken, dass etwas fehlt, dass etwas nicht mehr passt und ungenügend ist, setzt das Trauerspiel fort - Akt für Akt. Immer wieder eine neue Bühne, immer wieder ein Abgang als Verlierer ohne Applaus. „Es ist, was es ist", genügt nicht. Am vermeintlichen Ziel ist es besser als im Moment. Was für ein Irrweg!

Und mein Lichtnahrungsprozess, folgt er nicht einem ähnlichen Programm? Ist nicht auch er ein Etwas-erreichen-Wollen? Das Essen ist nur die Oberfläche, dahinter ist die Sehnsucht nach dem Erwachen, nach dem Einssein und damit dem Freisein von all dem Egokram in der Welt der Polarität. All die letzten Jahre widme ich diesem Streben, diesem Ziel. Ich beurteile mich selbst als mangelhaft und ungenügend und trachte danach, dies auszugleichen. Also besuche ich ein spirituelles Seminar nach dem anderen, folge einem Guru nach dem anderen.

„Darf es ein bisschen mehr sein?
Ja, ein bisschen mehr darf es immer sein!"

Schwester Gier nimmt mich weit öfter an der Hand, als mir das bislang bewusst ist. Immer wieder treibt mich etwas an, mich verbessern zu wollen. Bin ich es selbst, die mich ständig entwertet, so wie ich nun einmal bin? „Nicht gut genug" ist mein eigenes Urteil über mich! Ernst vermag mich nur deshalb so zu verletzen, weil er in die Wunde sticht, die ich mir ständig selbst zufüge. Und alles in mir strebt nach Ausgleich dieses Glaubens. Alles setze ich ein, um endlich gut genug zu sein, um endlich meinen Wert zu haben. Eine Saat, die nicht aufgeht.

Schon als kleines Kind bin ich nicht gut genug. Im Kindergarten finde ich keine einzige der versteckten roten Nikolaus-Tüten, gefüllt mit Orangen, Nüssen, Lebkuchen und Schokolade. Das Drama ist perfekt. Die Kindergartentante bemerkt spät, aber doch meinen Absturz, nimmt mich an der Hand und lässt mich endlich die letzte versteckte rote Nikolaus-Tüte finden. Zu spät, mein kindliches Herz ist bereits gebrochen. „Der Nikolaus hat auf mich vergessen!" Ein Gedanke nur, doch in das Herz gemeißelt wird er zum Grabstein für das Leben danach. Nicht brav genug, nicht gut genug – wie könnte er sonst auf mich vergessen! Das schließlich doch noch erhaltene Geschenk ist nichts mehr wert, weil es in Wahrheit die Tante findet und nicht ich. Was für ein Programm! Jahrzehnte kann ich mich an diese kleine Begebenheit nicht einmal erinnern. Doch wirkt sie aus dem Verborgenen heraus, gesellt sich zu den anderen Erfahrungen des Unwertes und gibt - als endgültige Wahrheit besiegelt - meiner Lebensgeschichte den Titel: „Nicht gut genug!"

Und nach dem Kindergarten werden wir in die Zwangsjacke eines großteils herzlosen Bildungssystems gesteckt und auf Leistung gedrillt. Allzu schnell reguliert ein System den natürlichen Lauf.

Vorbei mit der wilden Ursprünglichkeit der eigenen Natur!
Vorbei mit dem ganzheitlichen Wissen aus der eigenen Erfahrung, dem eigenen Erleben heraus!
Vorbei der freie Flug der Phantasie!

Die Flügel sind gestutzt, das Leben am Boden der „Realität" ist gesichert. Der Selbstwert wird nun durch die Leistung definiert. Fällt diese, bricht das ganze Kartenhaus zusammen.

„Nicht gut genug", ist wohl auch der Motor hinter Ernsts Anstrengungen, das Gegenteil zu beweisen. Wir sind uns ganz ähnlich. Im Grunde ist ER ich und ICH bin er.

Die Liebe fragt nicht „Bist du gut genug?"
Die Liebe ist einfach, was sie ist.

1.12.2015

Heute erlebe ich eine wunderbare Phase des Angekommenseins und das länger als einen kostbaren Moment lang. Ich putze das Innenleben der Küche – eine ziemlich aufwändige Angelegenheit und bin glücklich dabei. Ich sitze in meinen Therapiestunden und bin glücklich bei der Arbeit. Zu meiner Überraschung stelle ich fest, dass etliche Menschen, die zu mir kommen, in meiner Hochphase ebenso große Fortschritte in ihrem Leben machen. Auch das macht mich glücklich. Und selbst meine Gesangslehrerin redet gestern von einem Quantensprung bei meinen Stimmbildungsübungen seit dem letzten Mal. Einfach so, ohne dass ich es beabsichtige oder mich darum bemühe. Die reinste Wonne! Rund herum passieren Terror und Mord, Flüchtlinge über Flüchtlinge überrennen unsere scheinbar sichere Europazone, das Klima spielt verrückt, in China klonen sie bereits einen Großteil der Tiere, um genug Fleisch für die Massen zu produzieren, ein Wahnsinn übertrumpft den anderen Wahnsinn und ich sitze im Auto, fahre meine tägliche Strecke zur Arbeit und bin grundlos glücklich.

Hebe ich jetzt ab?
Bin ich erwacht?

Ernst kommt nach fünf Tagen in München nach Hause. Die neue Verliebtheit macht uns leicht und frei. „Zwei Möwen im Flug" – mein Gedicht damals auf Lanzarote. Sie trennen sich für kurze Zeit, ziehen jeweils die eigenen Bahnen, um dann wieder zusammen zu finden und es gemeinsam mit dem Sturm aufzunehmen.

Beginnen wir eine neue Liebesgeschichte?

Ist uns noch einmal das Paradies als Mann und Frau vergönnt?
Können wir endlich unseren kleinen hausinternen Terror und unsere Flucht vor dem Verschmelzen und Einswerden überwinden?

Alles in mir strebt dort hin, schon so viele Jahre lang. Nur nicht wieder ein fixes Bild entwerfen, wie es sein könnte. Nur nicht wieder in die Falle der Erwartungen tappen und in die Enttäuschung danach. Dem Fluss vertrauen und mit ihm fließen über all meine Fragen hinweg. Er fließt ganz einfach und mehr nicht. Von ihm getragen ist alles rein und klar wie das Wasser selbst. Es geschieht einfach mit mir, es geschieht einfach mit uns. Wie tun neuerdings Dinge, die unüblich sind, die außerhalb der traditionellen Programme stattfinden. Wir überwinden die Grenzen und dehnen uns aus. Und über allem - wir staunen wieder! Das alles sind wir und noch viel mehr. Es ist als ob sich unser seinerzeitiger Aufbruch vor zwanzig Jahren JETZT neu erfüllt.

So in der Welt, brauche ich kein Ziel in der Zukunft, in das ich all meine Sehnsucht und mein Streben lege. Jetzt und hier ist alles, was zählt. Jetzt und hier liegt alle Erfüllung. Es ist wie damals. Die Zeit zwischen einst und jetzt hebt sich auf. Nur in unserem Äußeren spiegeln sich die Jahre. Unser Herz ist wieder jung und überschwänglich. Es ist wie damals und doch ist es ganz anders.

Das leere Blatt Papier ist gefüllt mit unserer gemeinsamen Geschichte.

3.12.2015

Das Innenleben meiner Küche strahlt mir entgegen, sobald ich eine Lade oder einen Schrank öffne. In mühseliger Kleinarbeit entferne ich alles, was nicht mehr hinein passt. Ich schrubbe und wische, miste aus, sortiere neu. Das Werk ist vollbracht. Alles hat jetzt eine neue Ordnung. Alles, was jetzt noch da ist, hat seinen Platz und seine Berechtigung. Bis zum nächsten Durchgang, denn Staub und Schmutz sind überall und schnell legen sie sich wieder darüber. Es ist, was es ist. Es muss kein Drama sein, dass Dinge sich wiederholen, dass es immer noch und immer wieder etwas zu (be)reinigen gibt. Es braucht nur das stille Einverständnis damit und die Geduld, immer wieder neu zu beginnen.

Auch in mir ist vieles klarer, sauberer und in Ordnung gebracht seit dem ganzen Lichtnahrungsprozess. Mein Innenleben wird durchgeputzt. Körper, Gedanken, Gefühle – eine Großreinigung findet statt. Alles, was nicht zu mir und meinem Wesen passt, darf gehen. Wenn das so einfach wäre wie bei der Küche! Im Moment jedoch strahlt auch mein Innenleben der Welt entgegen. Das Werk ist vollbracht! Grundlos glücklich! Hier und Jetzt mit dem, was ist.

Einen Augenblick danach stelle ich fest, dass das Ego hartnäckiger ist als der Schmutz in der Küche. Das Ego trennt, die Liebe verbindet. Die Trennung macht Angst, die Verbindung macht glücklich. Eine einfache Rechnung. Doch der Verstand will und will es nicht kapieren. Das Herz weiß es längst.

„Es ist, was es ist, sagt die Liebe."

Kapitel 26

Die Fülle alles Guten empfangen

Wir haben eigentlich alles, was das Herz üblicherweise begehrt. Sowohl Ernst als auch ich gehen einer erfüllenden Tätigkeit nach, die Sinn macht und das Herz erfreut. Wir leben im Wohlstand, es fehlt uns an nichts. Doch wir können bislang das Schöne nicht genießen. Wir fühlen uns einsam, auch in der Zweisamkeit. Alles ist da, das Büffet ist voll guter Dinge, doch wir stehen davor und greifen nicht zu. Wir sind unschlüssig, ja beinahe schüchtern, so als wäre all das nicht für uns bestimmt. Für die anderen ja, aber nicht für uns. Warum nicht auch für uns? Wir sind Fremdlinge im Paradies, wir stehen vor den schönsten Gaben und verhungern, weil wir nicht zugreifen, uns nicht nähren davon. Wir haben Angst vor dem nächsten Schritt. Intimität und Nähe, sich selbst voll und ganz zu geben, einzulassen mit Haut und Haar, das Risiko der Liebe zu wagen, ganz und gar weich und verwundbar zu sein – das ist die größte Sehnsucht, doch davor steht die größte Angst.

Es gibt tausend Gründe, sich von der Liebe zu trennen und sie stimmen alle. Doch auf der anderen Seite der Liebe ist das Leid. Es gibt nur diese beiden

Wege. In welchen Zug steige ich ein? Welche Richtung wähle ich? Jeden Tag auf das Neue geht es darum, sich mit der Liebe zu verbinden, sich zu öffnen für sie. Der Himmel wartet nur darauf, dass wir auf „Empfang" schalten. Das ist das Einzige, was wirklich zu tun ist – uns zu öffnen für die Fülle alles Guten. Und der Himmel gibt.

Alles vollzieht sich in wiederkehrenden Kreisen. Auf den Tag folgt die Nacht. Auf die Verbindung folgt die Trennung. Auf den Aufstieg folgt der Abstieg. Alles kehrt immer wieder. Und alles kehrt sich immer wieder um. Dadurch kommen die Pole in Balance. Wie wir darauf reagieren, hängt im Grunde von unserem Bewusstsein ab. Auf der untersten Stufe reagieren wir immer gleich nach den gespeicherten Programmen, reflexartig. Etwas weiter am Weg, können wir bereits das Programm erkennen und noch weiter können wir ein anderes Programm wählen. Und schließlich steht über allem „Es ist, was es ist". Kein Kläger und kein Richter mehr, kein ICH und kein DU – unendliche Weite HINTER der Welt der Formen und Geschichten, ein Meer grenzen- und zeitloser Liebe. Stille. Dann wieder der Sturm aufwirbelnder Gefühle – wieder in der Person gefangen und in deren Geschichte. Was für eine Geschichte schreibe ich gerade? Eine Liebesgeschichte? Eine Schmerzgeschichte? Wie auch immer, ich bin die Autorin und ich bin auch das Werk.

11.12.2015

Zweimal im Jahr sind Ernst und ich in Wien bei POV-Seminaren im Team, um die Arbeit von Chuck und Lency Spezzano zu unterstützen. Ich buche ein teures, schönes Hotel nicht wie bisher die billigeren. Wir sind es wert! Ständig sparen wir an uns selbst und das auf allen Ebenen. Schluss damit! Es ist die Zeit des Aufbruchs, es ist die Zeit der Fülle. Ein schönes Hotel ist ein würdiger Rahmen, uns endlich näher zu kommen jenseits des Alltäglichen. Vor dem Seminar nehmen wir uns noch ausreichend Zeit für uns und nach dem Seminar gönnen wir uns einen ganzen Tag in Wien.

So meine Träume und Pläne.
Sie zerbrechen wie Glas.

Ich möchte ursprünglich schon morgens mit dem erst möglichen Zug losfahren, um die gemeinsame Zeit zu nützen. Ernst hat Wichtigeres zu tun. Seine Aufgaben kontrollieren wie immer alles und drängen sich an die erste Stelle. Viele mögliche Züge fahren ohne uns, die TO DO Liste ist lang. Der Tag vergeht mit Warten. Zuletzt sitze ich geknickt am Salzburger Hauptbahnhof inmitten von Flüchtlingen und kann meine Tränen nicht mehr zurück halten. Ernst vergisst seinen Mantel und fährt noch einmal nach Hause, um ihn zu holen. Ich bleibe und warte. Jetzt einfach etwas „Ver-rücktes" tun. Nicht wie immer „brav" auf den Mann warten und hoffen, dass er es in letzter Sekunde doch noch schafft, den Zug zu erreichen – im Laufschritt und außer sich. Einfach langsam, Schritt für Schritt, mich auf ein anderes Gleis begeben und einsteigen in irgendeinen Zug, egal wohin, nur weg von hier und wieder zu mir. Ernst kommt nicht und ich steige allein in die Westbahn nach Wien. Die Richtung behalte ich bei. Ich kaufe eine SINGLE-Fahrkarte und bin fassungslos. Aufgewacht aus dem Traum von der schönen Zeit zu zweit. Etwas in mir beginnt sich wieder reflexartig zurück zu ziehen. Keiner sieht es, keiner merkt es im Außen. Doch innen ist nichts mehr so wie davor.

Und Ernst?
Er springt in letzter Sekunde in den falschen Zug!

Wie immer, wenn unsere Wege auseinander klaffen, passieren selbst im Dunklen noch die Wunder. Ernst kann den Zug nach München noch rechtzeitig verlassen. Die Westbahn verpasst er, doch wenige Minuten danach fährt ein Zug der ÖBB nach Wien, sodass er nur acht Minuten nach mir dort ankommt. Meine Geduld ist erschöpft – ich warte nicht mehr auf ihn. Wir kommen getrennt zum Seminar. Er schafft es doch tatsächlich, im letzten Abdruck da zu sein, wo er sein soll.

Ich bin stinksauer und mir reicht es wieder einmal! Immer dasselbe Theater. Wir könnten es schön haben, aber wir haben es nicht schön, weil Ernst das Genießen sabotiert.

Oder sabotiere ich das Genießen mit meinen Plänen?

Eine der zahlreichen Bewährungsproben! Ich bin aufgefordert, wieder auf die Liebe zuzugehen, mich zu öffnen für sie. Das Ego aber ist verletzt und enttäuscht. Es will nicht, dass ich mich verbinde, es will, dass ich mich zurück ziehe. Da hänge ich nun im Felsen des Stolzes und der Unversöhnlichkeit und kann weder nach vor noch zurück. Jetzt sitze ICH im falschen Zug – so schnell ändert sich das Blatt. Mein Ego will recht haben. Mein Ego will in der Opferfalle hocken, das ist vertraut. Zudem ist es eine Strategie der Rache – leider ins eigene Fleisch geschnitten.

Abends reden wir höflich miteinander, doch eine Waffenruhe ist noch kein wirklicher Friede und schon gar keine Liebe.
Ohne Liebe ist das schönste Hotelzimmer nichts.

12.12.2015

Immerhin schaffen wir es am nächsten Morgen, wieder gemeinsam in unserem Boot zu sitzen und ein wohlwollendes Gespräch zu führen, ohne die gegenseitigen Trümpfe auszuspielen, um den anderen verlieren zu lassen. Bei Ernst geht gestern alles schief, was nur schief gehen kann. Und ich habe wohl mit meinen negativen Gedanken und Gefühlen wesentlich dazu beigetragen, dass unter dem Strich genau dieses Resultat dabei heraus kommt. *„Am Verhalten meines Mannes erkenne ich, was ich über ihn denke“*, sagt meine Schwägerin vor einigen Wochen und ich nicke damals bestätigend. Jetzt will mein Ego davon nichts wissen. Doch etwas in mir weiß es genau: Wir sind beide zu 100 % verantwortlich für das Resultat unseres Zusammenspiels. Wir sind beide Opfer und Täter oder keiner von uns. Langsam kann ich meinen Blick wieder über den Tellerrand erheben und Ernst in seiner Not sehen. „Erst die Arbeit, dann das Spiel" – Ernst folgt diesem betrügerischen Programm, dieser einzig großen Lüge! Die Arbeit frisst bereits einen Großteil der Menschen auf, lässt sie ausbrennen und erschöpft zusammen brechen. Und sie endet nie! Das Spiel, die Freude, das Vergnügen – leider auf der Strecke geblieben! Wie gut kenne ich dieses Programm auch aus meinem eigenen Leben!

Ernst spiegelt mich und er spiegelt auch die Welt. Sein Druck ist mein Druck, ist auch der Druck von allen. Wir sind nicht getrennt in Wahrheit! Statt mich verletzt zurück zu ziehen, könnte ich ihn unterstützen, doch ich bin in erster Linie voller Wut und Enttäuschung. Das zieht sich durch unsere Geschichte. Das ist mein Drehbuch seit dem Fall aus dem Paradies von Lanzarote.

Susanne spricht gestern auf dem Seminar mein „ausgemergeltes" Aussehen an. *„Irgendetwas stimmt nicht"*, sagt sie mit einer Gewissheit, der ich mich kaum entziehen kann. *"Das Leben ist Fülle und nicht Mangel."* Zunächst verteidige ich meinen Weg der Lichtnahrung, doch zeigt sich auch wieder die schockierende andere Möglichkeit des nicht Essens. Will ich mich am Ende auslöschen? So wie Ernsts erste Frau sich auslöscht? Will ich es ihm auf diese Art heimzahlen, mich rächen dafür, dass ich mich als Frau an seiner Seite wie ausgelöscht fühle? Was ist meine wirkliche Motivation, auf das Essen verzichten zu wollen? Kommt sie aus dem Vertrauen ins Licht oder kommt sie aus dunkler Vergeltung? Nein, ich sprenge mich nicht wie die Terroristen in die Luft, um andere mitzunehmen in den Tod. Ich ziehe mich still und heimlich aus dem Leben zurück. Die Sprengkraft ist nicht minder zerstörerisch, nur eben passiv und nicht aktiv, still und heimlich und nicht offen explosiv.

Wieder einmal bin ich zur rechten Zeit am rechten Ort. Der Fluss des Lebens konfrontiert mich mit meinem subtilen Rückzug. Susanne ist das

Sprachrohr dieses Flusses und ich erkenne das Geschenk, das mir durch sie gegeben wird:

„Wir benützen die Gefühle, um zu leiden und uns zu trennen. Wo ein Partner aus der Balance ist, ist es der andere ebenso. Die ganze Welt ist aus der Balance gekommen. Um wieder in Balance zu kommen, braucht es Liebe - mutige Liebe. Aufgeben sich zu engagieren, den Rückzug anzutreten mit der Ausrede, es reicht, mir ist alles zu viel, und sich alleine eine heile Welt aufzubauen, ist nicht der Weg."

Diese Worte treffen mich tief. Ja, ich ziehe mich zurück – ein Programm, das ich schon im Mutterbauch lebe und all die Jahre danach. Ursprünglich ein Schutz, eine versuchte Lösung, doch mittlerweile längst ein Gefängnis, in das ich mich „freiwillig" einsperre. Die schmerzvollen Gefühle bleiben weder aus, noch werden sie dadurch weniger - im Gegenteil.

„Wir alle haben ein Versprechen gegeben für dieses Leben. Wir sind nicht zufällig zu dieser Zeit auf dieser Welt. Hinter unseren Problemen verbergen sich unsere Gaben und Geschenke. Die Welt braucht sie. Bist du bereit, sie zu geben?"

Susanne sieht mir durch meinen Tränenschleier hindurch tief in die Augen. „Ja, ich bin bereit", sage ich leise, doch laut genug, um es selbst zu hören.

13.12.2015

Wir haben erstmals ein feines Hotel und einen freien Tag dazu, nur für uns. Was für ein Luxus! Aus zwei Solisten in zwei getrennten Zügen wird wieder ein Paar, das miteinander in eine Richtung schaut. Grund genug, heute Abend ausgiebig zu feiern. Wir finden ein nettes Lokal, mit einer guten Auswahl an veganen Speisen, das Herz frohlockt! Der Tiefgang ist beendet, wir strahlen wieder, froh und dankbar über den Sturm, der wohl unser Ego, nicht aber uns als Paar einstürzen lässt. Nach mehr als einem halben Jahr trinke ich ein Glas Rotwein zur Feier des Tages. Zuerst noch vom schlechten Gewissen begleitet. Alkohol ist ein absolutes NO GO im Lichtnahrungsprogramm. Dann noch eine kleine Käsevariation zum Wein – nicht vegan und somit auch ein NO GO. Seit dem dritten Seminar ist das meine erste große Übertretung der Lichtnahrungsgebote. Nach und nach kann ich Wein und Käse jedoch genießen und fühle mich befreit von den weit mehr als zehn Geboten.

Habe ich die alte Religion nur gegen eine neue getauscht?

Sind all die alten katholischen Programme, was gut und was schlecht und somit Sünde ist, in neuer Aufmachung wieder gekehrt? Richtig und falsch sind Urteile und damit im Ego zu Hause. Ich esse bewusst und in voller Absicht von den „verbotenen Früchten." Werde ich nun aus dem Paradies vertrieben? Wird mein bisheriger Weg des Erwachens dadurch wieder benebelt, verschleiert, erschwert? Oder aber verhält es sich genau umgekehrt? Bisher will ich immer ins Paradies heimkehren, im Bewusstsein, dass ich es verloren habe. Das Paradies, die Liebe, das Erwachen ist immer ein Ziel, das ich anstrebe mit verschiedenen Mitteln und auf verschiedenen Wegen. Und jetzt sitze ich im Restaurant, flirte mit dem Mann, mit dem ich seit zwanzig Jahren zusammen bin, trinke ein Glas Wein, esse dazu etwas Käse und freu mich über unseren neuerlichen „Hochzeitstag".

ICH BIN mitten im Paradies. ICH LIEBE!

Bin ich dabei, auch die Lichtnahrungsprogramme zu verabschieden? Ist nicht letztendlich alles ein Programm, wenn wir etwas strikt wiederholen nach Regeln und Geboten? Ist letztendlich nicht alles ein Programm, wenn es unsere Freiheit beschneidet, Moment für Moment aus dem Herzen zu leben, spontan und freudvoll wie ein Kind? Und schließlich bestimmen nicht unsere Gedanken die Realität? Kommt nicht das dabei heraus, was ich mir darüber denke?

Seit langer Zeit feiern wir wieder und tauchen in das Reich der Fülle ein. Zwei Kinder am großen Büffet des Lebens, die sich endlich trauen, zuzugreifen und auszukosten, was es gibt. Es ist nicht das Essen selbst, das beglückt. Ich fühle den Unterschied zum früheren Essen sehr genau. Früher ist das Essen ein Ausgleich zur fehlenden Liebe. Jetzt in dem Moment ist es eine Erweiterung der Liebe. Ein Fest für den verlorenen Sohn und die verlorene Tochter, die endlich heimkehren, nach jahrelangen Irrwegen.

14.12.2015

Können wir auch vom körperlichen Büffet naschen, das bereit steht Tag für Tag und an das wir uns ebenso wenig heran wagen wie an alles, was Lust und Genuss verspricht? Unbeholfen und schüchtern übersteigen wir den Zaun zum leiblichen Paradies. Das Ego stemmt sich mit Gewalt dagegen. Es will uns verführen, in den alten Kampf um die unterschiedlichen Bedürfnisse einzusteigen. Es will uns verführen, vom Körper weg in den Verstand zu gleiten. Sturmwarnung! Nur jetzt nicht einsteigen in alte Versagensmuster und als zwei Verlierer das feine Hotel verlassen! Alle Anzeichen im Außen und im Innen weisen auf dieses drohende Ende. Nun bin ich es, die Druck verbreitet und Stress macht. Ich will nicht, dass wir als Verlierer das Hotel verlassen. Ich will, dass es heute, jetzt und hier, endlich geschieht. Sackgasse! Wie schnell der Wind sich dreht!

Jetzt und immer wieder neu sich mit der Liebe verbinden, Atemzug für Atemzug und alles loslassen, was ich will oder nicht will. Die Kontrolle aufgeben und mich hingeben an die Regie des Lebens. Von den „verbotenen Früchten" essen und sie auskosten ohne Gier und ohne Schuld. Die Zäune im Kopf abbauen und dem Körper folgen, er weiß den Weg.

Gegen Mittag verlassen wir lachend das feine Hotel. Die Liebe tritt ihren Triumphzug durch den freien Tag in Wien an. Wir lassen es uns weiterhin gut gehen. Die kulinarischen „Sünden" vom Vortag belasten mich nicht merkbar. Nur Ernsts Knie rebelliert wieder. Sein Sprint in den Zug, aus dem Zug und zum richtigen Zug vor drei Tagen ist wohl zu viel.

Dieses Mal erreichen wir die Westbahn stressfrei.
Sie bringt uns abends an den Ausgangspunkt des Kreises zurück.
Am Bahnhof ist es ruhig, keine Flüchtlinge mehr zu sehen.

Kapitel 27

Wo Himmel und Erde sich berühren

Mein 56. Lebensjahr geht einen Tag vor Silvester zu Ende und damit auch mein Lichtnahrungsexperiment für dieses markante Lebensjahr im Zyklus der Sieben. Ich blicke auf hohe Berge zurück, die ich alleine und die wir gemeinsam als Paar erklimmen. Ein Gipfelerlebnis folgt dem anderen, gepaart mit einer wundervollen grenzenlosen Weitsicht und einen, in Worte nicht wirklich fassbaren Zustand des Seins, verbunden mit allem, was ist. Ich blicke auch auf tiefe schattige Täler zurück. In diesen Tälern wohnen Angst und Schrecken, Ausweglosigkeit, Gewalt und Tod. Die helle und die dunkle Seite, Himmel und Hölle offenbaren sich in einer Heftigkeit sowohl auf dem einen als auch auf dem anderen Pol. Ich bin hin und her gerissen, wie ein Blatt im Sturm. Doch etwas trägt mich auf die Berge hinauf und durch die Täler hindurch. Etwas, das größer und umfassender ist als meine kleine Person.

Ursprünglich breche ich auf, um den Weg der Lichtnahrung zu erkunden. Ich will der Vorstellung auf den Grund gehen, ohne stoffliche Nahrung leben zu können, indem wir uns öffnen für die freie Energie, die überall da ist, die wie Luft zum Atmen stets zur Verfügung steht und uns mit allem versorgt, was wir brauchen. So wird mit dem Film „Am Anfang war das Licht" in mir ein Same gesetzt, der zur eigenen gelebten und damit zur leibhaftigen Erfahrung reift.

Das Essen ist seit jeher ein Fixpunkt im Leben, um den sich zahlreiche soziale Prägungen und Programme ranken. Zum einen ist es Genuss. Zum anderen wird es stark von Gefühlen gesteuert und dies hat mit Genießen nur wenig zu tun. Nichts mehr essen kann Ausdruck einer Magersucht oder einer sonstigen Krankheit sein. Nichts mehr essen kann ebenso gut Ausdruck einer willentlichen Entscheidung sein, um neue Erfahrungen zu machen, was alles aus dem Untergrund auftaucht, wenn dieses Programm wegfällt. Da unser Bewusstsein nur ein kleiner Zwerg ist im Vergleich zum riesigen Unbewussten, ist die Motivation für das Handeln selten eindeutig. Treibt mich dies an oder jenes? Was stimmt wirklich?

Was ist die Wahrheit?

Vielleicht ist alles die Wahrheit, vielleicht ist nichts davon die Wahrheit. Und welche Wahrheit? Meine oder deine? Die individuelle oder die kollektive? Die Wahrheit am Grunde oder die eingepflanzten Programme, die wir für die Wahrheit halten? Auf meinem Lichtnahrungsweg tauchen viele Fragen auf. Mich zu fragen, vor allem auch vieles wieder zu HINTERfragen, was sich als Wahrheit darstellt, wird zu meinem Wanderstab, auf den ich mich stütze, der mir hilft, hinauf und hinab zu steigen. Da, wo sich Fragen auftun, wird die Routine durchbrochen. Da, wo die Routine durchbrochen wird, wird der regulierte Lebensfluss freier, ursprünglicher und wilder. Da, wo unsere wahre Natur wieder zum Vorschein kommt, sind wir zu Hause.

Alles oder Nichts, Askese oder Gier, Fülle oder Leere – wie überall zeigen sich mir auch im Lichtnahrungsprozess die beiden entgegengesetzten Pole. Und ich bin aufgefordert, sie zu leben. Alles, was da ist, alles, was sich zeigen will, alles, was auftaucht aus dem Untergrund, lässt sich nicht mehr verdrängen oder in alter Manier mit Essen, Arbeit oder sonstigen Strategien kompensieren. Vulkane verschiedenster Stimmungen brechen aus, spucken Feuer und Schwefel, Gift und Galle. Alles, was da ist, alles, was sich zeigen will, lässt sich aber auch auf der hellen Seite nicht länger verdrängen. Die Liebe in mir, das Göttliche in mir, die Verbundenheit mit allem, das ALL-EINS-SEIN – ich erlebe Momente, in denen der Himmel auf die Erde kommt, durch mich und in mir und um mich. Alles ist gut, so wie es ist. Ein Gipfel, wo ich gerne verweilen möchte, doch der Fluss des Lebens fließt weiter, im nächsten Vulkan brodelt bereits das Feuer.

Der Hauptschauplatz ist die Partnerschaft. Nach vielen Jahren des Miteinander ist häufig das Feuer der ursprünglichen Leidenschaft zum unscheinbaren Flämmchen mutiert. Die große Liebe, das Mysterium, unter all den Millionen Menschen gerade auf diesen einen, für mich bestimmten Mann zu treffen, wird von der täglichen Routine gefressen. Aus dem Zusammenspiel unterschiedlicher Kräfte und Gaben entfacht sich ein Machtkampf. Wer setzt sich durch und wessen Bedürfnisse werden zuerst erfüllt? Enttäuschungen, Herzensbrüche, gekränkter Rückzug und ein beginnendes Nebeneinander fallen zunächst noch nicht sonderlich ins Gewicht. Gemeinsames Essen, gemeinsame Unternehmungen, gemeinsame Freunde, gemeinsame Aufgaben – all das im Außen Gemeinsame täuscht mitunter Jahrzehnte lang über eine still und heimlich erfolgte innere Trennung hinweg. Das Leben wird tot. Dieses innere Tot-Sein wird übermalt mit den bunten Farben des kurzen Glücks. Doch ohne Liebe ist alles nichts. Dieses Tot-Sein wird überspielt mit tausenden von Aktivitäten. Doch ohne Liebe ist alles nichts – nichts, was unsere Sehnsucht im Grunde stillt, nichts, was uns wahrhaftig nährt.

Ursprünglich breche ich auf, um den Weg der Lichtnahrung zu erkunden. Das Essen oder Nichtessen ist jedoch nur ein Teil des Weges. Mehr und mehr geht es um die Frage:

Wo ist eigentlich die Liebe geblieben in meinem Leben?

Wenn ich die kleinen Trostpflaster entferne, die ich auf die darunter liegenden großen Wunden klebe seit Anbeginn, was ist dann? Naturgemäß blutet zunächst die Wunde wieder, bevor sie heilt. Und so bluten wir als Paar und so heilen wir als Paar. So viele Programme, die auf unserer Festplatte gespeichert sind, stellen sich im Grunde gegen die Liebe. Diese Programme haben wir von anderen übernommen, von Eltern, Lehrern, der Gesellschaft, der Kultur. Diese Programme werden zu unserer Identität. Wir glauben, das ist die Wahrheit und hören auf, nach dem Dahinter zu fragen. Wir begnügen uns mit einem halben Herzen und damit mit einem halben Leben.

Der Weg der Lichtnahrung führt mich radikal von außen nach innen und das auf allen Ebenen. Mein bisheriges Leben will hinterfragt sein. Nichts muss sein, wie es ist. Alles ist im Grunde möglich und noch viel mehr als wir glauben. Wenn kein Stein auf dem anderen bleibt, wenn alles zusammenbricht, was bleibt dann noch von mir oder dem, was ich „ICH" nenne übrig? Das ist die eine Frage. Wenn wir bestimmt sind von den Programmen, die felsenfest auf unserer Festplatte gespeichert sind, ist dann überhaupt Veränderung möglich? Gibt es den „freien Willen" überhaupt? Das ist die andere Frage.

Die Polarität wird zur Zerreißprobe. Der Verstand rotiert auf der Suche nach „vernünftigen" Antworten und Lösungen. Er findet keine.

Jenseits davon, in den kostbaren Momenten dahinter, ist alles klar und still.

31.12.2015

Das Jahr neigt sich dem Ende zu und damit auch mein großes Lichtnahrungsexperiment. Wie jedes Jahr feiern Ernst und ich Silvester still und besinnlich im Rückblick auf das Erlebte. Der ganze Trubel, die übliche Feierkultur in dieser Nacht mit viel Essen und viel Alkohol ist schon lange

Zeit nicht mehr das, was wir uns unter einem Jahresausklang vorstellen. Außerdem fürchtet sich unser Kater Leon vor den Knallkörpern und verkriecht sich angstvoll im hintersten Winkel des Kellers. Aus Solidarität mit ihm bleiben wir zu Hause. Einmal trinken wir unseren Mitternachtssekt im Keller vor seinem Versteck. Es dauert lange, bis er sich durch gutes Zureden aus seiner Nische hinter dem Heizungskessel hervor wagt. Bei jedem erneuten Knall zuckt er zusammen und will wieder in sein Versteck zurück. Mittlerweile lassen wir ihn ungestört. Wenn der Spuk vorüber ist, kommt er von selbst wieder und schnurrt, als wäre nichts geschehen.

Tagsüber machen wir es uns zu Hause fein – überhaupt sind die Weihnachtsferien heuer urgemütlich, durch meinen vorweihnachtlichen Infekt, der sich als schleichende Bronchitis bis ins neue Jahr zieht. Nicht einmal Freizeitaktivitäten stehen am Programm – es gibt nämlich kein Programm. Wir leben in den Tag, oft bis am Nachmittag im Pyjama, Essen gibt es, wann uns danach gelüstet, Schlaf ebenfalls. Herrliches Nichtstun, herrliches sich Treibenlassen von einem Moment zum anderen. Alles hat Platz und nichts muss sein. Wir sind uns nahe, wir lieben uns. Unser „tägliches Boot" ist der einzige Fixpunkt. Wir sitzen uns auf dem Meditationsteppich gegenüber, die Hände aneinander gelegt. Aus zwei Menschen wird ein Körper, ein durchgehender Energiefluss. Wir fließen ineinander. WIR SIND EINS.

Schon in meiner kindlichen Phantasie wird ein Bettvorleger zum Boot. Meine geliebte Großmutter steigt stets in mein Reich ein und so segeln wir gemeinsam über das parkettimitierende Linoleum des Wohnzimmers. Unter dem Tisch ist der Hafen. Großmutter ist der Steuermann und ich bin der Kapitän! „Land in Sicht" – ein Paradies wogender Wellen. Noch heute vermag ich sie zu spüren. Auch sie sind gespeichert auf meiner Festplatte als unauslöschliche Erinnerung, als Bild einer tragenden Liebe.

Nun ist der Meditationsteppich unser gemeinsames Boot und wir steigen ein in unserer ganzen Unterschiedlichkeit als Mann und Frau. Steuermann und Kapitän sind keine fixen Rollen mehr. Jeder von uns steuert das Boot zu einer gewissen Zeit, in einem gewissen Bereich. Wir wissen es, auch wenn unser Ego sich dagegen stemmt und auf alte Traditionen pocht. Unser Kater Leon gesellt sich meistens zu uns, wenn wir im Boot sitzen und uns verbinden. Er liegt in der Mitte, wie das Kind zwischen Mutter und Vater. Er spürt selbst im hintersten Winkel des Hauses, wann es so weit ist und schon ist er da, schnurrt zufrieden und steigt ein.

Das Göttliche ist mit uns im Bunde. Das ist es, was mich und uns alle trägt, auf hohe Berge hinauf und durch tiefe Täler hindurch. Ich brauche nur meine kleine Person etwas zur Seite zu stellen und schon bin ich getragen von diesem Größeren Ja in der Tiefe meines Wesens BIN ICH dieses Größere. Ich habe es nur vergessen all die Jahre.

> *„Kraft unseres göttlichen ICH BIN haben wir die Absicht, eine liebevolle, zärtliche, achtsame, wertschätzende, tolerante, ebenbürtige, tantrisch-sexuelle und spirituelle Partnerschaft miteinander zu leben. Wir danken der göttlichen Alleinheit für unser Zusammen-geführt-Sein und für unseren gemeinsamen Weg. Wir danken für unsere Gaben und Talente, die wir immer mehr zusammen fließen lassen zu unserem Wohle und zum Wohle von allem."*

Unsere tägliche Anrufung wirkt bereits! Unser Boot ist uns ein Zufluchtsort in Stürmen und Flauten oder zumindest kurz danach. Das Boot trägt uns aus dem Rückzug und somit aus der Trennung heraus und wieder hinein in die Verbindung und somit in die Liebe. Im Rückblick auf das turbulente Jahr ist unser Boot das, worauf es wirklich ankommt.

Ich bin mir sicher, dass der eingeschlagene Weg der Lichtnahrung MEIN Weg ist. Jedoch bin ich noch nicht am Ziel. Diesen Gipfel habe ich noch nicht erreicht, denn ich esse wieder oder immer noch. Strenge Kritiker werden sagen, das Experiment ist fehlgeschlagen. Die Ernährung durch

Prana oder Qi ist nicht gelungen. So denke ich auch eine Zeit lang. Der strenge Kritiker ist auch in mir. Mittlerweile bin ich milder gestimmt.

Ich bin um viele Erfahrungen reicher. Ich erlebe, wie es ist, ohne feste Nahrung eine längere Zeit zu leben. Ich fühle mich genährt durch die Natur, die Sonne, den Atem. Ich fühle die Leere im Bauch, unangenehm und als Mangel einerseits - als Freiheit und Leichtigkeit andererseits. Schwester Gier ist durch meine anerzogene Bescheidenheit durchgebrochen und ich habe mich versöhnt mit ihr oder zumindest einen großen Schritt in diese Richtung gemacht. Mein Körper hat angefangen, mit mir zu kommunizieren oder besser gesagt, ich habe angefangen, auf seine Signale zu hören, ihn zu beachten und ernst zu nehmen. Er hat viel an Energie gewonnen und er hat viel an Substanz verloren. Nach einem Gewichtsverlust von 14 Kilogramm breche ich bei der Zahl 41 auf der Waage mein Nichtessen ab. Die Angst vor dem Verhungern, die Todesangst ist plötzlich da. Bisher vertraue ich dem Prozess – nun aber sagt mein Körper STOPP und ich halte mich daran. In letzter Konsequenz übernehme ich damit die Kontrolle wieder und gebe mich nicht voll und ganz dem Prozess hin. Ich vertraue nicht genügend, dass mein Gewicht von selbst wieder zunimmt, wie Erfahrungsberichte von anderen Lichtköstlern es beschreiben. Die Angst ist größer als das Vertrauen.

Mein Essen schwankt nun nicht mehr zwischen völliger Abstinenz und giervollem Zuviel, es pendelt sich irgendwo in der Mitte ein. Ich ernähre mich seither strikt vegan und halte mich zunächst auch streng an die NO GOs. Zunehmend wird diese Strenge milder. Ich möchte mich mehr an meinem Körper orientieren und an meinem Inneren. Der Lichtnahrungsprozess, wie ich ihn durchmache, ist letztlich auch ein Programm, das ich von jemand anderen aufnehme. Wenn es dahinter um die Eigenermächtigung geht, so geht es auch darum, dieses Programm zu verlassen und sich an dem zu orientieren, was von innen her an Impulsen kommt. Mittlerweile habe ich wieder 5 Kilogramm zugelegt und das fühlt sich gut an. Auch habe ich die Erfahrung gemacht, dass Essen ein Teil der

Fülle ist, die uns geschenkt wird. Ein Essen kann auch verbinden, ein Essen kann Ausdruck der Liebe sein und des sich Gönnens. Das Bewusstsein ist entscheidend. Häufig decken wir mit Essen vieles zu oder kompensieren damit Unangenehmes. Je bewusster wir mit dem Essen umgehen, desto klarer werden die Beweggründe dahinter. Das ist ein erster wesentlicher Schritt – die Bewusstseinserweiterung. Der nächste Schritt ist, zu erkennen, was mich wann und wie wahrhaftig nährt. Dieser Schritt geht weit über das Essen hinaus. Alles, was ich in mich hinein lasse, ob stoffliche Nahrung oder Informationen und Energien von anderen, kann Gift sein oder wertvolle Nahrung. Dies zu unterscheiden, was nährt mich, was bringt Energie und was zieht Energie und Vitalität ab, ist ein nächster entscheidender Schritt. Und schließlich steuern alle meine Erfahrungen auf eine Erkenntnis hin:

> Das, was wirklich und wahrhaftig nährt,
> ist die Liebe in ihren vielen Formen.

Damit verlagert sich mein Fokus von Essen oder nicht Essen auf Lieben oder nicht Lieben. Der Weg geht weiter und hört mit diesem Jahr nicht auf. Das Essen ist nur mehr der „Beistelltisch" – die gedeckte Tafel mit all ihren Köstlichkeiten sind die Momente der gelebten Liebe. Ich lebe sie in der Natur und im Anblick eines offenen Kinderherzens. Ich lebe sie beim Betrachten des Sternenhimmels und im Spüren der Erde, wenn ich barfuß über sie gehe. Ich lebe sie, wenn ich unseren Kater Leon streichle und mich mit der Amsel unter dem Strauch anfreunde. Ich lebe sie, wenn ich mit Ernst im Boot sitze und im Vertrauen auf das Göttliche, das mich trägt. Ich lebe sie, wenn ich dankbar meinen bescheidenen Gemüsereis esse und ich lebe sie auch, wenn ich besondere Höhepunkte mit einem feierlichen Essen zelebriere. Entscheidend bei allem, was ich tue, sind die Fragen:

Geschieht es aus der Liebe heraus?
Ist sie die Wirkkraft in meinem Handeln?
Oder ist es ihr Gegenspieler, das Ego, mit all seinen Ego-Programmen?

Zunächst ist es nicht immer leicht, das eine vom anderen zu unterscheiden. Doch ist der Same gelegt, entfaltet sich das Bewusstsein Tag für Tag wie eine aufblühende Blume.

Während wir in unserem Dachgeschoss zu Mitternacht das Feuerwerk am Himmel bestaunen, legen sich der Rauch und der Gestank der Raketen auf den Boden zwischen den Häusern. Leon versteckt sich bereits wieder in seiner sicheren Höhle. Mit einem Male überkommt mich ein Schmerz und eine Angst. Ich erzähle Ernst vom Newsletter, den ich heute erhalte und der über den „wahren Zustand" auf dieser Welt informiert. Die offizielle Berichterstattung ist nicht neutral und umfassend. Sie verschweigt und selektiert, sie verzerrt und manipuliert. Immer wieder erfahre ich auf anderen Wegen von diversen dunklen Kräften und Mächten, welche in Wahrheit die Welt beherrschen. Es genügt schon allein das, was auf irdischem Wege der Schöpfung angetan wird. Manche vertreten die Ansicht, dass dahinter außerirdische Kräfte wirken, dass die Zerstörung auf allen Ebenen System hat und in voller Absicht passiert. Viele Menschen glauben daran, viele Menschen belächeln dies als „Verschwörungs-theorien".

Was ist die Wahrheit?

Wem kann man noch Glauben schenken, wem kann man noch vertrauen in einer Welt, die langsam, aber stetig ihrem Untergang zusteuert? Das schöne Feuerwerk am Himmel deckt die Tatsache des giftigen Rauchs am Boden der Realität nicht zu.

Wie lange wird es uns noch geben - Ernst und mich als Paar im Boot mit Leon in unserer Mitte?

Wie lange wird es die Erde geben und all ihre Schönheit, die immer noch vorhanden ist?

Wie lange noch können wir die Luft atmen und die Lebensmittel essen, ohne an ihren Giften zu sterben?

Wie lange noch können wir im Hamsterrad rennen, möglichst viel in kurzer Zeit zu schaffen und unsere Kinder mitnehmen in den Abgrund eines Roboter-Daseins?

Wie lange noch lassen wir uns manipulieren von den verschiedensten Programmen und Bildern im Namen des Glaubens, im Namen der Politik, im Namen der Wirtschaft, der Werbung und im Namen des Geldes?

Wie lange noch beharren wir auf unserem westlichen Wohlstand und tun so, als ob uns die übrige Welt nichts angeht?

Die übrige Welt kommt gerade in diesen Tagen radikal auf uns zu und fordert unser Teilen ein. Die Zeit der kleiner „Zudeckpflaster" ist vorüber. Es braucht einen Quantensprung!

Eine halbe Stunde nach Mitternacht wird es ruhiger. Das Pulver ist verschossen, der Himmel wieder schwarz mit leuchtenden Sternenpunkten. Rauch und Gestank ziehen noch durch die Straßen. Irgendwann ist der ganze Spuk vorüber. Ernst und ich kuscheln uns eng aneinander. Leon kommt aus seinem Versteck und gesellt sich dazu.

In diesem Moment ist alles vollkommen.
Es gibt nichts, das es zu suchen gibt.
Es ist alles da.
Alles IST.

Gemeinsam im Boot den Bach überqueren und immer wieder neu auf das Ufer der Liebe wechseln. Das ist die einzige Wahl, die wir haben. Das ist der Quantensprung, den es braucht, im Kleinen wie im Großen. Und so Gott will, können wir der Sackgasse entkommen.

Gott will, wenn wir es wollen.
Er ist in uns und wir sind ein Teil von ihm.
Es liegt an MIR, es liegt an DIR, es liegt an UNS.
Nicht morgen oder irgendwann,

JETZT und HIER!

Nachwort

Neujahr 2016

Blauer Himmel, weißer Schnee, der glitzert und funkelt in der Sonne, sodass ich die Augen schließe, weil es anstrengend ist, all dieses Licht auszuhalten. Ich blinzle vorsichtig, bin bereit, noch einmal die Augen zu öffnen. Eine innere Stimme sagt mir, dass es nicht um die Augen geht, dass es vielmehr darum geht, mein Herz zu öffnen für das Licht. Ich versuche es und nehme wahr, dass ich Teil dieses Lichtes bin, dass ich wie die Schneekristalle das Licht absorbiere und es auch wieder abgebe. Ich bin Teil des Ganzen, untrennbar verbunden, ein Mosaiksteinchen im unendlichen und alles umfassenden Bild Gottes. Dieses kleine Mosaiksteinchen bekommt damit eine Größe und eine Dimension, die mich schaudern lässt. Und schon ist sie wieder da, die Angst, das ganze Licht und die ganze Liebe nicht auszuhalten, „viel zu klein zu sein" dafür, „es nicht wert zu sein". Schnell wieder die Augen schließen vor der Wahrheit und in den Sumpf alter Bilder und Glaubenssätze sinken.

Mein Innerstes wird immer heftiger aus der Versenkung ins Sichtbare geschleudert.
Wer oder was treibt mich an, immer tiefer in meine Seele zu schauen?
Und wohin führt dieser Weg?
Immer nackter, immer schutzloser fühlt ES sich an, in mir zu sein.

STERNTALER lässt alles los, was es (ver)kleidet und steht völlig nackt und verwundbar da. Als Lohn regnet es goldene Taler. Das Märchen ärgert mich stets und provoziert Widerstand in mir.

„Alles hergeben, nichts mehr für sich behalten – das ist blanke Aufopferung und fehlende Abgrenzung", sagt die Psychotherapeutin in mir.

„Goldene Taler, die vom Himmel fallen, tun weh auf der nackten Haut", sagt das Kind in mir.

„Geld und Gold sind doch kein Lohn in Wahrheit", sagt die Rebellin in mir.

Jetzt, wo ich im Schnee stehe und das Licht auf mich fällt wie die goldenen Taler, alles um mich und in mir zum Strahlen bringt, verstehe ich den Sinn des Märchens. Das kleine Sterntalermädchen nimmt mich an der Hand, hilft mir auch meine letzte Hülle abzulegen. Da stehe ich nun und bin völlig nackt, wie damals in ÄGYPTEN. Ein Fenster tut sich auf und damit der Anfang einer Jahrhunderte langen Geschichte.

Dunkelblauer Himmel, gelber Sand, der glitzert und funkelt in der Sonne wie das Wasser des Nils. Alles ist in helles Licht getaucht. Ich bin die Hohepriesterin an der Seite eines Hohepriesters. Gemeinsam tragen wir dieses heilige Amt. Das Volk liebt und dient uns. Und wir lieben das Volk und dienen ihm. Die weibliche und die männliche Macht vereint auf einem Thron. Die Kräfte sind im Ausgleich, alles fügt sich zusammen, alles ist in Balance. Es ist eine goldene Zeit, es ist eine heilige Zeit.

Und dann der Fall.

Ein strahlend junger Mann taucht auf und ich verliebe mich in seine starken Arme, in seine dunklen, glühenden Augen, in seinen Geruch, in seine Unverfrorenheit und sein Begehren. Ich will dem süßen quälenden Gefühl in mir widerstehen mit allem, was ich an geistigen Kräften zur Verfügung habe. Doch die neue Kraft ist stärker, sie ergreift Besitz von mir, zieht mich in ihren Bann. Noch weiß ich nicht, dass alles ein durchtriebenes Spiel ist.

Noch glaube ich an die Macht der irdischen Liebe, der ich mich öffne und der ich erliege in einer sternenübersäten, funkelnden Nacht.

Ein kurzes Glück nur, dann der Verrat.
Es ist meine Schwester, die meinen Platz einnehmen will.
Das Urteil lautet „schuldig".

Sie entheben mich aus meinem Amt, das goldenes Kleid wird mir genommen. Nackt stehe ich vor meinen Richtern, nackt stehe ich vor meinem Volk. Der Weg zu meinem Grab ist endlos und still. Noch ein letztes Mal sehe ich das Licht der Sonne in gleißend hellen Strömen auf mich hernieder fallen. Dann ist es für immer dunkel. Lebendig begraben im Nichts hinter aufeinandergereihten Steinen. Ausgestoßen. In die Finsternis verbannt. Kein Essen und kein Wasser – wie viele Tage schon? Es spielt keine Rolle mehr. Ich kauere am Boden, abgemagert bis auf die Knochen. Ein Skelett, das noch atmet. Ein Skelett, das noch fleht:

„Horus mein Falke
dein Auge lehrt die klare Sicht
lass mich für alle Zeit erkennen:
Was dient der Liebe und was nicht."

Ein leises Geräusch lässt mich erwachen und öffnet mir die Augen. Die Last des Schnees ist dem Ast wohl zu schwer geworden. Sanft gibt er nach und der Schnee fällt zu Boden. Ein ewiger Kreislauf zwischen Himmel und Erde. Ein ewiger Ausgleich zwischen einst und jetzt.

Alle Mosaiksteinchen fügen sich mit einem Male zusammen zu einem einzigen Bild. Nun ist auch der letzte Schleier gefallen. Seite an Seite mit dem Sterntalerkind stehe ich nackt und verwundbar im glitzernden Schnee mit zum Himmel erhobenen Armen und weiß mit einem Male:

All meine Kämpfe in all meinen Leben beginnen an diesem Punkt.

Warum, mein Gott, hast du mir alles gegeben und wieder genommen?
Warum, mein Gott, hast du mich aus dem Paradies verbannt?
Warum, mein Gott, liebst du mich nicht mehr?

EIN KAMPF MIT GOTT!
Jahrhunderte lang!

All meine Schuld, all meine Wertlosigkeit und all mein Nicht-Genügen sind meine Geschütze gegen ihn. Nie wieder will ich mich in meine Größe wagen! All seine Geschenke und all seine Gaben werfe ich für alle Zeiten hin!

Was für ein tragischer Irrtum! Welch eine bittere Medizin!

Meine Tränen sind lebendig und warm, die Bäche der Reue erlösend.

II. „Ein paar Happen“ Theorie

Spirituelle Wege

Es gibt viele Wege, die zu einem tieferen Verständnis von sich selbst und der Welt führen. Und es gibt viele Wege, die zu Gott führen.

Ich gehöre zu den AnhängerInnen einer Spiritualität, die nicht an eine bestimmte Religion gebunden ist und verschiedene Aspekte unterschiedlicher Religionen mit einbezieht.

In diesem Kapitel möchte ich die für mich wichtigsten psychologisch-spirituellen WegbereiterInnen und WegbegleiterInnen kurz skizzieren und zwar in der Reihenfolge meines bisherigen Weges. Die tantrische Vereinigung als spirituelle Praxis liegt noch in der Zukunft.

Vielleicht findest du Interesse an diesem oder jenem Ansatz und folgst wie ich dem inneren Ruf.

Bücher und Filme sind mir in meinem Leben auch stets wichtige Weggefährten geworden, die mich durch verschiedene Phasen führten. So habe ich eine kleine Auswahl der Werke zusammen gestellt, die mich Schritt für Schritt voran brachten. Möge das eine oder andere Buch auch dir helfen, mutig in Richtung des eigenen Herzens voran zu schreiten.

Kapitel 1

Transpersonale Psychotherapie und holotropes Atmen

Die transpersonale Psychotherapie beschäftigt sich mit Bewusstseins-zuständen jenseits der personalen Welt. In diesen Bereich fallen mystische und spirituelle Erfahrungen. Diese erweiterten Bewusstseinszustände können mit verschiedenen Techniken wie z. B. dem holotropen Atmen oder Meditation eingeleitet werden. Sie können aber auch spontan im Alltag, in Krisen oder in extremen Situationen auftreten.

Die Technik des holotropen Atmens wurde ursprünglich von Stan Grof entwickelt und von Dr. Sylvester Walch im deutschsprachigen Raum verbreitet und vertieft. Zum überwiegenden Teil wird es in Gruppen durchgeführt. Durch beschleunigtes Atmen zu ausgewählter Musik können die festgefahrenen Strukturen unseres Bewusstseins erweitert werden und sich für neues Erleben öffnen. Man liegt auf einer Matte, beginnt schneller und tiefer zu atmen, ein sogenannter „Sitter" steht unterstützend bei Bedarf zur Seite. Während der „Atemreise" kann es zu körperlichen Sensationen oder Beschwerden kommen. Erfahrene transpersonale TherapeutInnen begleiten durch den Prozess mit gezielter Körperarbeit.

Meine erste Erfahrung mit dem holotropen Atmen war tiefgreifend erschütternd. Zu dieser Zeit hatte ich mich schon jahrelang mit meiner Geschichte auseinandergesetzt und glaubte, „durch" zu sein. Schon bei der ersten Sitzung meldete sich mein Körper äußerst schmerzhaft und führte mich noch einmal in den Bereich tiefster seelischer Verwundungen. Alle Erfahrungen sind auch auf der Körperebene gespeichert und zeigen sich mitunter in Verhärtungen, Verspannungen, Blockaden oder physischen Krankheiten. Diese Ebene wurde auf meinem bisherigen Weg der Selbsterfahrung nicht berücksichtigt.

Sylvester Walch schreibt auf seiner Homepage:

> *"Holotropes Atmen ermöglicht die Integration von verdrängten Erlebnissen. Du wirst dabei erfahren, dass tiefsitzende Probleme, wenn sie im holotropen Atmen bewusst werden, ihren Schrecken verlieren und aufgelöst werden können. Das „Schlimmste", was passieren kann, ist, dass man durch holotropes Atmen sich selbst begegnet, also etwas entdeckt, was bisher hinter dem Schleier des Alltagsbewusstseins verborgen war. "*

Die Erfahrungen im holotropen Atmen sind vielfältig und reichen von personalen und präpersonalen bis hin zu transpersonalen und spirituellen Inhalten. Außergewöhnliche Bewusstseinszustände, die durch holotropes Atmen hervorgerufen werden, haben eine lange Tradition. Sie sind wachstumsfördernd und mobilisieren die innere Heilenergie bzw. die Selbstheilungskräfte.

Das Konzept von der „Inneren Weisheit", dem „transpersonalen Selbst", ist im holotropen Atmen von zentraler Bedeutung. Die innere Weisheit führt und leitet uns. Alles, was wir brauchen, ist Vertrauen in diesen innersten Kern sowie Hingabe und Mut, auf diese innere Stimme zu hören und ihr zu folgen. „Vertraue dem Prozess, alles dient deiner Entfaltung und Entwicklung", ist DER zentrale Leitsatz für die Atemreise.

Die Transpersonale Psychotherapie ist, wie die Psychologie der Vision, eine Verschmelzung von Psychologie und Spiritualität. Hierzu nochmals Sylvester Walch:

> *„Spiritualität, so wie wir sie verstehen, hat nichts mit Dogmen, sondern mit Erfahrung, Anschauung und Fühlen zu tun. Jeden Moment unseres Lebens können wir den Geschmack des Ganzen wahrnehmen, manchmal überraschend, manchmal vielleicht auch durch unsere Übungen unterstützt, und manchmal in Momenten, wo wir weder ein noch aus wissen."*

Literaturhinweise:

- Sylvester Walch:
  „Dimensionen der menschlichen Seele. Transpersonale Psychologie und holotropes Atmen"
  Dieses Buch beschreibt sehr detailliert die Praxis des holotropen Atmens in der Gruppe sowie das Spektrum möglicher Erfahrungen und bietet einen guten theoretischen Einblick in die Konzepte der transpersonalen Psychotherapie.

- Sylvester Walch:
  „Vom Ego zum Selbst. Grundlinien eines spirituellen Menschenbildes"
  Das Buch gibt einen umfassenden theoretischen Überblick über die Konzepte von ICH, Selbst, EGO und Ego-Transformation.

- Sylvester Walch:
  „Die ganze Fülle deines Lebens. Ein spiritueller Begleiter zu den Kräften der Seele"

Das neueste Buch von Sylvester ist ein wunderbarer Begleiter am spirituellen Weg mit vielen praktischen Übungen aus seiner langjährigen Seminartätigkeit.

- Anna Maurer:
  „Auf der Suche nach dem Selbst oder wie ich lernte, mich dem Fluss des Lebens anzuvertrauen" und
  „Feuer und Flamme. Ein spiritueller Weg im Alltag"
  Die Autorin gibt in beiden Büchern Einblick in ihre eigenen Erfahrungen mit dem holotropen Atmen und bettet diese in allgemeine Grundsätze der Transpersonalen Psychologie ein.

- Stanislav Grof:
  „Das Abenteuer der Selbstentdeckung. Heilung durch veränderte Bewusstseinszustände. Ein Leitfaden."
  Das Buch gibt einen faszinierenden Einblick in transpersonale Bewusstseinszustände sowie in die holotropen Atemtherapie und zeigt das darin enthaltende Heilungs- und Transformationspotenzial auf.

Kapitel 2

Psychologie der Vision (POV)

Chuck und Lency Spezzano haben in langjähriger psychologischer Praxis die „Psychology of Vision" entwickelt. Sie baut auf den Grundsätzen und Lehren von „Ein Kurs in Wundern" auf und beinhaltet ebenso Elemente aus der Tiefenpsychologie, aus Hypno- und Gestalttherapie und aus dem NLP (Neurolinguistisches Programmieren). Eigene Einsichten, Konzepte und Methoden werden aus der Praxis ständig neu gewonnen, sodass sich POV fortlaufend weiter entwickelt.

Über die Notwendigkeit einer Vision schreiben Chuck und Lency Spezzano in ihrem Grundlagenbuch „Es muss einen besseren Weg geben" folgendes:

> *„Vision ist ein kreatives Abenteuer, ein neuer Weg, der geboren wird. Vision ist positive Zukunft, die bereits in der Gegenwart ihre Möglichkeiten bietet. Vision erneuert die Welt und führt zu einer Wiedergeburt aus Routine, Ermüdung und zerbrochenen Träumen. Vision erlaubt uns, Licht zu sehen, den Weg nach Hause zu sehen und auf dem Weg voran zu gehen. Vision bedeutet, sich der schöpferisch,*

spirituellen Kraft der Liebe hinzugeben und dieser Kraft zu
gestatten, uns zu führen. "

POV ist also ein Weg der Vision und schöpferisch auf eine positive Zukunft ausgerichtet. POV ist auch ein Weg des Herzens und der Liebe und baut mit praktischen Ansätzen und Modulen eine Brücke zwischen Himmel und Erde bzw. zwischen Spiritualität und Psychologie.

Zentrale Aspekte von POV sind:

Beziehungen
Alle Probleme im Leben sind im Grunde Beziehungsprobleme. Wenn wir unsere Beziehungen heilen, können wir damit auch alle anderen Probleme unseres Lebens heilen. Alle unsere äußeren Beziehungen spiegeln unsere Beziehungen zu uns selbst und die Beziehung zu uns selbst spiegelt gleichzeitig die Beziehung zu Gott.

Führungsqualitäten
Darunter versteht POV die Fähigkeit, auf jene Menschen eingehen zu können, die in Not sind. Zentral ist also die Bereitschaft, die „Hilferufe" zu erkennen und zu helfen. Unsere eigenen Dramen lenken uns immer wieder davon ab. Durch das sich Einlassen, durch das verbindliche Engagement werden beide Seiten befreit und geheilt.

Spiritualität
POV ist an keine Religion gebunden, sondern geht davon aus, dass natürliche spirituelle Gefühle in der Tiefe jedes Menschen vorhanden sind. Wenn wir die „horizontalen" Beziehungen zu unseren Mitmenschen verbessern, so bauen wir damit auch unsere „vertikale" Beziehung zu Gott auf. Öffnen wir uns für diese Dimension, fließen Gnade und universelle Liebe in uns ein.

Praktisch geht es in der Psychologie der Vision darum, unsere Beziehungsprobleme zu heilen, unsere Gaben und Talente in die Welt einzubringen, unsere Seelenaufgabe zu erkennen und zu leben, unser Ego zu durchschauen und unserem höheren Bewusstsein zu folgen.

Über das individuelle Wachstum hinaus reichend sind auch das Miteinander, die Ebenbürtigkeit und der Teamgeist zentral. Auf diese Weise wird die Vision einer neuen Welt genährt.

Literaturhinweise:

- Chuck & Lency Spezzano:
  „Es muss einen besseren Weg geben. Ein Handbuch zur Psychologie der Vision"
  Dieses Buch liefert einen guten Überblick über die grundlegenden Ansätze und Methoden der Psychologie der Vision.

- Chuck Spezzano:
  „Wenn es verletzt, ist es keine Liebe"
  Das Buch beinhaltet 366 kurze transformative „Lektionen" und eignet sich hervorragend zum täglichen Gebrauch. Einfach eine Seite aufschlagen und das jeweilige Thema einen Tag lang im eigenen Leben erkennen bzw. in die Tat umsetzen.

- Lency Spezzano:
  „Gib den Weg frei für die Liebe"
  Ein sehr persönliches Buch über Lencys Weg zur Liebe.

- Jeff und Sue Allen:
  „Wie Beziehungen wirklich gelingen. Neue Wege für Liebe und Partnerschaft"
  Jeff und Sue Allen sind langjährige POV Trainer aus England. Das Buch führt wunderbar durch verschiedenen Beziehungsstadien und zeigt neue Wege in Beziehung und Partnerschaft auf.

Chuck Spezzano hat viele Bücher geschrieben. Sie alle anzuführen, würde den Rahmen sprengen. Viele davon sind im Verlag Via Nova erschienen.

254

Kapitel 3

Visionssuche und Medizintag

Die Visionssuche repräsentiert die Suche und das uralte Verlangen des Menschen nach der Erfahrung einer Höheren Wahrheit. Sie ist aber auch ein Ablösungs- und Übergangsritual, das den Eintritt in eine neue Lebensphase aufgreift und begleitet. Übergangsriten finden sich zu allen Zeiten in vielen Kulturen der Erde und sind auch heute noch lebendig, leider nicht in unserem Kulturkreis. Ihre geistigen Inhalte und religiösen Symbole sind unterschiedlich, wirken jedoch allesamt ordnend. Es dürfte sich um ein Grundmuster der Krisenbewältigung handeln. Meist sind diese Übergangsrituale mit Fasten und Entbehrungen verbunden, oft auch mit einem längeren Aufenthalt alleine in der Wildnis und sie dienen immer einem klaren Zweck: Sie sind ein kraftvoller Anstoß im Prozess der Selbstwerdung.

Nicht nur bei Naturvölkern findet sich dieses Ritual, sondern auch bei den Propheten der verschiedenen Religionen, denken wir nur an Moses oder Jesus, die sich alleine und fastend in die Wüste zurückgezogen haben. Buddha verweilte lange Zeit fastend in einer Höhle und unter dem Bodhi-Baum.

Die heute verbreitete Art der Visionssuche ist stark von den nordamerikanischen Indianern geprägt. Ausgebildete Visionssuche-leiterInnen bieten in Seminaren diese Möglichkeit in unterschiedlichen Ländern und Gegenden an. Mit einer Frage oder Bitte, die für die aktuelle Lebenssituation wichtig ist, begeben sich die Teilnehmenden in eine außerordentliche Situation und ziehen sich für vier Tage und vier Nächte alleine an einem Platz in der Natur zurück. Der Rückzug ist wie ein Erneuern der eigenen Existenz im Schoße der Natur und bedeutet eine tiefe Rückverbindung zum eigenen Wesen. Die Klarheit und die Unbestechlichkeit der wilden Natur können zu neuen Visionen im Leben verhelfen, die aus der Stille und der Tiefe des Herzens kommen.

Wer sich einer solchen Erfahrung aussetzt, muss gute Gründe haben. Solche Gründe können sein: Der Übergang vom Jugendlichen zum Erwachsenen, Veränderungen oder Krisen in der Lebensmitte, Scheidung, Krankheit, Altern, Tod eines nahen Angehörigen, Burnout, Arbeitsplatzverlust, etc. Welche Wandlung auch immer ansteht und mit diesem Ritual bekräftigt wird, Lehrerin und Therapeutin ist die Natur selbst, die Wildnis.

Allerdings darf dabei nicht außer Acht gelassen werden:
(Buch: Vision Quest" von Sylvia Koch-Weser und Geseko von Lüpke)

> *„...dass jedes persönliche Wachstum untrennbar verbunden ist mit dem Zustand der Kultur und der Welt, in der wir leben. Der Rückzug in die Wildnis ist keine Ablenkung von den Problemen der Welt und kein Egotrip zur persönlichen Erleuchtung. Es ist vielmehr ein mutiger Schritt, die Wurzeln der weltweiten Krise in uns selbst zu suchen, Einsicht und neue Kraft zu gewinnen und mit klaren Zielen in die Welt zurück zu kehren. Es ist ein Weg der spirituellen Rückverbindung mit der Welt, in der wir leben. "*

Ich habe meine Visionsfindung am Sinai gemacht, im Alter von 49 Jahren, also in den Wechseljahren. Die Erfahrung trägt mich bis heute und ich bin zutiefst dankbar, dass mich mein Weg genau zu dem Zeitpunkt genau dorthin führte.

Die Einweihungswanderung oder der Medizintag

Die Einweihungswanderung ist eine komprimierte Form der Visionssuche und wird einen Monat zuvor unternommen. Dieser Medizintag ist eine eintägige Reise in die Natur und heißt so, weil es ein heilender Vorgang ist, sich den Kräften der Natur, den Kräften des Körpers, sowie der Stille und Einsamkeit auszuliefern. Alle Zeichen und Symbole, die dem Wanderer im Außen begegnen, reflektieren sein Inneres. Umgekehrt findet sein Inneres Ausdruck in den Zeichen der Natur. Der Medizintag kann auch ohne nachfolgende Visionssuche immer wieder in den Alltag eingebaut werden, um Entscheidungen oder Veränderungen vorzubereiten, neue Ideen zu entwickeln oder innere Zentrierung zu erlangen.

Man legt sich symbolisch eine Schwelle, über die man dann mit vollem Bewusstsein vor Sonnenaufgang steigt und geht einfach los. Abends, nach Sonnenuntergang wird diese Schwelle wieder überschritten, wenn man zurückkehrt. Die Schwelle markiert den Übergang von der Alltagswelt in die Anderswelt, von der geordneten Zivilisation, in die wilde Natur. Man lässt die Beine einfach laufen, ohne Plan oder Ziel im Kopf. Es kommt nicht darauf an, wie weit man geht, es kommt darauf an, dass man wahrnimmt, was sich innen wie außen ereignet. Fasten unterstützt den Prozess, muss aber nicht unbedingt sein. Man geht mit einer bestimmten Frage los und betrachtet die Symbole und Zeichen der Natur als Antworten. An diesem Tag meidet man den Kontakt mit anderen Menschen, ist nur mit sich.

Ob Rituale wie die Visionssuche oder der Medizintag oder auch nur ein ganz normaler Spaziergang, wenn wir der Natur achtsam und mit offenen Sinnen begegnen, schenkt sie uns immer ihre Medizin.

Literaturhinweise.

- Steven Foster, Meredith Little:
  „Visionssuche. Das Raunen des heiligen Flusses. Sinnsuche und Selbstfindung in der Wildnis"

- Sylvia Koch-Weser, Geseko von Lüpke:
  „Vision Quest. Visionssuche: Allein in der Wildnis auf dem Weg zu sich selbst"
  Beides sind wunderbare Bücher, die einen umfassenden Einblick in Sinn, Ziel und Ablauf der modernen Visionsfindung geben.

- Frederik Hetmann:
  „Die Erde ist unsere Mutter. Indianische Spiritualität und Religion"
  Das Buch erschließt die Mythen und Rituale von vier der bekanntesten Stammesverbände: Sioux, Navajo, Hopi und Pueblo.

- Rudolf Kaiser:
  „Im Einklang mit dem Universum. Aus dem Leben der Hopi-Indianer"
  Das Buch berichtet sehr anschaulich über Mythos und Geschichte, Religion und Spiritualität, Familienstruktur und Prophezeiungen der Hopis.

- Sun Bear & Wabun:
  „Das Medizinrad. Eine Astrologie der Erde"
  Das Medizinrad lehrt ein neues, ganzheitlich-spirituelles Verständnis von Natur und Erde.

- Hyemeyohsts Storm:
  „Sieben Pfeile"
  Storm ist nordamerikanischer Indianer und führt uns mit dem Roman in eine andere Welt. Seine kraftvolle Poesie ist mit wunderbaren Bildern untermalt.

Kapitel 4

Lichtnahrung

Lichtnahrung hat mit dem herkömmlichen Fasten und den herkömmlichen Diäten nichts zu tun. Lichtnahrung ist ein spiritueller Weg oder auch das Ergebnis dieses Weges. In verschiedenen religiösen Traditionen gibt es Bespiele dafür. Lichtnahrung ist auch nicht der Sieg des Willens über die körperlichen Bedürfnisse. Sunyoga Umsakar schreibt in seinem Vorwort im Buch „Das Yoga der Lichtnahrung" folgendes:

> *„Erst wenn der Geist reif dafür ist, aus anderen Quellen satt zu sein, wird er nicht mehr von sogenannten Nahrungsmitteln angezogen, ist nicht mehr hungrig, weil schon befriedigt und er kann davon loslassen – erst dann kann auch der Körper loslassen. Wenn du gelernt hast, dein Inneres aus anderen Quellen zu nähren, benötigt der Körper die grobstoffliche Nahrung nicht mehr."*

Was genau ist nun Lichtnahrung? Ob Prana, Qi, universelle Liebe oder kosmische Lebensenergie – im Grunde geht es um diese EINE Energie, die alles durchdringt. Wir atmen diese Energie mit jedem Atemzug ein, wir selbst sind durchdrungen von dieser Energie und unser Umfeld ist es ebenso. Die Indianer sprechen vom „Großen Geist in allen Dingen". Die moderne Quantenphysik bestätigt die alten spirituellen Traditionen und kommt nun auch mit wissenschaftlichen Methoden zum Ergebnis, dass alles, was im Universum existiert, letztendlich Energie und Information ist. Zerlegt man die festen Körper unserer materiellen Welt in kleinste Teile, so sind diese in erster Linie Energie.

Christine R. Schweinzer stellt in ihrem Buch „Lichtnahrung. Von Licht und Liebe leben" die bedeutsame Frage:

> *„Wenn wir also davon ausgehen, dass wir Menschen aus Energie bestehen, warum sollten wir dann auf feste Nahrung angewiesen sein? Warum sollte es nicht möglich sein, ausschließlich von kosmischer Energie zu leben?"*

Unser Verstand kann sich das nicht vorstellen. Zu tief sitzen die gesellschaftlichen Prägungen, dass wir ohne feste Nahrung sterben.

Was aber ist mit den Menschen, die tatsächlich ohne Nahrung leben?

Der Film vom P.A. Straubinger „Am Anfang war das Licht"widmet sich diesem Phänomen. Trotz vielfacher Beispiele von sogenannten „Lichtköstlern" wird dem Unfassbaren von der wissenschaftlichen Seite her eher Ignoranz und Verurteilung entgegengebracht als Interesse und ein offenes Bewusstsein für das bislang Fremde.

Im folgenden möchte ich über drei unterschiedliche Zugänge zur Lichtnahrung informieren.

Der 21 Tage Prozess von Jasmuheen

Bereits in den neunziger Jahren wurde das Thema Lichtnahrung durch die Australierin Jasmuheen bekannt. Sie vertritt den sogenannten 21-Tage-Prozess, bei dem in den ersten sieben Tagen weder gegessen noch getrunken wird. In den vierzehn Tagen danach darf getrunken werden. Jasmuheen bezeichnet diesen Prozess als Einweihung auf höchster Ebene. Gott wird als die wahre Quelle von Liebe, Licht und Nahrung gesehen. Im völligen Vertrauen auf das genährt Sein durch die göttlichen Kräfte geschieht eine radikale Umprogrammierung der Zellen. Der Mensch braucht danach keine stoffliche Nahrung mehr, er kann frei wählen, ob er noch etwas isst oder nicht. Laut Jasmuheen gibt es ein multidimensionales Feld, eine Matrix, in dem sich das Leben abspielt. Darin gibt es die verschiedensten Frequenzen. Wenn dieses Feld der universellen Liebe sehr stark wird, indem wir den Fokus darauf legen, verändern sich sogar die Gehirnwellenmuster. Ob das Liebesfeld in einem Menschen stark oder schwach ist, entscheidet er durch seine Lebensgestaltung. Ist das Feld stark, kann der Körper erstaunliche Dinge tun, übernatürliche oder außergewöhnliche Erfahrungen machen. Doch im Grunde kommt alles von der Liebe, die wir vermehrt in uns fließen lassen.

Viele Menschen fühlten sich gerufen, diesen Prozess zu durchlaufen, der radikal bestehende medizinische Grundsätze widerlegte. Sieben Tage ohne Essen und Trinken – das war und ist revolutionär! Menschen erlangten durch den Prozess Heilung von schweren Krankheiten. Etliche konnten tatsächlich danach ohne stoffliche Nahrung leben, etliche aßen danach auch wieder. Leider starben drei Menschen, was Jasmuheen und der gesamten Lichtnahrung äußerst negative Schlagzeilen brachte.

Nach wie vor gilt Jasmuheen als Pionierin, die als Erste das Thema in die breitere Öffentlichkeit brachte.

Der BI GU Zustand in der chinesischen Tradition

Die Qi-Gong-Meisterin Tianying lebt seit 1993 ohne oder mit nur sehr wenig Nahrung. In der chinesischen Tradition ist Nahrungslosigkeit schon lange bekannt und wird Bi-Gu-Fu-Qi genannt. Das bedeutet „Verzicht auf Getreide und Aufnahme von Qi, der universellen Lebensenergie". Auch in dieser Tradition geht es nicht grundsätzlich um das Essen, sondern um die Spiritualität, um ein höheres Bewusstsein. Durch spezielle Energie-übertragung eines Meisters/einer Meisterin an seine SchülerInnen kann dieser Bi-Gu-Zustand erreicht werden. Meisterin Tianying wurde nach dieser Energieübertragung von einem schweren Leberleiden befreit und lebt seither im Bi Gu – Zustand. Der Vorteil der Nahrungsmittellosigkeit ist die Entgiftung des Körpers. Dadurch können selbst chronische Krankheiten geheilt werden. Auch im seelischen Bereich kommt es zu „reinigenden" Veränderungen. Das Energieniveau des Körpers kann sich sehr schnell und dauerhaft erhöhen, die Verbindung zum Göttlichen verstärken. So kann sich die Seele spirituell schnell weiter entwickeln. Mittlerweile führt Meisterin Tianying selbst Energieübertragungen in ihrem Tian-Gong-Institut in Berlin durch.

Der 3 Tages Prozess von Jenny Solaria Postatny

Jenny wehrte sich schon als Kind gegen Nahrung und wurde zum Essen genötigt, was ihr massive körperliche Probleme verursachte. Ohne Nahrung gesundete sie in späteren Jahren. Sie vertritt den „Lichtnahrungsprozess in drei Tagen". Dieser Prozess ist keine fixe Größe, sondern in stetiger Veränderung. 2015, als ich diesen Prozess durchlief, gab es noch dreimal drei Tage, LINA (Lichtnahrung) I bis III. Heute gibt es nur mehr Teil I.

In diesem neueren Lichtnahrungs- oder Alleinheitsprozess wird nur mehr drei Tage auf Nahrung verzichtet. Auch ist das Trinken von energetisch reinem Wasser erlaubt. In diesen drei Tagen werden alle Grundlagen und Kenntnisse vermittelt, um im Anschluss selbst auf Lichtnahrung umzustellen. Das Nichtessen ist nur ein kleiner Teil des gesamten Prozesses, im Grunde findet ein großer Bewusstseinsprozess statt. Der Begriff „Lichtnahrung" ist laut Jenny nicht ganz stimmig. Nicht allein das Licht nährt uns, sondern vielmehr die kosmische Alleinheit und zwar entweder ganz oder zumindest teilweise. Daher brauchen wir wenig oder gar keine stoffliche Nahrung mehr zu uns nehmen. Der Körper wird auf diese Weise nachhaltig von Ablagerungen, Giften aus Nahrung und Umwelt, Medikamenten und deren Rückstände gereinigt. Die starke Entgiftung des Körpers bewirkt sowohl körperliche als auch seelische Heilung. Darüber hinaus wird die spirituelle Entwicklung und Entfaltung des inneren Potenzials gefördert.

Der Titel dieser Seminare „Lichtnahrungsprozess in drei Tagen" ist meines Erachtens irreführend, denn er lässt den Eindruck entstehen, dass nach drei Tagen ein Leben ohne Nahrung möglich ist. Fast alle aber essen danach wieder. Ich kann aus meiner eigenen Erfahrung sagen, dass in diesem Prozess viele emotionale und geistige Prozesse angestoßen wurden, die der spirituellen Entwicklung insgesamt dienten. Auch ist mein Umgang mit Essen weitaus bewusster geworden und ich brauche insgesamt weniger Nahrung. Doch zur reinen „Lichtköstlerin" bin ich wie die meisten „noch" nicht geworden.

Soweit ein kurzer Einblick in das Thema Lichtnahrung. Mittlerweile gibt es schon einige Bücher, die entweder einen umfassenden Überblick über dieses Phänomen geben oder eigene Erfahrungen mit Lichtnahrung beschreiben.

Und natürlich gibt es den DEN Film von: P.A Straubinger: „*Am Anfang war das Licht.*"

Literaturhinweise:

- Christine R. Schweinzer:
  „Lichtnahrung. Von Luft und Liebe leben"
  Dieses kleine Büchlein gibt einen guten ersten Einblick in das Thema.

- Joachim M. Werdin & Stefan Strecker:
  „Das Yoga der Lichtnahrung"
  Dieses Buch setzt sich sehr genau und umfassend mit dem Thema auseinander und ist ein guter Begleiter bei einem Selbstversuch.

- Antje Nevermann, Yang Tianying:
  „Energie-Nahrung. Das daoistische Bi Gu Fu Gi von Tian Gong im Westen"
  Ein gutes Buch über die chinesische Tradition der Licht- bzw. Energienahrung

- Michael Werner & Thomas Stöckli:
  „Leben durch Lichtnahrung. Der Erfahrungsbericht eines Wissenschaftlers"
  Michael Werner ist Naturwissenschaftler, hat den 21-Tage-Prozess gemacht und lebt seither ohne feste Nahrung. Er hat sich auch für wissenschaftliche Untersuchungen zur Verfügung gestellt, um am "längst fälligen Paradigmenwechsel" mitzuwirken.

- Jasmuheen:
  „Lichtnahrung. Die Nahrungsquelle für das neue Jahrtausend"
  Das ist der „alte" Klassiker unter den Lichtnahrungsbüchern. Die Autorin setzt sich mit übergeordneten energetischen und spirituellen Themen auseinander und beschreibt sehr detailliert den 21-Tage Prozess.

- Jasmuheen:
  „Sanfte Wege zur Lichtnahrung. Von Prana leben und weiterhin das Essen genießen."
  Dieses neuere Werk ist die sehr viel gemäßigtere Form der Lichtnahrung, wo „Dazunaschen" erlaubt ist.

- Dirk Schröder:
  „Lichtnahrung. Grenzen ausdehnen – lichtvoll leben"
  „Essen ade, Naschen okay – leben von Lichtnahrung"
  In seinen Büchern beschreibt der Autor seine eigenen Erfahrungen im und nach dem 21-Tage Prozess.

Kapitel 5

Tantra

Als fünften möglichen Weg spiritueller Entwicklung möchte ich noch kurz die tantrische Sexualität näher bringen. Wie das Essen, so ist auch die Sexualität ein Grundbedürfnis des Menschen. Leider ist auch in diesem Seinsbereich durch unheilvolle Programmierungen aus einer natürlichen Gabe, aus einem Geschenk Gottes, die Quelle unendlichen Leids geworden. In den extremen Polen sind wir hin- und hergerissen zwischen den traditionellen kirchlichen Konzepten von Sittlichkeit und Sünde einerseits und sexueller Gier, Ausschweifung, Missbrauch und Gewalt auf der anderen Seite. Aber auch in der gemäßigteren Mitte eines normalen Alltags als Paar ist die Sexualität häufig auf eine rein körperliche „Angelegenheit" reduziert. Tantra führt uns zu zum göttlichen Ursprung der Sexualität zurück.

Die Natur will sich frei entfalten, sie folgt dem innewohnenden göttlichen Bauplan, den wir auch göttliches Bewusstsein nennen können. Wir sind als Menschen Teil dieser Natur und somit auch Teil dieses göttlichen Bewusstseins. Warum sollte unser Körper, unsere Sexualität ausgeschlossen davon sein? Leider kennen wir unsern Körper oft sehr wenig und folgen eher den Konzepten im Kopf als seinen natürlichen

Impulsen. „Der omnipotente Liebhaber", die „verführerische Liebhaberin", „der ultimative Orgasmus" - wie viel Stress bauen wir auf mit diesen Bildern im Kopf! Nur, wie sind sie zu löschen? Tantra hilft uns, vom Prinzip der Anspannung und Leistung, vom sexuellen Tun, hin zu Entspannung und sexuellem Sein im gegenwärtigen Augenblick zu fließen. Auf diese Weise wird Sex zur Meditation. Diese Gegenwärtigkeit oder Präsenz ist in vielen spirituellen Lehren der Weg und das Ziel. Osho schreibt in seinem Buch „Tantra. Energie und Ekstase":

> „...Achtsamkeit und Bewusstheit sind die Schlüssel, um diese Lebensqualität zu erreichen. Wenn man sie auf die Sexualität anwendet, wird die liebevolle Vereinigung zwischen Mann und Frau zu einer tiefen spirituellen Erfahrung."

Tantra ist eine Strömung innerhalb der buddhistisch-hinduistischen Philosophie Indiens und wird dort seit Jahrtausenden praktiziert. Osho, ein indischer Meister aus Poona, hat wesentlich dazu beigetragen, dass Tantra in den 80er Jahren in den Westen kam. Die Grundlage der Sexualität ist göttlich, lehrte er. Sexuelle Gefühle sollen nicht UNTERdrückt, sondern AUSgedrückt werden. Nur durch Anerkennung seiner wahren Natur könne der Mensch frei werden. Das von Osho initiierte und von anderen westlichen Lehrern weiter entwickelte Tantra wird „Neo Tantra" genannt. Heute ist Tantra ein „Haus mit vielen Zimmern".

Im Wesentlichen geht es bei Tantra darum, der Sexualität einen anderen Rahmen zu geben, vor allem mehr Bewusstheit. Tanta experimentiert damit, sexuelle Energie in Spiritualität zu verwandeln. Osho schreibt in seinem Buch „Sex, das missverstandene Geschenk":

> „Ihr seid noch immer auf der Stufe des Sex, obwohl ihr schon auf der Stufe des kosmischen Bewusstseins sein könntet. Der Weg ist einfach: Sex muss zu einem Teil eures religiösen Lebens werden; er sollte euch heilig sein...

Sexualität sollte voller Ehrfurcht gewürdigt werden, denn schließlich sind wir daraus geboren. Sie ist unsere Lebensquelle. Und die Lebensquelle zu verurteilen bedeutet, alles zu verurteilen. Sex sollte auf immer höhere Stufen gehoben werden, bis zu seinem Gipfel. Und dieser höchste Gipfel ist Samadhi, kosmisches Bewusstsein. "

Auf diesem Weg stehen wir als Paar erst am Anfang. Es ist nie zu spät, einen Neuanfang zu wagen! Liest man die Zitate, so klingt das fürs erste ganz schön hochtrabend. Wie bei der Lichtnahrung habe ich jedoch auch in diesem Bereich bereits erfahren, dass das radikale Abweichen vom üblichen Weg, allein schon eine Menge neuer Erkenntnisse und Erfahrungen bringt. Der spielerische Umgang, egal um welche Aufgaben es geht, ist mir ein wesentliches Ziel im allgemeinen und auch im Tantra geworden. Das Ego protestiert, will seine alten Bilder und den damit verbundenen Schmerz erhalten. Das neugierige, göttliche Kind fängt fantasievoll an zu spielen und erfreut sich daran. Eine tiefe umfassende Heilung auf dem Gebiet der verletzten Sexualität kann geschehen.

Literaturhinweise

- Chia, Mantak
  „Yoga der Liebe. Der geheime Weg zur unvergänglichen Liebeskraft"

- Chia, Mantak & Maneewan:
  „Tao Yoga der heilenden Liebe. Der geheime Weg zur weiblichen Liebes- energie."
  Diese beiden Bücher sind „alte Klassiker" auf dem Gebiet der Aktivierung und Transformation der Sexualenergie.

- Osho:
  „Tantra. Energie und Ekstase"
  „Sex, das missverstandenste Geschenk. Sexualität, Liebe und höheres Bewusstsein"
  Diese beiden Bücher sind ebenfalls „Klassiker", auf deren Grundlagen neuere Autoren aufbauen.

- Diana Richardson:
  „Zeit für Liebe. Sex, Intimität und Ekstase in Beziehungen"
  Eine umfassende, gefühlvolle Darstellung dessen, dass Sex sehr viel mehr sein kann als eine rein körperliche Vereinigung.

- Diana Richardson:
  „Zeit für Weiblichkeit. Der tantrische Orgasmus der Frau"
  Sehr zart und behutsam führt das Buch in das Grundwesen von Tantra und in das weibliche Energiesystem ein. Praktische Übungen ergänzen wunderbar die Theorie.

- Diana und Michael Richardson.
  „Zeit für Männlichkeit. Mehr Kompetenz in Sachen Sex und Liebe zwischen Mann und Frau"
  Ein überaus wertvolles Buch sowohl für Männer als auch für Frauen. Es schildert die männliche Seite der Sexualität im herkömmlichen Sinn und aus tantrischer Perspektive.

- Diana Richardson:
  „Zeit für Berührung. Massage-Bewusstheit-Entspannung"
  In diesem Film zeigt Diana, wie man entspannt und bewusst den Körper eines anderen Menschen berührt.

- Diana Richardson:
  „Slow Sex. Wie Sex glücklich macht. Der neue Stil des Liebens"
  In diesem Film berichten Paare über ihre Erfahrungen mit tantrischer Sexualität nach Diana & Michael Richardson.

- Michael Plesse & Gabrielle St. Clair:
  „Feuer der Sinnlichkeit – Licht des Herzens. Tantrische Selbsterfahrung für Einzelne und Paare"
  Ein praxisorientiertes Buch über modernes Tantra.

- Odier Daniel:
  „Tantra. Eintauchen in die absolute Liebe"
  Der Autor schildert seinen dramatischen Bewusstwerdungsprozess und seine Einweihung bei einer tantrischen Meisterin im Himalaya.

Ganzheitliche „Ernährung"

Die Frage der Ernährung ist von höchster Wichtigkeit, denn sie betrifft unser gesamtes Wesen. Viele Menschen machen sich unbewusst durch ihre Ernährung krank - zum einen durch das, WAS sie essen und zum anderen durch das, WIE sie essen.

Der Mensch besitzt nicht nur den physischen Körper, der genährt werden will, sondern auch feine energetische Körper, die allesamt genährt werden wollen. Auch der Mental- und der Emotionalkörper sowie der spirituelle Körper brauchen Nahrung. Wir (er)nähren uns nicht nur von Nahrungsmitteln, sondern auch von Tönen, Düften, Gerüchen, Farben, Energien, der Sonne, dem Licht, der Natur, von guten Gefühlen und guten Gedanken, von Mantren und Gebeten. Je positiver und reiner all diese Nährstoffe sind, desto höher wird die Frequenz, in der unsere verschiedenen Körper schwingen. Wir selbst formen also unsere Körper und damit auch unser Schicksal, denn je nach Qualität dieser Körper erhalten wir das entsprechende Echo im Außen.

Alles ist letztendlich Energie, die schwingt und strahlt und entsprechende Energiefelder aufbaut. Unsere „Lebensmittel haben einen sehr unterschiedlichen Energiegehalt. Unreif geerntete Früchte oder mit Zusatzstoffen und Konservierungsmitteln versehene Nahrung enthalten nur sehr wenig lebenswichtige Energien. Mit der Mikrowelle erwärmtes Essen hat überhaupt keine Energie mehr. Wir nehmen also vielfach „tote Nahrung" zu uns. Da der Körper nicht die Nährstoffe bekommt, die er braucht, verlangt er immer mehr. Umgekehrt, je vollwertiger und energiereicher die Lebensmittel sind, desto schneller sind wir satt. Auch können wir die Lebensmittel mit unserem Bewusstsein aufwerten, z. B. mit einem Segen oder einem Gebet.

Wasser ist nicht nur ein Mittel, um den Durst zu stillen. Wasser ist auch ein Informationsträger. Seit den Untersuchungen des Japaners Dr. Masaru Emoto wissen wir, dass Wasser eindeutig auf Schwingungen, z. B. Musik, Worte, Gefühle, Gedanken, reagiert. Worte wie „Liebe", Gefühle wie „Dankbarkeit" oder auch klassische Musik veranlassen das Wasser, wunderschöne, harmonische Kristalle zu bilden. Negative Worte wie „Hass", Gefühle wie „Neid" oder Heavy Metal Musik hinterlassen ungeordnete, chaotische Wasserstrukturen.

Wenn man bedenkt, dass der menschliche Körper zu 70 – 80 % aus Wasser besteht, kann man sich ausmalen, wie sehr positive bzw. negative Gedanken und Gefühle sich auswirken. Dasselbe gilt für die Nahrung, da auch sie einen hohen Wassergehalt aufweist.

Die meisten Menschen nehmen die Nahrung rein mechanisch, also unbewusst ein. Häufig essen sie zu schnell und kauen zu wenig. Zudem wird oft viel zu üppig gegessen und über den Hunger hinaus. Viele essen neben dem Fernsehen oder lesen Zeitung dabei, oft wird auch gestritten, da sich die Familie sich nur beim Essen trifft. Damit verleiben wir uns jede Menge negativer Energie mit dem Essen ein und stören die Funktionen unseres Organismus. Achtsam essen bedeutet, die Aufmerksamkeit ausschließlich auf das Essen zu richten, mit allen Sinnen ganz im gegenwärtigen Moment zu sein und der Nahrung positive Gedanken und Gefühle entgegen zu bringen. Auf diese Weise kann Essen zu einer spirituellen Praxis werden, die uns dreimal am Tag mit dem Himmel verbindet.

Der Körper nimmt sich von der Nahrung die Nährstoffe, die ihm nützlich sind und versucht, die Stoffe auszuscheiden, die ihm schädlich sind. Bei

Überlastung funktioniert diese Entgiftung nicht mehr und die Abfallstoffe sammeln sich im Körper an, was zu verschiedenen Krankheiten führen kann. Deshalb ist Fasten von Zeit zu Zeit ein notwendiges Heilmittel. Fasten ist eine einfache und billige Möglichkeit, die angesammelten Gifte wieder los zu werden, mehr Energie, mehr Lebensfreude, mehr Klarheit und Gesundheit auf allen Körperebenen zu erlangen.

Die Frage des Fastens reicht in Wirklichkeit viel weiter als üblicherweise angenommen. Fasten heißt nicht nur entsagen und verzichten. Für den bulgarischen Philosophen Omraam Mikhael Aivanhov ist genau das Gegenteil der Fall. Fasten ist für ihn eine andere Art der Ernährung.

„Wenn wir dem physischen Körper Nahrung vorenthalten, beginnen die feinstofflichen Körper zu arbeiten und beschaffen aus höherer Sphäre das, was fehlt. Dann fühlen wir uns durch die Elemente genährt, die wir aus der Atmosphäre/dem Kosmos aufnehmen....

Fasten bedeutet nicht nur, dass wir uns der physischen Nahrung enthalten. Fasten heißt auch bestimmte Gefühle und Gedanken aufzugeben, die uns schwerfällig machen. Anstatt immer alles aufnehmen, schlucken und anhäufen zu wollen, muss man das Loslassen lernen und sich befreien. In dem Moment, da wir alles Nutzlose, das wir in uns angesammelt haben, ablegen, fühlen wir uns vom göttlichen Atem durchdrungen und belebt."

Deshalb ist das Fasten in Religionen und vielen spirituellen Traditionen fest verankert.

Kapitel 1

Nahrung für den physischen Körper

„Der Mensch ist, was er isst", diese Aussage des deutschen Philosophen Ludwig Feuerbach[32] hat bis heute nichts an Bedeutung verloren.

Was essen wir also?
Und wohin entwickeln wir uns dadurch?

Auch wenn es in den nächsten Zeilen unangenehm wird, möchte ich an dieser Stelle den Blick über den eigenen Tellerrand hinaus lenken und dir die erschütternde Wahrheit zumuten. Mir hat sie geholfen, mein Essverhalten grundlegend zu verändern. Vielleicht geht es dir ebenso.

Wir Menschen der reicheren Länder haben uns in den letzten Jahrzehnten zu großen Fleischessern entwickelt. Die moderne Fastfood Industrie hat entscheidend dazu beigetragen. Um dem enormen Fleischkonsum nachzukommen, wurden systematisch die Kleinbauern durch industrielle Tierhaltung, sog. „Tierfabriken" ersetzt. 98 % des konsumierten Fleisches stammen aus Massentierhaltung und Mastbetrieben. Zudem werden die Tiere industriell geschlachtet. Durch das Essen dieses Fleisches gelangen neben zahlreichen chemischen Giftstoffen durch Futter und Medikamente auch die Angst und die Grausamkeit, die diese Tiere erleben, in unsere Körper. Das gilt auch für die Milch aller Tiere, die in erster Linie der Aufzucht der „Kinder" dienen sollte und die einen Cocktail an verschiedensten Hormonen enthält. Sie nährt uns nicht wirklich, denn auch durch unseren Milchkonsum wird viel Leid bei den Tieren verursacht.

Welche Energie ist in diesen „Lebensmitteln gespeichert?
Wie viel Leben enthält diese Nahrung noch?

> *„Der Unterschied zwischen einer aus Fleisch und einer aus Pflanzen bestehenden Nahrung liegt in der Menge Sonnenstrahlen, die sie enthält. Obst und Gemüse sind derart vom Sonnenlicht durchdrungen, dass man sagen kann, dass sie kondensiertes Licht sind. Wenn man Früchte und Gemüse isst, nimmt man in direkter Weise Sonnenlicht auf, das sehr wenig Abfallstoffe hinterlässt. Fleisch hingegen ist arm an Sonnenlicht und verdirbt deshalb schnell; alles, was schnell fault, ist schädlich für die Gesundheit. "*

schreibt der bulgarische Philosoph Omraam Mikhael Aivanhov und an anderer Stelle:

> *„Ist es denn vernünftig anzunehmen, dass dort, wo ihr Unreines hineintut, Reines heraus kommt? "*

An der Stelle treffen sich Spiritualität und moderne Forschung. In der sog. „China-Studie" von Prof. Dr. T. Colin Campbell kam man zum Ergebnis, dass 80 – 90 % aller Krebs-, Herz-Kreislauf und sonstiger Krankheiten einfach durch rein pflanzliche Ernährung verhindert oder rückgängig gemacht werden können.

Die Zukunft des Menschen hängt von seiner Ernährungsweise ab. Heute weiß man, dass auch die Zukunft der Erde von der Ernährungsweise der Menschen abhängt. Die Ernährung ist längst keine individuelle Angelegenheit mehr. „Die Tiere der Reichen essen das Getreide der Armen", besagt ein Spruch, der traurige Wahrheit ist. Die Massen der Tiere, die weltweit den Fleischkonsum decken sollen, brauchen massenhaft Futter und geben auch massenhaft Ausscheidungen von sich. Damit trägt unsere Ernährung in hohem Ausmaß zum Welthunger und zur Klimaveränderung durch schädliche Treibhausgase und Abholzung der Regenwälder für Weideflächen und Futteranbau bei.

Schon im Tierreich lässt sich beobachten, dass die Pflanzenfresser normalerweise sehr viel friedlicher sind als die Fleischfresser. Pflanzliche Nahrung macht weniger angriffslustig, Fleisch dagegen steigert die Reizbarkeit. Bei Menschen ist es nicht viel anders. Viele der großen Denker haben auf diesen Zusammenhang hingewiesen. So sagte schon Leo Tolstoi „Solange es Schlachthöfe gibt, gibt es auch Schlachtfelder."

Das tierische Eiweiß ist zudem im menschlichen Körper nicht vollständig abbaubar und lagert sich an, was zu zahlreichen Krankheiten führen kann. Wenn Fleisch, Milchprodukte und Eier wegfallen oder zumindest stark reduziert werden, wovon sollen wir uns dann ernähren? Obst, Gemüse, Salat, Getreide, Hülsenfrüchte, Nüsse, Sprossen, hochwertige Öle - entscheidend dabei ist die Herkunft und die Behandlung dieser Nahrungsmittel. Kunstdünger und Spritzmittel, Konservierungs- und Farbstoffe verändern die Struktur von Obst und Gemüse, lange Transportwege ebenso. Im industriellen Glashausanbau kann keine Sonne unsere Nahrung mit Energie versorgen. Somit sieht sie zwar schön aus, ist aber in Wahrheit energielos, also tot.

Prinzipiell gilt: Je industrieller hergestellt, umso liebloser und energieärmer ist unsere Nahrung und je weniger Prozessschritte zwischen Sonnenreifung und Verzehr stehen, desto energiereicher ist sie. Daher ist es wichtig, regional und biologisch, saisonal und vollwertig einzukaufen. Das hilft auch den kleinen Bauern zu überleben und bringt uns weg von der „billigen" Massenware, die unsere Gesundheit letztendlich teuer zu stehen kommt.

Unser physischer Körper braucht nicht nur stoffliche Nahrung, sondern auch unsere liebevolle Zuwendung. Wir dürfen seine Bedürfnisse wahrnehmen und erfüllen. Das setzt ein gewisses Körperbewusstsein voraus. Der Körper arbeitet ähnlich wie ein Automotor, daher braucht er immer wieder genügend Energie und auch „Wartung", um zu funktionieren. Wird er übermäßig beansprucht, nützt er sich ab und wird defekt bzw. krank. Neben der Aktivität und der Leistung, die in unserer Gesellschaft als oberstes Gebot gelten, braucht er auch Erholung, Ruhe und Regeneration. Der Körper nährt sich von freudvoller Bewegung, von schönen Sinneseindrücken, von der Energie der Sonne und der Natur und nicht zuletzt von achtsamer Berührung. Wird er auf allen Ebenen genährt, können sich seine Selbstheilungskräfte entfalten.

„Der Körper ist unser Tempel", wird in manch spiritueller Tradition vertreten. Damit wird er zum heiligen Ort, in dem der Geist sich verwirklichen kann.

Literatur- und Filmhinweise

- Mariana Caplan:
  „Berühren heißt leben. Warum wir ohne menschliche Nähe und Zuneigung nicht leben können"
  Die Autorin zeigt Wege auf, den heutigen Berührungsmangel zu beheben.

- Ruediger Dahlke:
  „PEACE FOOT. Wie der Verzicht auf Fleisch und Milch Körper und Seele heilt"

Das Buch zeigt wissenschaftlich bestätigte krankmachende Einflüsse von tierischem Eiweiß auf, geht auf das Leid der Tiere ein und führt heilende Alternativen an.

- Dr. med. Ernst Walter Henrich:
  „Vegan. Die gesündeste Ernährung und ihre Auswirkung auf Klima und Umwelt, Tier- und Menschenrechte"
  Eine Broschüre, die kostenlos bei ProVegan erhältlich ist. www.ProVegan.info

- John Robbins:
  „Food Revolution. Ernährung – der Weg zu einem gesunden Leben in einer gesunden Welt"
  Ein wichtiges Buch zum Umdenken.

- T. Colin Campbell, Thomas M. Campbell:
  „Die China-Studie. Pflanzenbasierte Ernährung und ihre wissenschaftliche Begründung"
  Diese Studie belegt Zusammenhänge zwischen tierweißreicher Ernährung und der Entstehung chronischer Krankheiten. Vegane Ernährung ist DIE Alternative.

- Marie-Monique Robin:
  „Unser tägliches Gift. Wie die Lebensmittelindustrie unser Essen vergiftet"
  Der Dokumentarfilm beleuchtet die Bedingungen, unter welchen Lebensmittel produziert, verarbeitet und konsumiert werden.

- Robert Kenner: **„FOOD, INC. Was essen wir wirklich?"**
  Genmanipuliertes Getreide, mit Medikamenten versetztes Tierfutter, hormonbehandeltes Mastvieh – der Film ist keine leichte Kost, er rüttelt auf.

- Nikolaus Geyrhalter: **„Unser täglich Brot"**
  Der Film zeigt die Welt der industriellen Nahrungsmittelproduktion und gibt Einblicke in die Orte, die sich unserem Alltag verschließen.

- Erwin Wagenhofer: **„We feed the world. Essen global"**
  Der Film zeigt drastisch die Produktion unserer Lebensmittel und was der Hunger in der Welt damit zu tun hat.

- Lee Fulkerson : **„Gabel statt Skalpell – Gesünder leben ohne Fleisch"**
  Der Dokumentationsfilm bezieht sich auf die China Studie und empfiehlt eine vollwertige, pflanzliche Kost als ideale Ernährungsform.

Kapitel 2

Nahrung für den Mentalkörper

Im feinstofflichen, energetischen Mentalkörper laufen alle Gedanken, Ideen, Denkprozesse, und rationale Erkenntnisse ab. Von ihm gehen auch die Glaubenssätze und vorgefassten Meinungen aus, die ihrerseits unsere Emotionen und unser Verhalten beeinflussen. Der Mentalkörper ist also der Speicherplatz der Erfahrungen auf der intellektuellen Ebene. Er ist der Ort des kognitiven Wissens, welches bei Bedarf genützt werden kann. Seine Aufgabe ist es zu lernen, das Leben zu regeln und zu strukturieren.

Befindet sich der Mentalkörper in einem Ungleichgewicht, wird es sichtbar durch:

- Destruktive Gedanken (z.B.: Das kann ich nicht.)
- Konzentrations-Mangel
- Starre Denkweisen (negative Glaubenssätze und starre, vorgefasste Meinungen)
- fixierte Gedanken (nicht abschalten können)
- Flucht in eine idealisierte Phantasiewelt

Wenn wir einen negativen Gedanken haben, verändert sich unser Gefühl und unser Körperhaltung sofort – z. B. führt der Gedanke „Das ist mir zu viel, das schaffe ich nicht" zu einem Gefühl der Überforderung und zu Stress im Körper, der seinerseits wieder mit Stresshormonen und Anspannung reagiert.

Wie nähren wir nun unseren Mentalkörper?

Prinzipiell ist er durch unser intellektuelles Leistungsstreben im Vergleich zu unseren anderen Körpern häufig überernährt und übergewichtig. Die Anhäufung von Wissen ist bereits in der Schule so zentral gesetzt, dass emotionale und soziale Intelligenz kaum einen Stellenwert besitzen. Wir können heutzutage alles wissen, die modernen Medien machen es möglich. Doch sind wir dadurch glücklicher? All die Informationen überfluten unseren Denkkörper förmlich. Zudem sind viele der Reize, die wir über die Medien aufnehmen, negative Botschaften, denken wir nur an die Schlagzeilen in den Zeitungen und Nachrichten, an die Gewaltfilme im Fernsehen, an kriegsähnliche Computerspiele, etc. Aber nährt uns das alles? Oder ist es nicht so wie bei unseren Lebensmitteln, dass das enthaltene „Gift" letztendlich krank und tot macht?

Was unseren Denkkörper nährt, sind positive und aufbauende Gedanken. Louise Hay ist eine Vertreterin der sogenannten positiven Affirmationen, mit denen die Selbstheilungskräfte aktiviert werden und selbst schwere Krankheiten geheilt werden können. Unser Geist ist ein mächtiges Instrument und wir haben die Wahl, wie wir ihn einsetzen.

Viele Übungen und Techniken aus dem spirituellen Bereich haben den Sinn, unseren ständigen Gedankenfluss zu unterbinden. Meditationen, Atem- oder auch Körperübungen wie Yoga sollen uns helfen, aus dem überdimensionalen, zwanghaften Denken auszusteigen, damit es in uns still wird und sich das Tor zum höheren Bewusstsein öffnen kann.

Unser körpereigenes Wasser wird je nach Gedanken in Schwingung versetzt. Das macht deutlich, dass fixierte, langandauernde negative Gedanken sowohl unseren physischen Körper als auch unsere feinstofflichen Körper krank machen können.

Zum einen geht es also um das Aussteigen aus dem ständigen Gedankenfluss, zum anderen geht es um die Umpolung negativer Gedanken in positive. Mantren, Herzenslieder, Gebete oder positive Affirmationen können helfen, einen harmonischen Ausgleich zu schaffen. All dies ist Nahrung für unseren Mentalkörper.

Wichtig ist, dass wir Bewusstheit entwickeln über die ansonsten unbewusst und automatisch ablaufenden Denkprozesse. Meditation hilft uns, den „inneren Beobachter" oder die „innere Zeugin" zu entwickeln, um auf einer Metaebene zu erkennen, welche Gedanken gerade vorherrschen. So erfahren wir, dass Gedanken kommen und gehen und wir sie immer wieder loslassen können. Wir lernen, uns nicht mit unseren Gedanken zu identifizieren. Wir sind nicht unsere Gedanken. Und schließlich lernen wir, all die unreinen und schädlichen Gedanken und Gepflogenheiten zu verändern und zu transformieren. Wir haben die Wahl, wir können denken, was wir wollen. Wir können unsere Schwingung anheben, in dem wir unsere Gedanken auf das Schöne und Erhabene im Leben richten.

Tägliche Affirmationen könnten z. B. lauten:
- Ich bin wertvoll und geliebt.
- Ich bin vollkommen gesund in Körper, Seele und Geist.
- Ich schaffe immer alles in Leichtigkeit und Freude.

Gebete und gute Wünsche für andere Menschen sind auch für uns selbst Nahrung, weil wir unsere Gedanken positiv ausrichten.

Literatur- und Filmhinweise:

- Louise L. Hay:
  „Gesundheit für Körper und Seele. Wie Sie durch mentales Training Ihre Gesundheit erhalten und Krankheiten heilen"
  Durch Übungen, Affirmationen, Meditationen können wir zu einer harmonischen Balance zurück finden und auf allen Ebenen gesunden.

- Louise L. Hay:
  „You can heal your life. Gesundheit für Körper und Seele"
  Der Film zeigt Leben, Arbeit und Botschaft von Louise L. Hay. Zudem berichten bekannte Autoren und Lehrer über die Heilkraft positiver Affirmationen.

- Ute Lauterbach:
  „Raus aus dem Gedankenkarussell. Wie sie leidige Gedanken und Grübelattacken genüsslich ins Leere laufen lassen"
  Das praxisorientierte Buch bietet viele Strategien und Übungen an.

- Jon Kabat-Zinn & Ulrike Kesper-Grossman
  „Die heilende Kraft der Achtsamkeit"
  „Stressbewältigung durch die Praxis der Achtsamkeit"
  Jeweils ein kleines Büchlein mit einer Meditations-CD, inklusive Bodyscan

- Jon Kabat-Zinn:
  „Gesund durch Meditation. Das große Buch der Selbstheilung" und
  „Im Alltag Ruhe finden"
  Beide Bücher eignen sich hervorragend, um aus dem hektischen Alltag auszusteigen und das „Abschalten" zu lernen.

- Josef Peichl:
  „Rote Karte für den inneren Kritiker. Wie aus dem ewigen Miesmacher ein Verbündeter wird.
  Das Buch gibt einen guten Einblick in die „strengen" inneren Stimmen und Gedanken.

- Dieter Broers:
  „Gedanken erschaffen Realität. Die Gesetze des Bewusstseins"
  Basierend auf der Quanten- und Biophysik gibt der Autor Einblicke in die Wirkweise unseres Bewusstsein.

Kapitel 3

Nahrung für den Emotionalkörper

Im feinstofflichen, energetischen Emotionalkörper sind alle unsere Erfahrungen auf der emotionalen Ebene gespeichert. Wir reagieren auf die Gegebenheiten des Lebens oft nach bestimmten emotionalen Mustern und Programmen, die aus alten Erfahrungen stammen. Der Emotionalkörper sorgt für unser Überleben, indem er über unsere Gefühle auf bestimmte physische Bedürfnisse (z. B. Hunger, Durst) hinweist, die wir dann erfüllen, um unseren Körper funktionsfähig zu halten.

Befindet sich der Emotionalkörper in einem Ungleichgewicht, wird es sichtbar durch:

- aggressives Verhalten (Gewalt)
- depressives Verhalten (Zurückgezogenheit)
- Überreaktionen (Drama)
- fixierte Emotionen (nicht mehr aussteigen können)
- unterdrückte Emotionen (Gefühlsstau, Starre)

Emotion bedeutet „Energie in Bewegung". Jedes Gefühl entspricht einer energetischen Ladung, die zum Ausdruck kommen will. Leider sind wir in erster Linie „kopfgebildet" und lernen kaum, wie wir mit unseren Gefühlen konstruktiv umgehen können. Durch die Dominanz unseres Verstandes kommen die Gefühle häufig zu kurz und die nicht ausgedrückte Energie blockiert im Körper, was zu Verspannungen und Krankheiten führen kann. Negative Gefühle sind, wie negative Gedanken, Gift für all unsere Körper.

Unwohlgefühle bestimmen häufig den Alltag (Ängste, Sorgen, Neid, Eifersucht, usw.). Wollen wir ein harmonisches und glückliches Leben führen, ist es wie bei den Gedanken wichtig, die sogenannten „negativen" Emotionen zu fühlen und zu transformieren. „Fühle die Gefühle" ist das Allheilmittel. Sind wir „durch", stellen sich von selbst wieder neutrale oder positive Gefühle ein. Das setzt - wie bei den Gedanken - eine gewisse Bewusstheit voraus, eine Art Zeugenschaft über den IST-Zustand des Gefühlslebens im Moment. Meistens reagieren wir automatisch und unbewusst mit einem bestimmtem Verhalten (z.B. Streit bei Wut), wenn ein Gefühl durch äußere Umstände getriggert wird. Wir agieren das Gefühl im Außen aus, statt es nur innerlich zu fühlen. Das klingt so einfach, ist aber in Wahrheit ein Quantensprung in unserer Entwicklung und in unserer Bewusstheit.

Je nachdem wie wir uns fühlen, strahlen wir eine bestimmte Energiefrequenz aus, die andere Menschen unbewusst wahrnehmen. Sie fühlen, ob wir fröhlich oder traurig sind und reagieren darauf. Wir ziehen damit wieder das an, was wir selbst aussenden.

Wie nähren wir nun unseren Emotionalkörper?

Was unseren Emotionalkörper nährt und unsere Schwingung hebt, sind positive Gefühle wie Freude, Liebe, Dankbarkeit. Alles, was das Herz öffnet, nährt auf dieser Ebene. Das können ein Beruf oder eine Tätigkeit sein, der/die uns total erfüllt. Das können ein Sonnenaufgang sein oder die ersten Frühlingsboten. Eine liebevolle Partnerschaft, nahe Freundschaften, ein tiefgründiges Gespräch, Singen und Tanzen, Kreativität in jeder Form wie auch spirituelle Übungen - alles, was uns mit Liebe erfüllt, ob wir sie nun geben oder empfangen, nährt uns zutiefst. So auch Tiere, die in ihrem unschuldigen Sein oft wahre Herzöffner sind. Je mehr wir unser Leben nach den Prinzipien der Freude, der Liebe und der Dankbarkeit gestalten, desto genährter sind unsere Körper. Jedes MÜSSEN und SOLLEN ist emotional nicht aufbauend und erhebend und wir dürfen ein „ICH WILL" daraus machen, sei es durch Veränderung unserer Einstellung oder durch ganz konkrete äußere Veränderungen.

Bei schwierigen Gefühlen, die allesamt ihren Ursprung in der Vergangenheit haben, ist es wichtig zu erkennen, dass wir nicht dieses oder jenes Gefühl sind. Wir können, wie bei den Gedanken, lernen, uns nicht mit unseren Gefühlen zu identifizieren. Meditation hilft uns dabei. Wir können aus alten emotionalen Programmen aussteigen. Niemand ist schuld an unseren Gefühlen, höchstens Auslöser. Diese Haltung schützt uns vor einer Opferrolle, die sich alles andere als gut anfühlt. Die Verantwortung für unsere Gefühle liegt bei uns. Wir können Freude, Liebe und Dankbarkeit wählen. Damit heben wir unsere Schwingung ebenfalls an wie bei den guten Gedanken.

Folgende zwei Übungen sind meine täglichen Begleiter:

- morgendliche Körpermeditation:
  Ich gehe mit meinem Körper in Verbindung, lenke meine Aufmerksamkeit auf meine Organe, Knochen, Muskeln, etc. und stelle sie mir vollkommen gesund vor. Wichtig ist das Gefühl der Freude und Dankbarkeit dabei.

- abendliche Reflexion:
  Wofür bin ich heute dankbar? Was habe ich heute gut gemacht? Wichtig ist, die Dankbarkeit und die Freude auch zu fühlen.

Literaturhinweise:

- Diana und Michael Richardson:
  „Zeit für Gefühle. Die Krux mit den Emotionen in der Partnerschaft"
  Feinfühlig und praxisnah zeigen die Autoren konstruktive Möglichkeiten auf, mit „schwierigen" Gefühlen umzugehen.

- Chuck Spezzano:
  „Die Sprache des Herzens. Durch Heilung der Emotionen ein Leben in Liebe führen"
  „Leben in emotionaler Freiheit. Heilung von unbewussten Hindernissen und Blockaden"
  Beide Bücher bieten eine gute Unterstützung im Umgang mit Emotionen

- Neale Donald Walsch et. al.:
  „e-motion. Lass los. Und du bekommst, was für dich bestimmt ist"
  Dieser Film dokumentiert eindrucksvoll, dass tief sitzender emotionaler Ballast die grundsätzliche Ursache von Krankheiten ist. Namhafte Autoren und Wissenschaftler kommen zu Wort.

- Joachim Bauer:
  „Warum ich fühle, was du fühlst. Intuitive Kommunikation und das Geheimnis der Spiegelneurone."
  Das Buch beschreibt wie Nervenzellen die Basis von Intuition und Empathie sind, wie sie unser „Bauchgefühl" und unsere Fähigkeit zu lieben bestimmen.

- Ulrike Parnreiter-Fingerl:
  „Das Herz wieder öffnen. Krisen als Entscheidung zur Wende"
  Welche schwierigen Gefühle sind in einer Krise zu meistern und wie kann das gelingen? Anhand einer eigenen Krise und meiner Erfahrungen als Psychotherapeutin habe ich versucht, diesen Weg aufzuzeigen.

Kapitel 4

Nahrung für den spirituellen Körper

Durch Meditation oder andere spirituelle Praktiken, manchmal auch spontan, in Krisen oder in Ausnahmezuständen können wir auf eine erweiterte Bewusstseinsebene gelangen. Es sind Momente, in denen wir wissen, dass wir mit dem ganzen Universum verbunden sind. Alles ist fließende Energie und Energie kennt keine trennenden Grenzen. Wenn wir tief im Herzen fühlen können, dass alles Licht und Liebe ist, wenn wir uns selbst als Kind dieser Liebe erleben und eins mit Gott sind, dann haben wir diese Ebene erreicht. Hier geht es nicht mehr um die menschliche Liebe, sondern um die spirituelle Liebe, die weit über die menschliche hinausgeht und alles umfasst.

Eckart Tolle führt uns mit seinem wunderbaren Buch „Die Kraft des JETZT" genau in diese Dimension. Der Weg dahin ist, völlig im gegenwärtigen Moment zu sein, also JETZT. Wir sind aber mit unserem ständig regen Geist immer entweder in der Vergangenheit oder in der Zukunft. Das Leben aber ist JETZT. Durch die Besinnung auf den gegenwärtigen Moment (Präsenz) wird der Geist ruhig und wir können in das „Formlose" eintauchen, in die Leere hinter den materiellen und manifesten Erscheinungen unserer physischen Welt. Dieses Formlose, diese Leere ist zugleich das ALLEINE.

Durch die horizontalen Ausrichtung im Leben verbinden wir uns mit der Welt.
Durch die vertikale Ausrichtung im Leben verbinden wir uns mit dem Göttlichen.

Beide Ausrichtungen dürfen zusammen fließen, um ein erfülltes Leben zu leben. Viele Menschen haben sich jedoch von der Verbindung zum Göttlichen abgeschnitten und suchen in den weltlichen Dingen wie Schönheit, Erfolg und Karriere, Wohlstand und Besitz, jegliche Form von Aktivitäten, etc. ihr Glück. Doch nichts davon nährt uns in der Tiefe. Und die Suche oder Jagd geht weiter.

Andererseits gibt es auch Menschen, die sich vom ganz realen Leben abschneiden und quasi in die Spiritualität flüchten. Sie „heben ab" und verlieren den Bezug zu den Mitmenschen und zum Alltag. Auch in diesem Fall wird das Leben nicht wirklich erfüllend sein.

Was nährt nun den spirituellen Körper?

Prinzipiell geht es darum, Raum und Zeit zu finden, uns dieser Dimension überhaupt zuzuwenden. Der Weg führt vom TUN ins SEIN. Wir haben in all unseren Schul- und Ausbildungsjahren viel gelernt, vorrangig kognitives Wissen angehäuft und in die Tat umgesetzt. Was wir in all den Jahren jedoch VERlernt haben, ist das SEIN. Ein kleines Kind ist noch voll und ganz im Sein. Diese Qualität, ganz im gegenwärtigen Augenblick zu leben, dürfen wir wieder lernen, um uns durch unser bloßes SEIN zu nähren. Alle spirituellen Übungen, die den regen Geist beruhigen, können uns dabei helfen. Auszeiten von der Betriebsamkeit und den zahlreichen Aktivitäten im Außen und Eintauchen in die Stille des Inneren sind weitere „Lebens"mittel. Die Natur ist ein hervorragender Raum, um sich mit der eigenen Natur und der göttlichen Natur rückzuverbinden. Gebete, heilige Texte und Lieder, Singen aus dem Herzen, Yoga, Qi Gong, Tai Chi und andere Energie- und Atemübungen fokussieren ebenfalls unseren Geist auf das Jetzt. Kreativität, die aus sich heraus fließt, ist ein Zeichen für die Verbindung zur göttlichen Schöpferkraft. Sie sättigt alle unsere Körper.

Jedes Mal, wenn wir negative Gedanken und Gefühle transformieren, also an unserem Ego arbeiten und wieder zurück zu unserem Urgrund „Liebe" finden, haben wir uns auf der spirituellen Ebene genährt. Jeder Dienst am Nächsten, an der Natur, am Schwächeren, jedes Geben aus dem Herzen nährt uns selbst auf dieser Ebene. Eine lebendige und liebevolle Partnerschaft zu leben kann zum spirituellen Weg werden. Niemand triggert das eigene Ego derart, wie der eigene Partner/die Partnerin. Alles, was an Schmerz hochkommt, dient der Heilung, wenn wir uns innerlich dafür entscheiden und uns immer wieder mit unserem wahren Kern verbinden. Tantrische Sexualität und achtsame Berührung sind ebenso Wege, Spiritualität zu leben und damit auf tiefster Ebene genährt zu sein.

Letztendlich sind alle spirituellen Übungen und Techniken nur Hilfsmittel auf dem Weg. Spiritualität, wie ich sie verstehe, ist fest in einem bewusst gelebten Alltag verankert. Alle Hürden und Herausforderungen des Lebens können zur spirituellen Übung werden. Wenn wir lernen, das Dunkle im Außen als Spiegel unserer eigenen bewussten oder unbewussten Schattenanteile zu sehen, können wir - immer wieder neu - an unserer eigenen Transformation und Heilung arbeiten, anstatt im Außen gegen etwas oder jemand zu kämpfen.

Immer wieder stehen wir auf einer Kreuzung und haben die Wahl.
Immer wieder können wir uns aufs Neue für die Liebe entscheiden.

Damit wird der göttliche Funke in uns genährt und wir werden zu dem, was wir in unserem Grunde sind.

Literaturhinweise:

- Eckart Tolle, Eckhart:
  „Jetzt. Die Kraft der Gegenwart. Ein Leitfaden zum spirituellen Erwachen"
  Dieses Buch ist ein wertvoller Wegbegleiter am spirituellen Weg und führt umfassend und praxisnah in das Phänomen „Präsenz" ein.

- Eckhart Tolle:
  „Stille spricht. Wahres Sein berühren"
  Ein wunderbares Buch, das uns den Weg aufzeigt, uns in der Tiefe zu begegnen.

- Sylvester Walch:
  „Vom Ego zum Selbst. Grundlinien eines spirituellen Menschenbildes"
  Das Buch gibt einen umfassenden theoretischen Überblick über die Konzepte von ICH, Selbst, EGO und Ego-Transformation.

- Sylvester Walch:
  „Die ganze Fülle deines Lebens. Ein spiritueller Begleiter zu de Kräften der Seele"
  Das neueste Buch von Sylvester ist ein wunderbarer Begleiter am spirituellen Weg mit vielen praktischen Übungen aus seiner langjährigen Seminartätigkeit.

- Stanislav & Christina Grof:
  „Spirituelle Krisen. Chancen der Selbstfindung"
  Der spirituelle Weg beinhaltet auch oft tiefe Krisen. Dieses Buch gibt einen guten Einblick und bietet Hilfestellung an.

- Edith Zundel & Bernd Fittkau (Hrsg.):
  „Spirituelle Wege und Transpersonale Psychotherapie"
  Als Basiswerk und „alter Klassiker" bietet das Buch einen guten Einblick in verschiedene spirituelle Wege.

- Ramana Maharshi
  „Wer bin ich? Der Übungsweg der Selbstergründung"
  Ein kleines Büchlein mit einer bedeutungsvollen Frage.

- Premanander:
  „Facetten des Erwachens. Das Wissen der Meister"
  Dieser Film zeigt Interviews mit 16 indischen Meistern über die Lehre von Sri Ramana Maharsi.

Liebe LeserInnen

Ich danke für die Bereitschaft, dieses Buch zu kaufen und zu lesen. Ich danke für das Einlassen, für das Mitgehen und das Mitfühlen über all die Seiten hinweg. Ich danke auch für jeden Widerstand und für jedes kritische Wort.

Noch einmal – wie auch schon zu Beginn – ist es mir wichtig zu betonen, dass ich lediglich die Geschichte meiner Reise mit-TEILEN möchte. Vielleicht kann dies andere Reisende unterstützen, ihre Erfahrungen einzureihen. Jeder Mensch ist jedoch eigenverantwortlich und sollte sich jemand durch meine Geschichte gerufen fühlen, ebenfalls in einen Lichtnahrungsprozess einzusteigen, so ist das die eigene Entscheidung. Es ist weder meine Absicht, Menschen in diese Richtung zu führen, noch dafür zu werben.

Jeder Mensch ist auf seiner einzigartigen Reise. Keine ist so wie eine andere und alle sind gleich wichtig und wertvoll. Jeder Mensch hat auch sein eigenes Tempo, seinen eigenen Stil, geht seine eigenen Wege, Umwege und Abkürzungen. Schließlich ist es jede einzelne persönliche und leibhaftige Erfahrung des gegangenen Weges, die uns wachsen und reifen lässt, die uns lehrt, Erkenntnisse und Weisheit bringt und uns mehr und mehr erwachen lässt.

Darum mache DU dich auf DEINE Reise.
Doch wo immer du hinreist, reise mit ganzem Herzen!
Das ist meine einzige Empfehlung.

In Liebe und Dankbarkeit,

Ulrike Parnreiter-Fingerl

Anmerkungen

1. siehe Kapitel „Transpersonale Psychotherapie" (S. 248)
2. siehe Kapitel „Psychologie der Vision" (S. 252)
3. Die Onenessbewegung geht von dem indischen Meisterpaar Sri Amma Bhagavan aus und ist mittlerweile auf der ganzen Welt verbreitet. Zentrum ist die sogenannte Oneness University in Andhra Pradesh, wo zahlreiche spirituelle Seminare stattfinden mit dem Ziel des Erwachens. Arjuna Ardagh berichtet in seinem Buch „Oneness. Erwachen zur Einheit" davon.
4. Sri Aurobindo war ein indischer Politiker, Philosoph, Hindu-Mystiker, Yogi und Guru. Er lebte von 1872 bis 1950 und verfasste zahlreiche Briefe, Gedichte und philosophische Schriften.
5. Sri Ramana Maharshi war ein indischer Guru, der schweigend lebte, aber auf Fragen spirituell Interessierter antwortete. Er lebte von 1879 bis 1950. Lange Zeit verbrachte er in einer Höhle am heiligen Berg Arunachala. Sein Buch: „Wer bin ich" hat mich auf meinem Weg der Selbsterkenntnis sehr inspiriert.
6. Osho war ein indischer Philosoph und Begründer der Neo-Sannyas-Bewegung. Er lebte von 1931 bis 1990. Anfang der 1970er Jahre nannte er sich Acharya Rajneesh, danach bis Ende 1988 Bhagwan Shree Rajneesh und von 1989 bis zu seinem Tod Osho. Von Osho gibt es zahlreiche Bücher und Videos. In verschiedenen Osho-Zentren werden heute noch seine Lehren verbreitet und seine Meditationen praktiziert.
7. Eckhart Tolle ist ein kanadischer spiritueller Lehrer und Bestsellerautor spiritueller Bücher. Er wurde 1948 in Deutschland geboren und lebt in Vancouver, Kanada. Sein bekanntestes Werk ist „Jetzt! Die Kraft der Gegenwart. Ein Leitfaden zum spirituellen Erwachen." Eckhart Tolle TV ist ein Internet-Abo-Service, der monatlich neue Vorträge und Lehren von Eckhart Tolle und seiner Frau Kim ins Haus bringt.
8. Don Agustin Rivas Vasquez ist Schamane und arbeitet nunmehr über 30 Jahre mit den Heilpflanzen des peruanischen Amazonas. Seine langjährige Erfahrung macht ihn zu einem der meist gesuchten Schamanen Perus. In seinem Camp „Yushintaita" empfängt er Gruppen aus aller Welt. Viele Menschen haben hier Erleuchtung oder gar Heilung ihrer teilweise schwersten Krankheiten erfahren. Andere kommen, um bei Don Agustin Unterstützung für ihr spirituelles Wachstum zu suchen.
9. Don Pedro Guerra Gonzales ist ebenfalls ein Schamane aus Peru. Er arbeitet mit Icaros, spirituellen Heilgesängen, die er während einer Heilzeremonie eine Nacht lang singt. Heilung beginnt bei Don Pedro mit der spirituellen Erwärmung des Herzens. Die Auswirkungen seiner Gesänge auf Herz und Seele sind tiefgreifend.
10. „João de Deus" oder „John of God" ist bekannter Geistheiler und Medium. Er arbeitet in dem von ihm errichteten spirituellen Heilzentrum „Casa de Dom Inacio" in Abadiania, Brasilien, bereist aber auch andere Länder.
11. Stephen Turoff gilt in England als begnadeter Helfer (Spiritual Healing) und wird von hilfesuchenden Menschen aus aller Welt aufgesucht. Durch die selbstlose Liebe, die er vermittelt, wird die Seele tief berührt und es werden die guten Kräfte im Menschen angesprochen.
12. Chameli Ardagh stammt aus Norwegen und lebt mit ihrem Mann Arjuna in den USA. Sie ist Gründerin von „Awakening women", einem spirituellen Frauennetzwerk, und vertritt eine sehr körpernahe und sinnliche weibliche Spiritualität. Sowohl ihre Seminare als auch ihr Buch: „Komm dir näher", haben mich auf meinem Weg zu mir selbst sehr unterstützt.
13. Kalachakra wird meist mit *„Das Rad der Zeit"* übersetzt und ist ein spezielles Praxissystem aus dem tibetischen Buddhismus. Im Jahre 2002 fand in Graz ein „Kalachakra for World Peace", ein tibetisch-buddhistisches Weltfriedensritual, statt. Unter der Leitung seiner

Heiligkeit, des XIV. Dalai Lama, nahmen 15.000 am Buddhismus Interessierte aus 70 Nationen an der Zeremonie teil.

14. Anthony Robbins ist ein amerikanischer Bestsellerautor, NLP-Trainer und einer der anerkanntesten Persönlichkeitstrainer weltweit. Er entwickelte eine Reihe von Multimedia-Programmen und Trainingssystemen, die von Menschen auf der ganzen Welt genutzt werden zur Verbesserung der körperlichen Gesundheit, des emotionalen Zustandes, der Beziehungen, Finanzen, etc. Ein Bestseller von ihm ist: „Grenzenlose Energie - Das Powerprinzip: Wie Sie Ihre persönlichen Schwächen in positive Energie verwandeln".

15. Siehe Kapitel „Visionsfindung und Medizintag" (S. 255)

16. Unsere Filmdokumentationen über diverse Hilfsprojekte und ihre charismatischen GründerInnen in Südafrika, Brasilien, Indien und Nepal findest du unter www.pafin.at .

17. Der Film führt wunderbar in das Thema Lichtnahrung ein. Er zeigt Menschen, die bereits ohne feste Nahrung leben und er zeigt auch die Reaktionen der medizinischen Seite auf.

18. Siehe Kapitel „Lichtnahrung" (S. 259)

19. Dieser Text stammt ursprünglich aus dem Buch "A return to love" ("Rückkehr zur Liebe") von Marianne Williamson.

20. Das Lied stammt von Katharina Bossinger und ist in Schmidt, Ali: „Sacred Songs III" veröffentlicht.

21. siehe Kapitel: „Nahrung für den physischen Körper" (S. 272)

22. Siehe Kapitel „Transpersonale Psychotherapie" (S.248)

23. siehe Fußnote 12

24. siehe Kapitel „Visionssuche und Medizintag" (S.255)

25. Das Lied stammt von Gila Antara und ist in Hagara Feinbier: „Come together songs. Das Liederbuch Band III" veröffentlicht.

26. Literatur: Jasmuheen „Lichtnahrung. Die Nahrungsquelle für das neue Jahrtausend"

27. Der Schmerzkörper ist die Ansammlung von Schmerz über ein ganzes Leben. Es entsteht ein negatives Energiefeld, das Körper und Verstand besetzt. Das ist der emotionale Schmerzkörper, er kann ruhend oder aktiv sein. Siehe Eckhart Tolle: „Jetzt! Die Kraft der Gegenwart".

28. SOWETO ist die Kurzform von *South Western Townships*. Es handelt sich um ein riesiges Armenviertel der schwarzen Bevölkerung im Südwesten von Johannesburg. 1976 ging von dort der Widerstand gegen die Apartheid aus.

29. Favelas sind Armen- oder Elendsviertel am Rand großer Städte Brasiliens.

30. „Ein Kurs in Wundern" ist ein umfassendes spirituelles Werk, das die amerikanische Psychologin Helen Schucman (1909 bis 1981) aufgrund der Durchgabe einer inneren Stimme niederschrieb.

31. Der kollektive Schmerzkörper ist nach Tolle das Energiefeld eines Landes oder eines Volkes. Völker, die viel Gewalt erlebt oder erzeugt haben, haben einen stärkeren kollektiven Schmerzkörper.

32. Der deutsche Philosoph Ludwig Feuerbach lebte von 1804 – 1872. „Das Wesen des Christentums" war das zentrale Werk seiner Religionskritik. Für ihn war Gott bloße Projektion und Wunschgebilde des Menschen.

Literaturverzeichnis

Aivanhov, Omraam Mikhael(2012): Yoga der Ernährung. Prosveta Verag, Rottweil.

Allen, Jeff und Sue (2012): Wie Beziehungen wirklich gelingen. Neue Wege für Liebe und Partnerschaft. Via Nova, Petersberg.

Ardagh, Arjuna (2007): ONENESS Erwachen zur Einheit. J. Kamphausen Verlag, Bielefeld.

Ardagh, Chameli Gad (2008): Komm dir näher und l(i)ebe deine tiefste Sehnsucht. J. Kamphausen Verlag, Bielefeld.

Bauer, Joachim (2007): Warum ich fühle, was du fühlst. Intuitive Kommunikation und das Geheimnis der Spiegelneurone.Heyne-Verlag, München.

Broers, Dieter (2010): Gedanken erschaffen Realität. Die Gesetze des Bewusstseins. Trinity Verlag, Berlin – München.

Campbell, T. Colin & Campbell, Thomas M. (2016): Die China-Studie. Pflanzenbasierte Ernährung und ihre wissenschaftliche Begründung. Verlag Systemische Medizin AG, Bad Kötzting.

Caplan, Mariana (2005): Berühren heißt leben. Warum wir ohne menschliche Nähe und Zuneigung nicht leben können. Via Nova, Petersberg.

Chia, Mantak (1984): Tao Yoga der Liebe. Der geheime Weg zur unvergänglichen Liebeskraft. Ansata Verlag, Interlaken.

Chia, Mantak & Maneewan (1987): Tao Yoga der heilenden Liebe. Der geheime Weg zur weiblichen Liebesenergie. Ansata Verlag Interlaken.

Dahlke, Ruediger (2011):Peace Food. Wie der Verzicht auf Fleisch und Milch Körper und Seele heilt. Gräfe und Unzer, München.

Exupéry de Saint, Antoine (1983): Der kleine Prinz. Die Arche, Zürich.

Ein Kurs in Wundern (2001) Greuthof Verlag, Gutach i.Br.

Emoto, Masaru (2002): Die Antwort des Wassers. Koha-Verlag, Burgrain.

Feinbier, Hagara (2011): Come Together Songs. Lieder des Herzens aus aller Welt. Das Liederbuch Band III. Neue Erde Verlag, Saarbrücken.

Foster, Steven & Little, Meredith (2006): Visionssuche. Das Raunen des heiligen Flusses. Sinnsuche und Selbstfindung in der Wildnis. Arun-Verlag, Uhlstädt-Kirchhasel.

Fried, Erich (1994): Es ist was es ist. Liebesgedichte – Angstgedichte – Zorngedichte. Klaus Wagenbach Verlag, Berlin.

Grof, Stanislav (2006): Das Abenteuer der Selbstentdeckung. Heilung durch veränderte Bewusstseinszustände. Ein Leitfaden. Rowohlt, Reinbek.

Grof, Stanislav & Grof, Christina (2008): Spirituelle Krisen. Chancen der Selbstfindung. Schirner Verlag, Darmstadt.

Hay, Louise L. (1989):Gesundheit für Körper und Seele. Heyne, München.

Henrich, Ernst Walter (Ausgabe 2/2015): Vegan. Die gesündeste Ernährung und ihre Auswirkungen auf Klima und Umwelt, Tier- und Menschenrechte. Broschüre der Dr. med. Henrich ProVegan Stiftung.

Hetmann, Frederik (1998): Die Erde ist unsere Mutter. Indianische Spiritualität und Religion. Herder, Freiburg.

Jasmuheen (2008): Lichtnahrung. Die Nahrungsquelle für das neue Jahrtausend. Koha, Burgrain.

Jasmuheen (2014): Sanfte Wege zur Lichtnahrung. Von Prana leben und weiterhin das Essen genießen. Koha, Burgrain.

Kabat-Zinn, Jon & Kesper-Grossman, Ulrike (1999): Stressbewältigung durch die Praxis der Achtsamkeit. Arbor Verlag, Freiamt.

Kabat-Zinn, Jon & Kesper-Grossman, Ulrike (2004): Die heilende Kraft der Achtsamkeit. Arbor Verlag, Freiamt.

Kabat-Zinn, Jon (2006): Gesund durch Meditation. Das große Buch der Selbstheilung. Fischer, Frankfurt.

Kabat-Zinn, Jon (2007): Im Alltag Ruhe finden. Fischer, Frankfurt.

Kaiser, Rudolf (1992): Im Einklang mit dem Universum. Aus dem Leben der Hopi-Indianer. Kösel, München.

Koch-Weser, Sylvia & Lüpke von, Geseko (2005): Vision Quest. Visionssuche: Allein in der Wildnis auf dem Weg zu sich selbst. Knaur, München.

Lauterbach, Ute ((2004): Raus aus dem Gedankenkarussell. Kösel, München.

Maurer, Anna (2002): Feuer und Flamme. Ein spiritueller Weg im Alltag. Ibera, Wien.

Maurer Anna (1998): Auf der Suche nach dem Selbst oder wie ich lernte, mich dem Fluss des Lebens anzuvertrauen. Ibera, Wien.

Maharshi, Ramana Sri (2006): Im Lotus des Herzens. Schwab Verlag, Argenbühl-Eglofstal.

Maharshi, Ramana Sri (2008): Wer bin ich? Der Übungsweg der Selbstergründung. Books on Demand, Norderstedt

Nevermann Antje, Tianying Yang (2014): Energie-Nahrung. Das daoistische Bi Gu Fu Gi von Tian Gong im Westen. Dimension Verlag, Tian Gong Institut, Berlin.

Odier, Daniel (2005): Tantra. Eintauchen in die absolute Liebe. Aquamarin Verlag, Grafing.

Osho (1999): Tantra. Energie und Ekstase. Goldmann Arkana, München.

Osho (2005): Sex – das missverstandene Geschenk. Sexualität, Liebe und höheres Bewusstsein. Goldmann Arkana, München.

Parnreiter-Fingerl Ulrike (2004): Das Herz wieder öffnen. Krisen als Entscheidung zur Wende. Via Nova, Petersberg.

Peichl, Josef (2014): Rote Karte für den inneren Kritiker. Wie aus dem ewigen Miesmacher ein Verbündeter wird. Kösel, München.

Plesse, Michael & St. Clair, Gabrielle (1992): Feuer der Sinnlichkeit. Licht des Herzen. Tantrische Selbsterfahrung für Einzelne und Paare. Goldmann, München.

Richardson, Diana (2006): Zeit für Liebe. Sex, Intimität und Ekstase in Beziehungen. Innenwelt Verlag GmbH, Köln.

Richardson, Diana (2006): Zeit für Weiblichkeit. Der tantrische Orgasmus der Frau. Innenwelt Verlag GmbH, Köln.

Richardson, Diana und Michael (2011). Zeit für Männlichkeit. Mehr Kompetenz in Sachen Sex und Liebe zwischen Mann und Frau. Innenwelt Verlag GmbH, Köln.

Richardson, Diana und Michael (2016): Zeit für Gefühle. Die Krux mit den Emotionen in der Partnerschaft. Innenwelt Verlag GmbH, Köln.

Robbins, Anthony (2010): Grenzenlose Energie. Das Powerprinzip. Wie sie ihre persönlichen Schwächen in positive Energie verwandeln. Ullstein, Berlin.

Robbins, John (2016): Food Revolution. Hans-Nietsch.Verlag, Freiburg.

Schmidt, Ali Hrsg. (2014): Sacred Songs. Band 3. Selbstverlag ELI, Berlin.

Schröder Dirk (2011): Lichtnahrung. Grenzen ausdehnen – lichtvoll leben. Books on Demand GmbH., Norderstedt.

Schröder Dirk (2012): Essen ade, naschen okay – leben von Lichtnahrung. Books on Demand GmbH., Norderstedt.

Schweinzer Christine R. (2015): Lichtnahrung. Von Luft und Liebe leben. Novum Verlag.

Spezzano, Chuck (2000): Von ganzem Herzen lieben. Die innerste Kraft des Lebens geben und empfangen. Integral, München.

Spezzano, Chuck & Lency (2003): Es muss einen besseren Weg geben. Ein Handbuch zur Psychologie der Vision. Via Nova, Petersberg.

Spezzano, Chuck (2003): Wenn es verletzt, ist es keine Liebe. Via Nova, Petersberg.

Spezzano, Chuck (2014): Die Sprache des Herzens. Durch Heilung der Emotionen ein Leben in Liebe führen. Via Nova, Petersberg.

Spezzano, Chuck (2015): Leben in emotionaler Freiheit. Heilung von unbewussten Hindernissen und Blockaden. Via Nova, Petersberg.

Spezzano, Lency (2004): Gib den Weg frei für die Liebe. Via Nova, Petersberg.

Tolle, Eckhart (2005): Jetzt! Die Kraft der Gegenwart. Ein Leitfaden zum spirituellen Erwachen. J. Kamphausen, Bielefeld.

Tolle, Eckhart (2002): Leben im Jetzt. Lehren, Übungen und Meditationen aus „The Power of Now." Goldmann Arkana, München.

Tolle, Eckhart (2003): Stille spricht. Wahres Sein berühren. Goldmann Arkana, München.

Tolle Eckhart (2005): Eine neue Erde. Bewusstseinssprung anstelle von Selbstzerstörung. Goldmann Arkana, München.

Storm, Hyemeyohsts (2008): Sieben Pfeile. Fink Verlag, München.

Sun Bear & Wabun (2005): Das Medizinrad. Eine Astrologie der Erde. Goldmann Arkana, München.

Walch, Sylvester (2002): Dimensionen der menschlichen Seele. Transpersonale Psychologie und holotropes Atem. Walter, Düsseldorf/Zürich.

Walch, Sylvester (2011): Vom Ego zum Selbst. Grundlinien eines spirituellen Menschenbildes. O. W. Barth, München.

Walch, Sylvester (2016): Die ganze Fülle deines Lebens. Ein spiritueller Begleiter zu den Kräften der Seele. Fischer und Gann, Munderfing.

Werdin Joachim M., Strecker Stefan (2013): Das Yoga der Lichtnahrung. Strecker, Aachen.

Werner Michael, Thomas Stöckli (2005): Leben durch Lichtnahrung. Der Erfahrungsbericht eines Wissenschaftlers. AT Verlag, Baden/München.

Zundel, Edith & Fittkau, Bernd Hrsg. (1989): Spirituelle Wege und Transpersonale Psychotherapie. Jungfermann-Verlag, Paderborn.

Filmverzeichnis

Fulkerson, Lee (2011): Gabel statt Skalpell. Gesünder leben ohne Fleisch.

Geyrhalter, Nikolaus (2005): Unser täglich Brot.

Hay, Louise L. (2009). You can heal your life. Gesundheit für Körper und Seele.

Kenner, Robert (2008) FOOD, INC. Was essen wir wirklich?

Richardson, Diana: Zeit für Berührung. Massage-Bewusstheit-Entspannung.

Richardson, Diana: Slow Sex. Wie Sex glücklich macht. Der neue Stil des Liebens

Premanander. Facetten des Erwachens. Das Wissen der Meister.

Robin, Marie-Monique (2010): Unser tägliches Gift. Wie die Lebensmittelindustrie unser Essen vergiftet.

Straubinger, P.A: (2010): Am Anfang war das Licht.

Wagenhofer, Erwin (2005): We feed the world. Essen global.

Walsch, Neale Donald et al (2015): e-motion. Lass los. Und du bekommst, was für dich bestimmt ist.

PAFIN
Peace And Freedom Inside Now

Zentrum für neues Bewusstsein

Ulrike Parnreiter-Fingerl und Ernst Thomas Fingerl sind seit 20 Jahren als Paar auf einem gemeinsamen spirituellen Weg.

PAFIN steht für die Anfangsbuchstaben ihrer Namen und auch für Ihre gemeinsame Vision: *Peace And Freedom Inside Now.*

Ihre Filme und Seminarangebote finden Sie auf der Website:

www.pafin.at

Ulrike Parnreiter-Fingerl

Das Herz wieder öffnen

Krisen als Entscheidung
zur Wende

Verlag Via Nova, 2004
180 Seiten, gebunden
ISBN 3-936486-64-6

Wir verschließen unser Herz, wenn wir uns vor unseren Gefühlen verschließen. Auf diese Weise versuchen wir uns vor Verletzungen zu schützen, doch wird dieser Schutz auf Dauer zum Gefängnis.

Wenn wir den Mut haben, Gefühle wie Schmerz, Trauer, Wut zu fühlen, dann öffnen wir unser Herz zugleich auch für die Freude, die Liebe, den Frieden. Jede Krise ist eine Chance, uns in der Tiefe neu zu begegnen und unser Herz immer wieder neu zu öffnen.

Verkauf im Büchershop von www.pafin.at